Organisez
votre vie pour
mieux la vivre

Organisez votre vie pour *mieux* la vivre

*Une méthode infaillible pour organiser
votre foyer, votre bureau et votre vie*

Julie Morgenstern

Adapté par
Lou Lamontagne

Collection
guide ressources

Révision : Nancy Coulombe
Traduction : Lou Lamontagne
Infographie : Martine Champagne
Graphisme de la page couverture : Martine Champagne
ISBN 2-89565-052-7
Première impression : 2002
Dépôts légaux : deuxième trimestre 2002
Bibliothèque nationale du Québec
Bibliothèque nationale du Canada

ÉDITIONS ADA INC.
172, des Censitaires
Varennes, Québec, Canada J3X 2C5
Téléphone : (450) 929-0296
Télécopieur : (450) 929-0220
www.ada-inc.com   info@ada-inc.com

LES ÉDITIONS GOÉLETTE
600, boul. Roland-Therrien
Longueuil, Québec, Canada J4H 3V9
Téléphone : (450) 646-0060
Télécopieur : (450) 646-2070

DIFFUSION
Canada : Éditions AdA Inc.
Téléphone : (450) 929-0296
Télécopieur : (450) 929-0220
www.ada-inc.com   info@ada-inc.com
France : D.G. Diffusion
Rue Max Planck, B.P. 734
31683 Labege Cedex
Téléphone : 05-61-00-09-99
Belgique : Vander - 27.61.12.12
Suisse : Transat - 23.42.77.40

IMPRIMÉ AU CANADA

DONNÉES DE CATALOGAGE AVANT PUBLICATION (CANADA)
Morgenstern, Julie
   Organisez votre vie pour mieux la vivre
   Traduction de : Organizing from the inside out.
   Comprend un index.
   ISBN 2-89565-052-7
   1. Économie domestique. 2. Ordre. I. Titre.
TX147.M6714 2002   640   C2001-941916-3

À ma fille Jessi, dont le fabuleux talent pour l'écriture
m'a poussée à réaliser mon rêve. Puisse ce livre,
à son tour, vous donner les ailes pour réaliser le vôtre.

Et à mes parents, dont le soutien et la confiance inébranlables,
même dans les périodes difficiles, constituent un véritable miracle.

Table des matières

QUATRIÈME PARTIE • MAÎTRISEZ LE TEMPS ET LA TECHNOLOGIE

Organisez votre vie pour mieux la vivre

Introduction

LE PLUS IMPORTANT LIVRE SUR L'ORGANISATION QUE VOUS AUREZ JAMAIS LU

Bon, cela fait des années que vous essayez de vous organiser.

Vous avez acheté une multitude de livres, découpé des articles dans les revues et même suivi des ateliers à l'occasion.

Vous avez parcouru avec convoitise les pages de maints catalogues, les allées des quincailleries ainsi que les demeures et les bureaux parfaitement bien organisés de vos amis et de vos collègues, recherchant désespérément un moyen de gagner la guerre contre le désordre.

Vous avez dépensé moult dollars pour acheter d'innombrables paniers, bacs, classeurs, supports, crochets, calendriers et cubes de rangement qui, vous en étiez *certain*, allaient remettre de l'ordre dans votre vie.

Vous êtes même allé jusqu'à vous empêcher de vous rendre à des pique-niques, des parties et des rendez-vous galants pour pouvoir vous attaquer à votre désordre en appliquant le fameux credo de l'organisateur : «*Dans le doute, jetez.*»

Pourtant, malgré tous vos efforts, vous n'arrivez jamais à franchir le fil d'arrivée.

Vous éprouvez un soulagement passager, entrevoyez l'espace d'un instant un avenir prometteur, mais vous n'arrivez jamais à garder ce sentiment de béatitude paisible que procure un environnement bien organisé. Avant longtemps, les choses recommencent à s'entasser et le chaos s'installe une fois de plus.

Vous souffrez d'un trouble que j'appelle le «syndrome du yo-yo». Sa logique – ou plutôt son *manque* de logique – est la même que celle des régimes amaigrissants : vous essayez méthode après méthode afin de perdre du poids, que vous entreprenez chaque fois avec grand enthousiasme, mais vous abandonnez toujours avant le fil d'arrivée, et au bout du compte vous ne perdez pas un seul kilo ou regagnez tout le poids perdu et même davantage. Avec l'organisation en yo-yo, peu importe la distance que vous parcourez, vous finissez toujours par revenir au point de départ et êtes forcé de repartir à zéro la prochaine fois que vous en trouvez la volonté.

Tout cela est frustrant, exaspérant, accablant et démoralisant. Que vous soyez légèrement ou extrêmement désorganisé, arriver à remettre de l'ordre dans votre vie peut souvent sembler une tâche impossible.

Mais est-ce bien vrai?

Absolument pas. Les frustrations que vous éprouvez quand vous essayez de vous organiser ne sont pas causées par une incapacité innée. Selon moi, elles sont dues au fait que vous n'avez jamais appris *comment* vous organiser. En effet, on n'enseigne pas ce genre de chose à l'école. Par conséquent, vous avez acquis un bon nombre d'idées fausses, de croyances et de techniques inefficaces qui sont devenues des obstacles. L'objectif du présent livre est de changer radicalement votre façon de penser en ce qui a trait au processus d'organisation ainsi que votre façon d'aborder celui-ci. Je me propose de remettre en question toutes vos anciennes conceptions en la matière et de mettre en lumière ce qui vous empêche d'avancer. Je vous montrerai certaines techniques précises qui rendront simple, possible et réalisable tout projet d'organisation qui aurait pu vous sembler frustrant, accablant et impossible.

Organisez votre vie pour mieux la vivre vous propose une rééducation complète en vous apprenant comment travailler *avec* votre personnalité plutôt que contre elle dans le but d'atteindre les résultats que vous recherchez. Il est conçu comme un livre de référence permanent adapté au vingt-et-unième siècle; vous pouvez en lire et en relire les pages afin de maîtriser les principes fondamentaux de l'organisation, applicables à tous les domaines. Les leçons comprises dans ce livre, remplies des trucs secrets de l'organisateur professionnel, vous procureront un cadre qui vous permettra de tirer le maximum de tous les autres livres, articles, séminaires et produits relatifs à l'organisation qui sont offerts sur le marché.

Votre période d'organisation en yo-yo est terminée – vous allez bientôt découvrir à quel point il peut être satisfaisant de s'organiser efficacement.

COMMENT UTILISER CE LIVRE

Si vous lisez ce livre, c'est que vous appartenez probablement à l'un des trois groupes suivants :

- Toute votre vie, vous avez essayé de vous organiser sans jamais vraiment y parvenir.
- Vous étiez organisé dans le passé, mais vous avez perdu la main en cours de route.
- Vous vous considérez organisé, mais vous cherchez constamment des moyens d'améliorer votre efficacité et vos méthodes.

Quel que soit le groupe auquel vous appartenez, une chose est certaine : *Vous voulez des solutions rapides.*

Comme vous disposez de peu de temps, vous aimeriez apprendre rapidement à mieux vous organiser de manière à pouvoir vaquer normalement à vos affaires. Vous ne voulez pas que cet apprentissage prenne une éternité, parce que l'organisation n'est pas une fin en soi, mais un moyen de vivre votre vie plus pleinement.

À cette fin, ce livre a été structuré de la façon la plus conviviale possible. La seule exigence est de lire les première et deuxième parties. On y jette les fondations, en expliquant le «comment» de l'organisation, chose que vous n'avez jamais apprise à l'école. Lorsque vous en aurez saisi les principes fondamentaux, tout le reste ira de soi. Vous pourrez alors passer aux troisième et quatrième parties, qui portent sur des endroits précis dans votre foyer ou dans votre bureau ; vous appliquerez alors les principes que vous aurez appris afin de créer des systèmes personnalisés et adaptés à vos besoins.

• • •

En 1989, j'ai créé Task Masters, une entreprise offrant toute une gamme de services d'organisation pour le foyer, le bureau et tout ce qu'il y a entre les deux. Depuis lors, des centaines de clients ont fait appel à moi lorsque leurs tentatives de s'organiser ont échoué. Or, il n'est jamais facile de faire cette démarche. Certaines personnes gardent mon numéro de téléphone pendant des années avant d'avoir le courage d'appeler. Ils sont gênés et intimidés.

Quelles sont leurs plus grandes craintes ? Que leur désordre soit le pire que je n'aie jamais vu. Que je ne puisse faire grand-chose pour eux, et qu'il me faille plusieurs années pour remettre de l'ordre dans leurs affaires, en supposant que cela soit possible. Ils ne savent plus par où commencer et n'aperçoivent aucune lumière au bout du tunnel.

Mes clients sont toujours très étonnés de deux choses : premièrement, que je ne sois ni scandalisée ni pessimiste face à ce qu'ils me montrent, et deuxièmement, que je sois capable d'établir rapidement un plan d'action. Comment suis-je en mesure de faire tout ça ? Parce que mon expérience de près de dix ans à titre d'organisatrice professionnelle m'a appris qu'il existe une méthode simple et fiable qui fonctionne à tout coup, quelle que soit l'ampleur de la tâche à accomplir.

Organisez votre vie pour mieux la vivre démystifie le processus d'organisation en vous enseignant cette formule, celle-là même que j'utilise avec mes clients. Je vous garantis qu'elle vous aidera, tout comme elle les a aidés, à gagner *une fois pour toutes* votre guerre contre le désordre.

La plupart des autres livres, articles et séminaires sur les méthodes d'organisation tendent à mettre l'accent sur la solution plutôt que sur le problème : une idée géniale pour organiser votre salle de bain, la technique parfaite pour mettre de l'ordre dans vos dossiers, un truc formidable pour ranger vos placards. Ce que ces ouvrages passent sous silence, ce sont les problèmes internes et externes – les traits psychologiques, les facteurs dissuasifs cachés et les erreurs courantes que nous commettons tous – qui nous empêchent de réaliser notre rêve, celui d'avoir un environnement aménagé de façon fonctionnelle et structurée. Or, sans une compréhension de ces importants problèmes, aucune idée géniale, technique parfaite ou truc formidable ne pourra donner de résultats.

Organisez votre vie pour mieux la vivre va plus loin que tous ces autres livres, articles et séminaires en explorant dans la bonne direction le processus dans son ensemble. Vous apprendrez :

- Comment déterminer les obstacles qui vous empêchent de réussir à vous organiser, puis à examiner ces obstacles et y faire face pour ensuite les surmonter une fois pour toutes ;
- Une méthode infaillible pour organiser votre environnement de façon à refléter qui vous êtes et ce qui vous importe ;
- Quelles questions poser avant d'acheter tout nouveau contenant, bidule ou gadget.

Vous découvrirez votre propre capacité à vous organiser et à demeurer organisé, de façon à donner le meilleur de vous-même sur les plans personnel et professionnel.

Vous en viendrez même à prendre plaisir à vous organiser, car lorsque vous aurez compris à quel point ce processus peut être simple, vous éprouverez un sentiment de libération et de puissance sans précédent.

Première partie

Jetez les fondations

1

Une nouvelle façon de voir l'organisation

Si je vous demandais de me décrire un lieu bien organisé, que répondriez-vous ? La plupart des gens disent des choses telles que « propre et ordonné », « dégagé », « minimaliste » et « ennuyeux ».

Mais ces adjectifs n'ont rien à voir avec un espace organisé. En effet, certaines personnes ont un foyer et un bureau qui semblent à première vue propres comme un sou neuf. Cependant, à l'intérieur des tiroirs de leurs bureaux et de leurs placards de cuisine, il n'y a aucun système, et il règne un fouillis terrible. Par contre, bien des gens vivent ou travaillent dans un désordre apparent, mais se sentent très à l'aise dans leur environnement et sont toujours en mesure de trouver ce qu'ils cherchent en une seconde. Peut-on les considérer comme des personnes organisées ? Absolument.

L'organisation a moins à voir avec l'*apparence* de votre environnement qu'avec son caractère *fonctionnel*. Si une personne est capable de trouver l'objet dont elle a besoin au moment où elle en a besoin, n'est pas entravée dans la réalisation de ses objectifs et se sent heureuse dans son environnement, cela signifie qu'elle est bien organisée.

Par conséquent, j'aimerais proposer une nouvelle définition de l'organisation : « L'organisation est le processus par lequel nous créons des environnements qui nous permettent de vivre, de travailler et de nous détendre exactement comme nous le voulons. Lorsque nous sommes bien organisés, notre foyer, notre bureau et notre emploi du temps reflètent et encouragent qui nous sommes, ce que nous voulons et où nous allons. »

LES IDÉES FAUSSES SUR L'ORGANISATION

Les idées fausses affectent notre façon de voir tout processus ; elles empoi-sonnent notre vision des choses et compromettent même nos meilleurs efforts pour réussir en nous convainquant avant même de commencer que nos démarches sont vouées à l'échec.

Voici certaines des croyances les plus répandues sur l'organisation, ainsi que les faits qui démentent ces croyances et qui changeront votre façon de penser.

Idée fausse : La capacité d'organisation est un talent mystérieux. Certaines personnes ont la chance de naître avec, alors que d'autres, comme vous, sont condamnées à souffrir.

Fait : L'organisation est une méthode. En fait, c'est une méthode remar-quablement simple que tout le monde peut apprendre. Comment je sais cela ? Parce que j'ai déjà moi-même été une personne reconnue pour son manque d'organisation. Tous les gens qui me connaissaient « à l'époque » n'en reviennent pas de la façon dont je gagne ma vie aujourd'hui, qu'ils trouvent très ironique. Il y a deux étés, je me suis rendue à une rencontre des anciens de la colonie de vacances que je fréquentais il y a vingt-cinq ans. Naturellement, quand nous nous sommes mis à nous dire ce que nous faisions dans la vie, j'ai parlé de mon travail avec fierté. Comme l'organi-sation professionnelle est un domaine encore peu connu, tous mes vieux amis ont trouvé cette idée absolument fascinante. L'un d'entre eux, brave et cher Martin G., a mis son bras autour de mes épaules, m'a discrètement entraînée à l'écart et m'a poliment dit à voix basse : « Euh, Julie... je ne me souviens *pas* de toi comme d'une personne particulièrement *organisée.* »

Du jour de ma naissance jusqu'à ce que j'aie mon propre enfant, j'ai vécu dans un désordre permanent. Personne créative dotée du tempéra-ment type de ceux qui fonctionnent avec la partie droite de leur cerveau, je vivais dans un chaos perpétuel, entourée de piles, et je passais la moitié de mon temps à chercher des documents égarés, des numéros de téléphone perdus et des clés de voiture disparues. Je perdais toujours tout, des petites aux grandes choses : passeports, actes de naissance, appareils photo, bijoux, chaussures et vêtements. J'égarais même des choses qui appartenaient à d'autres. Un jour, j'ai passé quatre heures à chercher la voiture d'un ami dans le parc de stationnement de l'aéroport O'Hare, à Chicago, parce que je n'avais pas fait attention à l'endroit où je l'avais garée.

Je faisais partie de ces personnes qui vivaient «dans le moment présent». Spontanée et charmante, je ne planifiais jamais plus loin qu'une minute dans l'avenir. Par conséquent, j'expédiais toujours les choses à la dernière minute, et il m'arrivait fréquemment de ne pas finir à temps, soit parce que j'oubliais mes engagements, soit parce que je ne pouvais trouver ce dont j'avais besoin pour accomplir ma tâche.

C'est lorsque j'ai eu mon enfant que j'ai enfin compris. Un jour, alors que Jessi était âgée de trois ans, j'ai décidé, par une belle journée ensoleillée, de l'emmener faire une promenade sur les quais. Quand elle s'est éveillée de sa sieste, mon mari est allé chercher la voiture pendant que je m'occupais du bébé. Soudain, je me suis dit qu'il vaudrait peut-être mieux emporter quelques accessoires. De quoi avais-je besoin ? Voyons voir, des couches, une couverture… ah oui, une bouteille d'eau et peut-être un jouet ou deux. Je me suis mise à courir dans la maison, ramassant au passage ce dont j'avais besoin. Chaque fois que je croyais être prête, je pensais à quelque chose d'autre à emporter. Le porte-bébé, un chandail, et pourquoi pas une cassette que nous pourrions faire jouer dans la voiture ? Quand j'ai été enfin prête, plus de deux heures s'étaient écoulées, et Jessi s'était rendormie. J'ai compris à ce moment-là que si je ne rectifiais pas le tir, mon enfant ne verrait jamais la lumière du jour.

J'ai alors décidé d'organiser le sac à couches. Après en avoir sorti tous les articles que j'y avais enfouis pour notre excursion, je me suis mise à les regrouper en des catégories qui me semblaient logiques : les choses servant à la garder au chaud (couverture, vêtements de rechange, chandail) ; les choses pour la nourrir (bouteille d'eau, sucette) ; les choses pour la changer (couches, débarbouillettes, poudre) et enfin les choses pour la divertir (jouets, cassette pour la voiture).

J'ai ensuite placé chaque groupe d'articles dans une section particulière du sac, pour être capable de les retrouver rapidement quand j'en aurais besoin et de voir du premier coup d'œil si quelque chose manquait. Pour terminer, j'ai glissé dans une poche spéciale une liste de tous les articles emportés, de façon à pouvoir préparer facilement le sac dans l'avenir. Quelle victoire ! À partir de ce jour, j'ai eu les choses bien en main. J'étais prête à partir en un rien de temps, confiante que tout ce dont j'aurais besoin serait aisément accessible.

Ce sac à couches a été la première chose que j'ai organisée avec succès. Même si cela semble modeste, c'était réellement ma première démarche vers un meilleur système d'organisation. Par la suite, je me suis attaquée à d'autres domaines de la maison – mes tiroirs, mes placards, mes documents et ainsi de suite – en utilisant la même méthode de base que pour le sac à couches. Le reste, comme on dit, appartient à l'histoire. J'avais eu le bonheur de découvrir que l'organisation est une méthode très simple, à la portée de personnes aussi désespérément désorganisées que moi.

Idée fausse : S'organiser constitue une corvée exténuante et sans espoir.
Fait : Quoi que vous organisiez, quelle qu'intimidante soit la tâche et quelle que soit l'ampleur du fouillis, le processus d'organisation se ramène à la même méthode simple et prévisible. Lorsque vous l'aurez maîtrisée, vous découvrirez que l'organisation peut être une action incroyablement purifiante et revigorante – une façon vivifiante de vous libérer et de maintenir le rythme dans notre monde complexe. Vous y prendrez même plaisir, car elle vous procurera une agréable sensation de clarté et d'accomplissement.

Voici un commentaire fait par Connie Lagan lorsqu'elle a appris à s'organiser :

> Quand je me suis débarrassée de mon fouillis, une énergie créatrice s'est libérée à l'intérieur de moi comme par magie, voire même miraculeusement. Le premier soir après avoir terminé le ménage du printemps de mon entreprise, je me suis assise à mon bureau et j'ai regardé autour de moi. Je ne pouvais croire à quel point il était énergisant de voir des «espaces vides». Mes yeux pouvaient se reposer et mon âme se sentait enfin chez elle, dans cet endroit où je passe la plus grande partie de mon temps.

Idée fausse : Il est impossible de *rester* organisé.
Fait : Il est possible de s'organiser de façon durable, si votre système reflète votre façon de penser et s'il est conçu pour évoluer et s'adapter à mesure que votre vie et votre travail changent. C'est lorsque votre système ne vous convient pas qu'il devient difficile à maintenir. De plus, tout comme la bonne alimentation et l'exercice, l'organisation est un mode de vie qui exige un contrôle et un effort soutenus jusqu'à ce qu'il soit suffisamment intégré. Les instructions sur la façon de maintenir votre système font partie intégrante des méthodes d'organisation exposées dans le présent livre.

Idée fausse : L'organisation constitue une façon non productive d'employer son temps. Les participants à mes ateliers me disent souvent : «Je *veux* m'organiser, j'*essaie* de m'organiser, mais j'ai toujours l'impression que je devrais consacrer mon temps à quelque chose de plus important, comme rendre visite à des clients, assister à des réunions, suivre un séminaire, rédiger des propositions, passer du temps avec ma famille et mes amis, me détendre et même rattraper du sommeil.»

Fait : De nos jours, les choses bougent plus rapidement qu'il y a cinquante ans, et ce rythme continuera de s'accélérer dans les années qui viennent. Un plus grand nombre de possibilités se présenteront à nous, ce qui exigera encore plus de notre temps et mettra à l'épreuve notre capacité à faire des choix. Dans un tel environnement, seules les personnes organisées pourront s'épanouir. Les gens désorganisés se sentiront dépassés, seront incertains de la direction à prendre et feront du sur-place. Aujourd'hui, on ne peut plus se permettre de ne pas être organisé. L'organisation est devenue une méthode de survie adaptée au vingt-et-unième siècle, et *Organisez votre vie pour mieux la vivre* est le guide qui vous permettra de la maîtriser.

L'ORGANISATION À PARTIR DE L'EXTÉRIEUR

Mes années de pratique à titre d'organisatrice professionnelle et mon propre passé de personne désorganisée m'ont appris que la plupart d'entre nous envisageons l'organisation dans la mauvaise direction. Lorsque nous consentons enfin à mettre de l'ordre dans notre environnement, c'est habituellement parce que nous avons atteint notre limite ; notre désordre nous rend fous, et nous cherchons un soulagement immédiat. En raison du stress que nous avons accumulé à cause de notre désordre, notre premier réflexe est de passer à l'attaque en premier et de poser des questions plus tard – de plonger et de faire tout ce que nous pouvons pour reprendre les choses en main rapidement.

Ainsi, nous ne prenons pas le temps d'analyser la situation, et planifions très peu – bref, nous plaçons la charrue avant les bœufs. Nous cherchons frénétiquement *à l'extérieur* de nous-mêmes des solutions à notre problème et nous nous précipitons sur tout ce qui, selon nous, pourra nous «sauver». Voyez si l'un des comportements suivants vous est familier :

- Vous allez vous acheter des boîtes de rangement pour régler votre problème d'encombrement sans même avoir mesuré, compté ou examiné les choses que vous avez à ranger.
- Vous vous lancez impulsivement dans des purges extravagantes et vous vous débarrassez impitoyablement de tout ce que vous pouvez pour libérer de l'espace, puis découvrez trop tard que vous avez jeté un objet important.
- Vous « adoptez » des trucs d'organisation glanés auprès de vos amis, dans les magazines et dans les livres, sans vous demander s'ils sont compatibles avec votre personnalité ou s'ils reflètent votre situation ou vos besoins.
- Vous réglez certains aspects partiels de votre problème d'organisation, sans jamais analyser les choses globalement.
- Vous vous accrochez à des mantras tels que « réduire ses possessions de 50 % », ou « ne toucher qu'une seule fois chaque morceau de papier », ou encore « si on ne s'est pas servi d'une chose pendant deux ans, il faut s'en débarrasser », en espérant qu'ils changent votre vie à jamais.

Cette approche consistant à se précipiter à l'aveuglette constitue ce que j'appelle l'*organisation à partir de l'extérieur*. Sans tenir compte de la situation globale, vous recherchez des solutions rapides et adoptez au hasard toutes sortes de trucs et de techniques. Comprenez-moi bien : l'utilisation de trucs judicieux, de techniques efficaces et d'élégants contenants offerts sur le marché constitue un aspect important du processus d'organisation. Cependant, vous devez auparavant traverser certaines étapes pour être en mesure de savoir ce qui vous convient.

Dans le meilleur des cas, cette approche fragmentaire donne lieu à un système d'organisation semblable à une mosaïque incomplète, c'est-à-dire rempli de trous. Après avoir acheté un nouveau contenant ou essayé un nouveau truc, vous êtes enthousiasmé par la nouveauté et éprouvez un sentiment d'espoir, mais ce sentiment est de courte durée. En effet, vous devez encore une fois vous rendre à l'évidence : vous continuez à égarer des renseignements et des objets importants.

Dans le pire des cas, l'organisation à partir de l'extérieur vous pousse à opter pour de mauvais systèmes, qui ne vous conviennent tout simplement pas. Vous essayez de vous forcer à les utiliser, mais l'effort est trop grand ; au bout de quelques semaines, vous abandonnez, puis le fouillis revient, ce qui vous fait perdre tout espoir.

L'organisation à partir de l'extérieur échoue à tout coup parce qu'elle ne tient pas compte de la façon dont vous pensez et dont vous entrez en rapport avec le monde, de votre rythme, de vos façons de faire ou de votre sens de l'esthétique, bref de votre personnalité dans *toute sa globalité*, que devrait refléter votre système d'organisation.

L'ORGANISATION À PARTIR DE L'INTÉRIEUR

L'organisation à partir de l'intérieur veut dire créer un système reflétant votre personnalité propre, vos besoins et vos objectifs. Selon cette méthode, vous devez définir qui vous êtes et ce qui vous importe de façon à ce que votre système soit conçu en conséquence.

Une bonne méthode d'organisation vous force à regarder la situation dans sa globalité, et non pas une petite partie, pour que le système que vous élaborez soit complet. Il s'agit d'un processus d'éducation qui vous permet de vous concentrer sur les objets qui vous importent et de les rendre plus accessibles, au lieu de jeter à toute vitesse le plus de choses possible et de ranger ce qui reste.

L'organisation à partir de l'intérieur implique une bonne observation des obstacles qui vous empêchent de vous organiser, pour que vous puissiez en prendre connaissance et les éliminer une fois pour toutes.

Elle exige la maîtrise de stratégies vous permettant d'accélérer et de simplifier le processus d'organisation, pour que vous soyez certain de franchir le fil d'arrivée et de ne pas abandonner à mi-chemin.

Elle suppose également que vous vous organisiez *avant* d'acheter ces élégantes boîtes de rangement ou ces affriolants contenants, pour que vos achats aient un sens et correspondent parfaitement à vos besoins.

L'organisation à partir de l'intérieur peut sembler contraire à l'intuition. En effet, il n'est pas naturel de s'arrêter et de réfléchir quand le désordre est à son comble. Notre impulsion première est de nous lancer tête première. Mais si vous consacrez au départ un peu de temps à la réflexion et à l'analyse, vous serez en mesure de vous orienter sur la solution qui vous convient parfaitement.

J'avais à l'époque une cliente nommée Carol. À première vue, c'était une femme étonnamment accomplie. Elle dirigeait un organisme très en vue dans le domaine des arts et supervisait sept employés. Elle assistait constamment à des cocktails fréquentés par d'importants donateurs et des célébrités, qu'elle épatait toujours grâce à son aplomb et son assurance.

Elle était dynamique, charmante et s'exprimait brillamment. Lorsqu'elle était dans la lumière des projecteurs, elle brillait de tous ses feux, mais en coulisses, elle avait perdu la maîtrise de sa vie professionnelle.

Enterrée sous une avalanche de lettres, de télécopies et de messages par courrier électronique en provenance de toutes les personnes tombées sous son charme, Carol était entourée d'une montagne de correspondance à laquelle elle ne pouvait répondre. En raison de son horaire trépidant jalonné d'apparitions publiques, elle avait rarement le temps d'éplucher son courrier, et il se passait souvent des mois avant qu'elle n'ouvre ses lettres. C'est ainsi qu'elle ratait maintes occasions d'obtenir des subventions et de travailler avec des artistes d'envergure.

Carol avait essayé une multitude de solutions pour se remettre sur la bonne voie et y rester. Toutes ces solutions semblaient tout à fait logiques : demander à sa secrétaire de s'occuper du courrier et de lui faire quotidiennement un résumé, par écrit, de la correspondance du jour ; classer le courrier dans des chemises selon diverses catégories : extrêmement urgent, très important, important, peut attendre, moins important et documents d'information ; éviter de répondre au téléphone pendant une demi-heure chaque matin pour lire le courrier. Malheureusement, aucune de ces « solutions » ne s'est avérée efficace, parce que Carol s'attaquait au problème *à partir de l'extérieur*.

Lorsque Carol m'a téléphoné, j'ai commencé par lui demander quels étaient ses sentiments face à son courrier et pourquoi elle croyait ne pas s'en occuper comme elle aurait dû le faire. Je lui ai fait remarquer qu'elle semblait être à son meilleur lorsqu'elle s'adressait aux gens en personne, ce avec quoi elle était d'accord. Elle m'a alors affirmé adorer les rapports humains, les échanges d'idées et la résolution de problèmes. Elle trouvait que les communications écrites étaient douloureusement ennuyeuses et créaient chez elle un sentiment d'isolement. Clairement, Carol avait besoin d'un nouveau système pour la correspondance, un système qui conviendrait à sa personnalité, son style et son besoin de contacts humains.

J'ai tout d'abord encouragé Carol à changer mentalement de perspective : je lui ai demandé de commencer à voir ces montagnes de lettres, de télécopies et de messages électroniques non pas comme du papier, mais comme des personnes venues à son bureau pour lui soumettre certains problèmes.

Je lui ai par la suite suggéré de changer l'appellation qu'elle donnait à la période consacrée à la correspondance ; ainsi, « l'heure du courrier » est devenue « l'heure des décisions ». Ce simple changement a eu un impact immédiat sur elle, car il reflétait son amour des idées et de l'action.

Enfin, pour contrer son sentiment d'isolement, j'ai suggéré que sa secrétaire s'occupe avec elle de la correspondance quotidienne. Carol pourrait alors lui dicter des réponses, lui soumettre des idées et avoir le genre d'échange dynamique qui lui faisait prendre plaisir à travailler.

Le rapport de Carol avec la correspondance a changé complètement. Ce qui était jadis une corvée est devenu une activité énergisante et satisfaisante, tout ça parce que Carol s'est mise à s'organiser à partir de l'intérieur.

Facile comme compter jusqu'à trois

L'organisation à partir de l'intérieur est une méthode qui s'ajuste à votre personnalité, vos besoins, votre situation et vos objectifs au lieu de vous forcer à changer. En suivant ces trois étapes simples mais cruciales, vous serez en mesure de relever tous les défis de la vie en matière d'organisation et d'atteindre un succès durable :

- **L'analyse :** Prenez du recul et faites le point sur votre situation actuelle en déterminant où vous en êtes, où vous allez, ce qui vous empêche d'avancer et pourquoi il vous importe d'aller dans cette direction.
- **La stratégie :** Établissez un plan d'action pour la transformation physique de votre environnement ainsi qu'un calendrier réaliste pour y arriver.
- **L'offensive :** Attaquez-vous à votre désordre de façon méthodique, en triant et en classant les choses de façon à refléter votre façon de penser, et en vous assurant d'obtenir des résultats visibles et marqués à mesure que vous progressez.

Fort de votre nouvelle conception de l'organisation, vous êtes sur le point d'entreprendre une grande aventure qui vous permettra de jouir à jamais de la liberté que procure un environnement bien organisé. Durant votre cheminement, je serai votre guide, votre coach et votre conseillère. Je vous donnerai des idées et des exemples de systèmes utilisés par d'autres personnes pour stimuler votre propre réflexion.

Allons-y !

2

Qu'est-ce qui vous empêche d'avancer?

« Il est impossible de réparer avant de savoir ce qui est brisé. »

La personne qui a prononcé ces paroles pour la première fois a parfaitement résumé l'un des principes les plus fondamentaux de l'organisation à partir de l'intérieur : comprendre les causes avant de chercher les solutions. C'est en fait une étape tout à fait logique. Après tout, n'est-ce pas de cette façon que nous abordons tous les problèmes de la vie?

Si vous ne vous sentez pas bien, vous consultez votre médecin et lui décrivez vos symptômes. Supposons que vous souffrez de fréquentes migraines et de maux d'estomac. Votre médecin ne vous prescrira pas automatiquement un analgésique et un médicament contre l'acidité. Elle sait que vos symptômes peuvent être causés par une variété de problèmes et de maladies, du stress à l'empoisonnement alimentaire en passant par d'autres troubles beaucoup plus graves. Elle vous posera donc d'autres questions, vous examinera et vous fera subir des tests afin de déterminer ce qui ne va pas. Ce n'est qu'après ces examens exploratoires qu'un traitement sera prescrit. Autrement, le médicament ne ferait que masquer le problème, situation dangereuse qui risquerait de mener à une aggravation de votre maladie. Il en va de même pour ce qui est de l'organisation. Vous devez trouver les causes du problème avant de passer aux solutions.

L'une des choses les plus éclairantes qu'il m'ait été donné de découvrir dans le cadre de mon travail à titre d'organisatrice professionnelle est que même si la plupart des désordres se ressemblent, leurs causes sont rarement les mêmes. De nombreuses raisons peuvent expliquer la désorganisation, et la plupart des gens n'ont aucune idée de l'origine de leur problème. Par conséquent, ils dépensent beaucoup de temps, d'énergie et d'argent à s'attaquer aux mauvaises causes.

La plupart des gens croient qu'ils sont désorganisés parce qu'ils ne disposent pas d'assez d'espace de rangement, ou parce qu'ils sont naturellement négligents, paresseux ou incompétents. Mais au cours de mes dix ans de travail d'organisation, j'ai constaté que chez 90 % de mes clients, la désorganisation n'avait *rien* à voir avec le manque d'espace. Par exemple, une cliente m'a été envoyée récemment par un ami inquiet après qu'elle lui ait annoncé sa décision d'acheter l'appartement voisin du sien sous prétexte qu'elle manquait d'espace de rangement. Or, tout ce dont elle avait besoin était de se débarrasser de quelques objets, puis d'apprendre à mieux utiliser l'espace dont elle disposait. Nous avons accompli cette tâche en cinq jours environ, ce qui lui a permis d'économiser des centaines de milliers de dollars.

Pour ce qui est de la deuxième croyance, je n'ai pas rencontré un seul cas, au cours de toutes mes années de travail à titre d'organisatrice professionnelle, où le désordre était attribuable à de la négligence, de la paresse ou de l'incompétence. En pensant de cette façon, vous vous blâmez à tort, ce qui est loin de vous mettre dans le meilleur état d'esprit pour réussir à vous organiser. Après tout, comment l'idée de vous organiser peut-elle vous enthousiasmer si votre environnement est à vos yeux une critique virulente de votre nature même ? Pas étonnant que vous évitiez de vous y mettre !

UN DIAGNOSTIC EN TROIS TEMPS

Les causes du désordre se répartissent selon trois catégories :

- **CATÉGORIE 1 : Les erreurs techniques.** Ce sont des erreurs minimes et d'ordre mécanique dans votre système d'organisation qui peuvent être aisément réparées. Il s'agit d'une opération comparable au resserrement d'une vis, au changement d'une courroie ou à l'ajustement de la direction d'une voiture. Cette catégorie de causes doit être examinée en premier, car tous les cas de désordre sont attribuables à au moins une erreur technique.
- **CATÉGORIE 2 : Les réalités externes.** Ce sont ces réalités sur lesquelles nous n'avons aucune prise dans notre environnement et qui limitent notre capacité d'organisation. En les reconnaissant, vous éviterez de nourrir des attentes irréalistes face à vous-même.

- **CATÉGORIE 3 : Les obstacles d'ordre psychologique.** Ce sont les forces internes cachées qui vous font sombrer dans la désorganisation, peu importe à quel point vous désirez maîtriser votre environnement. À moins que vous n'en reconnaissiez l'existence, ces forces peuvent vous pousser à saboter tous les systèmes que vous mettrez en place. En en prenant conscience, vous pouvez trouver un moyen de les contourner et de réussir à vous organiser.

Gardez à l'esprit qu'il n'est pas rare que plusieurs causes exercent leurs effets en même temps. Toutes les personnes désorganisées peuvent attribuer leur problème à au moins une cause de la catégorie 1, et parfois également à certaines causes des catégories 2 et 3.

En lisant les sections qui suivent, soyez honnête avec vous-même et évitez de porter des jugements. Les catégories bon et mauvais ne s'appliquent pas ici. La connaissance de vous-même est votre plus précieux outil pour devenir et demeurer organisé. En effet, vous êtes la seule personne qui peut mettre le doigt sur ce qui vous empêche d'avancer. Souvenez-vous qu'à presque tous les problèmes il y a une solution.

CATÉGORIE 1 : LES ERREURS TECHNIQUES

C'est ici que vous devez commencer l'analyse des causes de votre désordre, parce qu'une fois ces simples erreurs mécaniques résolues, vous pourrez connaître le bonheur que procure un environnement organisé – à moins que certains obstacles internes ou externes soient également à l'œuvre. Si c'est le cas, le fait de remédier aux erreurs techniques vous aidera à les mettre en lumière.

Reportez-vous aux descriptions suivantes des six erreurs techniques les plus courantes chaque fois que vous sentez que le désordre reprend le dessus – parce que votre fouillis est sans doute attribuable à l'une d'entre elles.

Erreur 1 : Certains articles n'ont pas de place

C'est simple, il est impossible de ranger des choses s'il n'y a pas de place où les mettre. Si des choses sont empilées un peu partout, il est fort probable que ce soit parce que vous ne leur avez pas encore assigné un endroit précis. La vie et les intérêts changent continuellement, et il se peut que vous ayez accumulé des objets pour lesquels vous n'avez pas encore trouvé de place appropriée. Vous *aimeriez* les ranger, mais vous ne savez pas *où*. Vous en avez assez de les entasser dans des tiroirs et des armoires déjà pleins où vous risquez de les perdre. Par conséquent, vous les laissez traîner un peu partout, toujours à un endroit différent, et vous n'arrivez jamais à trouver ce dont vous avez besoin.

Dans ces circonstances, la solution consiste à prendre le temps d'évaluer ce que vous possédez et d'assigner à chaque article un endroit précis et permanent. Ainsi, vous saurez toujours où ranger chaque article et serez en mesure de le retrouver aisément au besoin. Vous trouverez au chapitre 4 un modèle efficace pour décider de l'endroit où ranger chaque article de votre bureau ou de votre foyer. La troisième partie du livre comporte des suggestions pour assigner une place à vos choses et trouver de l'espace de rangement dans chaque pièce.

Erreur 2 : L'espace de rangement est mal choisi

Dans ce genre de situation, vous ne rangez pas les choses qui traînent parce que cela représente trop d'effort. Il se peut que vous les rangiez trop loin de l'endroit où vous les utilisez – de l'autre côté du corridor, dans une autre pièce ou à l'autre bout de la maison, ce qui exige d'importants déplacements. Par exemple, si vos livres sont empilés par terre tout près de votre fauteuil de lecture favori, c'est probablement parce que la bibliothèque n'est pas à proximité. Il se peut également qu'il existe un obstacle vous empêchant d'accéder à votre espace de rangement ; peut-être que les tiroirs glissent mal, que les armoires sont brisées, que l'accès aux placards est obstrué par des boîtes ou des meubles, que vos bacs de rangement sont empilés trop loin ou que vos étagères sont trop hautes.

La réalité, c'est que s'il est trop difficile de ranger un objet, vous ne le rangerez pas, non pas parce que vous êtes paresseux, mais parce que vous avez des choses plus importantes à faire. Dans le chapitre 4, vous apprendrez les principes de base qui vous permettront d'aménager votre espace de façon pratique, en rangeant les articles à l'endroit où ils sont utilisés. La troisième partie regorge de suggestions précises sur la façon de ranger les choses non loin de l'endroit où vous les utilisez dans votre bureau ou dans n'importe quelle pièce de votre foyer.

Erreur 3 : Il y a plus de choses que d'espace

Si tous vos tiroirs, armoires et placards sont remplis à craquer et, qu'en plus, le sol, les comptoirs, les tables et les rebords de fenêtres sont jonchés d'amas de toutes sortes, il y a fort à parier que vous avez plus de possessions que d'endroits où les mettre. Il existe une solution : réduire le nombre de vos possessions en vous débarrassant de l'excédent. Une autre consiste à ajouter de l'espace de rangement pour caser toutes vos choses. Enfin, une troisième consiste à accroître l'espace de rangement en faisant un meilleur usage de tout cet espace non utilisé entre les étagères, dans les armoires et les tiroirs très profonds, sous les vêtements suspendus et le long des murs, dans cet espace vertical qui ne sert à rien. Dans la troisième partie, vous apprendrez à trier vos articles et à décider quoi garder, de même qu'à accroître votre espace de rangement en trouvant de la place «là où il n'y en a pas» dans chaque partie de votre bureau et de votre foyer.

Erreur 4 : Un système compliqué et confus

Très souvent, les gens s'inventent un système invraisemblablement compliqué, en divisant leurs choses en de trop nombreuses catégories ; ils se retrouvent alors avec trop d'endroits où chercher. Par exemple, ils décident d'avoir une centaine de chemises contenant chacune deux feuilles de papier plutôt que vingt chemises en contenant dix. La logique qui soustendait votre système au moment où vous l'avez créé peut vous avoir semblé évidente, mais des semaines ou des mois plus tard, il est possible que vous l'ayez oubliée. Par conséquent, lorsque vous avez besoin de quelque chose dans vos tiroirs et vos armoires, vous êtes dérouté et frustré. Vous savez que cette chose se trouve en un lieu sûr et judicieux, mais vous ne vous souvenez plus où.

Dans ce genre de situation, vous avez créé un système dans lequel vous n'avez pas *confiance* ; avant longtemps, vous cessez de ranger vos choses de peur de ne plus pouvoir les retrouver. Le chapitre 4 vous montrera les principes de base pour aménager un système simple et logique qui offre des repères visuels vous permettant de retrouver rapidement et aisément tout article dont vous avez besoin. Quant aux troisième et quatrième parties, elle fournissent nombre de suggestions précises sur la façon d'utiliser le lieu de rangement, les contenants et les étiquettes pour bâtir un système qui vous inspire confiance.

Erreur 5 : « Loin des yeux, loin de la mémoire »

Bien des gens laissent certaines choses bien en vue de façon à se rappeler ce qu'ils ont à faire – par exemple, un livre qui doit être retourné à la bibliothèque, des factures à régler ou un manteau qui a besoin de retouches. Cette façon de procéder n'aurait aucune conséquence fâcheuse s'il ne s'agissait que de quelques articles, mais lorsque les choses s'accumulent, tout finit par se fondre dans votre environnement et par créer une espèce de « Muzak » visuelle qui fait disparaître tous vos repères. Ceux-ci ne peuvent donc plus jouer leur rôle. Au chapitre 4, vous apprendrez comment créer un système plus discret qui vous permettra de ne pas oublier certaines choses importantes ainsi que l'endroit où elles se trouvent.

Erreur 6 : L'organisation, c'est ennuyeux

Dans ce genre de situation, vous ne rangez pas vos choses parce que, honnêtement, il s'agit d'une corvée trop ennuyeuse. Vous pouvez penser à des milliers de façons plus intéressantes, agréables et profitables de passer votre temps, comme prendre des cours d'informatique, rendre visite à des amis ou à des clients. Le problème, c'est que bien peu de gens se préoccupent de l'aspect esthétique de leur système de rangement. Ils considèrent le rangement comme purement utilitaire, et utilisent n'importe quel type de vieilles boîtes, qu'elles leur plaisent ou non, en se disant : « Bof, personne ne verra cette chose sauf moi, alors qu'importe l'apparence ? » Par conséquent, leur système d'organisation est ennuyeux et laid, donc peu inspirant à utiliser.

L'organisation et le rangement constituent des tâches répétitives, mais vous pouvez les rendre beaucoup plus agréables en ajoutant à votre système une touche personnelle reflétant votre style. Ne sous-estimez pas le pouvoir que peut avoir un peu de fantaisie ; celle-ci peut jouer un énorme rôle dans le maintien de votre système d'organisation. Dans chacun des chapitres des troisième et quatrième parties, vous trouverez des conseils pour choisir et étiqueter des contenants qui vous plaisent sur le plan esthétique et font appel à votre sens du plaisir, et qui par conséquent vous inspireront et vous enthousiasmeront.

CATÉGORIE 2 : LES RÉALITÉS EXTERNES

Nous vivons dans un monde complexe et en changement perpétuel, un monde rempli de défis pour l'ensemble d'entre nous en ce qui a trait à notre façon de nous organiser. Nous arrivons habituellement à relever la plupart d'entre eux et à créer des systèmes qui fonctionnent de façon satisfaisante. Mais il y a des moments où, malgré tous nos efforts, nous n'y arrivons pas. Un obstacle externe limite nos possibilités en matière d'organisation – à moins que nous ne trouvions un moyen de le contourner.

Pour savoir si vous avez frappé un plafond qui vous empêche d'avancer, répondez à chacune des questions suivantes par « vrai » ou « faux ».

1. Lorsque votre entreprise a procédé à une « rationalisation », vous avez hérité de la charge de travail de certains des employés remerciés.
2. Votre entreprise a récemment fusionné, ou a introduit des changements majeurs au chapitre des méthodes de travail.
3. Vous venez de lancer votre propre entreprise.
4. Votre entreprise traverse présentement une période de forte croissance.
5. Vous êtes une mère ou un père de famille qui travaille à temps plein et qui s'occupe d'un parent âgé.
6. Vous recevez quotidiennement plus d'une centaine de messages par courrier électronique, sur votre boîte vocale, par télécopieur et par note de service.
7. Vous vous sentez bousculé lorsque vous devez répondre immédiatement à des télécopies ou des messages électroniques.
8. Vous avez de la difficulté à suivre les mises à niveau et les changements dans votre système informatique.
9. Vous êtes constamment interrompu au travail.
10. Vous travaillez dans un domaine où les échéances abondent.
11. Vous travaillez dans un domaine où la paperasse abonde.
12. Vous travaillez dans une entreprise d'envergure mondiale qui exerce ses activités 24 heures sur 24.
13. Votre entreprise vient de vous transférer d'un bureau privé à un poste de travail partagé.
14. Vous êtes au beau milieu d'une transition, comme un changement de carrière, un changement d'orientation de votre entreprise, un mariage, un divorce, un déménagement ou la fondation d'une famille.

15. Une nouvelle personne partage depuis peu votre domicile ou votre bureau.

16. Votre patron est hautement désorganisé et interrompt continuellement votre travail.

17. Votre conjoint, votre enfant ou votre colocataire est une personne désordonnée qui s'accommode bien du fouillis.

18. Votre employé organise les choses d'une façon complètement différente de la vôtre, et ne tient aucun compte de votre système.

19. Vous vivez dans une petite maison avec peu ou pas d'espace de rangement.

20. Vous travaillez dans un bureau encombré avec peu ou pas d'espace de rangement.

POINTAGE

Utilisez le tableau suivant afin de déterminer si vous êtes aux prises avec un obstacle qui vous empêche de vous organiser et dont vous n'êtes pas responsable, et quelles sont vos possibilités pour y faire face.

Si vous avez répondu :		Voir :
Vrai aux questions	1 - 5	Réalités externes 1 et 3
Vrai aux questions	6 - 12	Réalité externe 2
Vrai aux questions	13 - 15	Réalité externe 3
Vrai aux questions	16 - 18	Réalité externe 4
Vrai aux questions	19 - 20	Réalité externe 5

Réalité externe 1 : Une charge de travail irréaliste

Il y a quelque temps, j'ai été invitée à donner un exposé sur les techniques de gestion du temps devant des employés d'une entreprise de gestion immobilière. Au beau milieu de mon exposé, j'ai senti une résistance presque palpable ; je me suis donc arrêtée pour demander à mon auditoire ce qui se passait. Ils m'ont répondu que leur entreprise avait récemment procédé à d'importantes réductions de personnel, et que par conséquent, les charges de travail étaient devenues excessives. Les horaires de rendez-vous avaient doublé, le nombre de projets quadruplé et le nombre d'employés à superviser s'était multiplié de façon exponentielle. Ils n'avaient donc pas besoin d'autres conseils en matière d'organisation, mais plutôt d'un remède miracle à une situation difficile qui était clairement indépendante de leur volonté.

Conséquences des «rationalisations» et des «compressions», les familles à double revenu et l'augmentation phénoménale des entreprises à domicile – et donc de la surcharge de travail – sont des phénomènes très réels à notre époque. Si vous essayez de faire entrer quatre-vingts heures de travail dans une semaine de soixante heures, vous êtes probablement aux prises avec une charge de travail irréaliste.

Pour arriver à savoir exactement si votre charge de travail est réaliste ou irréaliste, prenez note de votre emploi du temps pendant une semaine ou deux. Divisez la page d'un cahier en deux colonnes. Dans la colonne de gauche, inscrivez chaque tâche au moment où vous l'accomplissez et le temps que vous y consacrez. Dans la colonne de droite, inscrivez toutes les tâches que vous auriez voulu accomplir, mais que vous n'avez pas pu faire (accompagnées de votre meilleure évaluation du temps que vous y auriez consacré). Lorsque vous aurez terminé, ce journal pourrait vous révéler qu'en certaines situations, vous ne faites pas le meilleur usage de votre temps, et vous faire voir noir sur blanc le nombre d'heures de travail qui sont attendues de vous.

La façon de remédier au problème dépend de la situation. Si vous êtes employé au sein d'une grande entreprise, vous pourriez faire part de vos réflexions à votre patron pour qu'il ou elle prenne conscience de la situation et tente de trouver des solutions avec vous. Si vous êtes propriétaire d'entreprise, peut-être seriez-vous en mesure de modérer la croissance, ou d'engager du personnel pour vous aider. Si vous travaillez *et* vous occupez à temps plein de vos enfants, de vos parents âgés ou d'une autre personne, analysez attentivement vos tâches domestiques afin de déterminer si certaines d'entre elles ne sont pas superflues (avez-vous vraiment besoin de frotter les planchers *tous* les jours ?). Peut-être pourriez-vous trouver des moyens de déléguer certaines responsabilités à d'autres membres de la famille, ou faire appel à une entreprise de services ménagers.

Réalité externe 2 : Le rythme de vie accéléré et la technologie

Comme de nos jours il nous faut travailler de façon plus judicieuse, bouger plus rapidement et posséder de plus vastes connaissances, et que, par conséquent, nous sommes sollicités de toutes parts, il est difficile de ne pas se laisser entraîner dans toute cette frénésie. La meilleure chose à faire est d'appliquer les freins de temps en temps, de réfléchir avant de sauter et d'être prêt à dire « non » à l'occasion.

Ce n'est pas possible? Pensez-y.

Ce n'est pas parce que vous *pouvez* travailler 24 heures sur 24 que vous devriez le faire. Ce n'est pas parce que vous pouvez saisir votre calendrier dans votre ordinateur que vous êtes obligé de le faire. Ce n'est pas parce que vous avez reçu cette télécopie ou ce message électronique il y a une seconde que vous devez y répondre immédiatement. Et ce n'est pas parce que 15 000 périodiques et 50 000 livres sont publiés chaque année que vous êtes obligé d'en lire un certain pourcentage. Abonnez-vous aux deux ou trois revues qui vous intéressent le plus et oubliez le reste. Donnez-vous comme objectif de lire un ou deux livres par mois, que vous aurez soigneusement choisis en fonction de vos intérêts.

Le mouvement perpétuel, que ce soit au travail ou dans vos loisirs, finira par vous épuiser. Bien sûr, vous êtes bombardé d'information partout où vous allez, mais soyez réaliste en ce qui a trait à la quantité de renseignements que vous êtes capable d'assimiler. Souvenez-vous que la technologie est un outil, et que chaque nouvel outil exige un apprentissage qui vous coûte temps et argent. Pensez à cet investissement avant d'acheter tous les attrayants logiciels ou bidules électroniques qui arrivent sur le marché. Laissez le besoin dicter l'achat, et non le contraire. (Pour d'autres conseils sur les façons d'apprivoiser la technologie, voir le chapitre 19.)

Réalité externe 3 : Les périodes de transition

Un jour, un homme d'affaires m'a téléphoné pour me demander de l'aider à réorganiser son entreprise, qui était passée de deux à six employés en l'espace de quelques mois. Il voulait réaménager ses locaux pour pouvoir y installer ses nouveaux employés. Le problème était qu'il ne savait pas trop quel était son nouveau rôle, ce que j'avais clairement compris en constatant son indécision relativement à l'emplacement de son bureau. Devrait-il se placer au centre de la pièce, pour avoir un maximum de contact avec ses employés, ou dans une pièce distincte pour avoir plus d'intimité? Il ne savait pas encore quelle serait la distribution des tâches. Finalement, nous avons décidé d'attendre quelques mois pour voir comment se présenteraient les nouveaux rôles et relations. Ce n'est qu'à ce moment-là que nous allions pouvoir créer un système logique et durable.

Cette histoire est loin d'être unique en son genre. Chaque fois que nous effectuons un changement majeur, nos anciens systèmes d'organisation ne conviennent plus. C'est inévitable, parce que nous faisons face à une nouvelle réalité, et il nous faut du temps pour assimiler l'information et voir clairement ce que nous devons organiser. Voici une liste des transitions les plus courantes :

- Déménagement
- Mariage
- Naissance
- Entrée à l'école
- Obtention d'un diplôme
- Retraite
- Maladie ou décès d'un être cher
- Recherche d'emploi
- Fusion d'entreprises
- Croissance accélérée d'une entreprise
- Changement de carrière

Lorsque vous traversez une période de transition, il vaut mieux attendre d'avoir une meilleure idée de vos nouveaux besoins et priorités avant de commencer à vous organiser, si vous pouvez tolérer le chaos encore un peu. Vous pouvez également établir un système temporaire en sachant qu'il est susceptible de changer à mesure que vous vous familiariserez avec votre nouvelle situation. Par exemple, à un client en recherche d'emploi qui, en attendant, travaillait à temps partiel, à titre de consultant, j'ai suggéré d'établir un système de classement temporaire pour les dossiers de ses clients au moyen de quelques chemises en manille et de deux ou trois boîtes de rangement Bankers Box. Ce système lui a permis de demeurer organisé et de se retrouver dans ses documents pendant qu'il réfléchissait à ses diverses possibilités de carrière. Tant qu'il n'aurait pas trouvé son nouvel emploi, il était impossible de savoir de quel type de classeurs et de système permanent il aurait besoin.

Réalité externe 4 : Des partenaires peu coopératifs

Il n'y a rien de plus frustrant que de vivre ou de travailler avec une personne dont la désorganisation ne cesse de réduire à néant vos propres efforts pour mettre de l'ordre. Cela peut se produire avec un patron, un employé, un colocataire ou un membre de votre famille.

Je vous conseille de faire face à la situation directement et d'essayer d'inciter la personne à collaborer avec vous – en mettant de l'avant ses propres priorités, et non les vôtres.

Par exemple, si votre patron désordonné cherche à augmenter ses ventes ou à remporter un prix pour l'excellence du service à la clientèle, faites-lui remarquer qu'en vous interrompant constamment pour que vous l'aidiez à surmonter crise après crise, ces objectifs pourraient ne jamais être atteints. Puis offrez-lui de créer un système qui évitera les crises et qui sera facile à maintenir. (Les troisième et quatrième parties du livre sont remplies d'idées sur la manière de maintenir un système en place dans tous les types de bureaux.)

Si un employé refuse de respecter votre système, demandez-vous si vous n'exigez pas de lui qu'il adopte une méthode que vous n'avez pas expliquée adéquatement. Prenez le temps d'expliquer la façon exacte dont vous voulez que le travail soit accompli, et pourquoi il est important d'adopter votre système – mentionnez que ce système vous permettra de gagner beaucoup d'argent, et donc de continuer à verser les salaires !

Enfin, si la source de votre frustration est un colocataire ou un membre de votre famille, assurez-vous que votre système est facile à comprendre et simple à maintenir. (Encore une fois, ce livre comprend d'excellents conseils en la matière.) Demandez-leur d'évaluer ce qu'il leur en coûte d'être si désordonnés. Demandez-leur s'ils se sentent frustrés lorsqu'ils égarent un objet important, gaspillent de l'argent, arrivent en retard, se disputent avec vous. Explorez les raisons pour lesquelles il est important pour vous *deux* que les choses soient remises à leur place. Vous pouvez établir une distinction entre les pièces communes et les pièces privées, et vous entendre avec la personne pour qu'elle consente au moins à garder les pièces communes en ordre.

Réalité externe 5 : De l'espace insuffisant

Sandra, une cliente, m'avait demandé de remettre de l'ordre dans son petit appartement qui, comme elle le disait si bien, était « plein à craquer ». Après un rapide examen de l'endroit, j'ai constaté qu'elle avait réussi à maximiser l'espace dont elle disposait de façon à la fois intelligente et agréable pour l'œil. Cela ne donnait pas une impression de désordre, loin de là.

J'ai commencé par les bonnes nouvelles : elle avait utilisé l'espace de façon si extraordinaire que j'étais prête à l'engager dans mon équipe d'organisateurs professionnels. Puis je suis passée aux mauvaises nouvelles : elle avait exploité toutes les ressources de rangement offertes par son environnement. De toute évidence, elle n'avait gardé que les choses qu'elle utilisait et qu'elle aimait, et les seules possibilités qui s'offraient à elle étaient d'entreposer une partie de ses possessions ou de déménager dans un plus grand appartement.

Il importe de reconnaître la différence entre cet obstacle externe et l'erreur technique 3 (« plus de choses que d'espace »), parce qu'il arrive parfois *qu'il n'y ait vraiment pas suffisamment de place*. Comment savoir si vous avez véritablement atteint les limites de votre espace ? Voici les signes habituels :

- Vous n'avez *aucun* objet en excédentaire dans votre maison ou votre bureau – vous utilisez tout ce que vous possédez.
- Vous êtes une personne très organisée ; toutes vos choses ont une place de rangement, et vous savez où trouver chacune d'entre elles.
- Vous avez exploité votre environnement au maximum en utilisant l'espace vertical au moyen de bibliothèques et d'armoires, en utilisant des meubles de rangement ainsi que des économiseurs d'espace et des cloisons pour tirer le meilleur parti possible de vos placards et vos tiroirs.

Si vous correspondez aux critères ci-dessus et que vous manquez de place, cela signifie que vous avez probablement atteint les limites de votre espace. Essayer de ranger davantage de choses ne vous causera que frustration.

CATÉGORIE 3 : LES OBSTACLES D'ORDRE PSYCHOLOGIQUE

Bien des gens vivent dans le chaos et persistent à y rester pour une raison cachée. Même s'ils désirent ardemment s'en libérer, une voix insistante à l'intérieur d'eux-mêmes leur dit qu'ils en ont besoin. Ils font toutes sortes d'efforts pour s'organiser, mais n'arrivent jamais à finir le travail. Ou pire, ils le finissent, puis se mettent à saboter subtilement leurs réalisations et à défaire leur système.

Pour savoir si vous avez un intérêt caché à rester désorganisé, répondez par « oui » ou par « non » à chacune des questions suivantes :

1. L'idée d'un environnement dégagé et exempt de désordre crée-t-elle chez vous un sentiment d'anxiété ou d'inconfort ?
2. Êtes-vous une personne hautement visuelle ?
3. Avez-vous l'habitude d'acheter en grosse quantité ?
4. L'idée de vous débarrasser de certains objets vous perturbe-t-elle ?
5. Aimez-vous faire étalage de toutes les choses que vous accumulez de façon à pouvoir les regarder ?
6. Êtes-vous toujours en train d'acheter plus de cubes, de contenants et de paniers afin de pouvoir tout caser ?
7. Vous torturez-vous à longueur de journée en vous répétant sans cesse : « Il *faut* que je m'organise, il *faut* que je m'organise » ?
8. Consacrez-vous plus de temps à l'organisation et la réorganisation qu'au travail ou au divertissement ?
9. Vous arrive-t-il souvent de refuser des activités sociales pour rester à la maison à faire du rangement ?
10. Êtes-vous constamment en train de réarranger vos choses parce que vous n'êtes jamais satisfait du système que vous avez mis en place ?
11. Craignez-vous que le fait de devenir une personne organisée étouffe votre créativité ?
12. La perspective d'être vraiment bien organisé vous emplit-elle à la fois d'un sentiment d'enthousiasme et de crainte ?
13. Croyez-vous que le manque d'organisation a toujours été le principal obstacle à l'atteinte de votre plein potentiel ?
14. Avez-vous déjà été plus organisé à une époque antérieure de votre vie ?
15. Votre désorganisation vous empêche-t-elle de déléguer des tâches ?
16. Le désordre qui règne dans votre maison ou votre bureau vous empêche-t-il d'inviter des gens ?
17. Avez-vous grandi dans un foyer extrêmement chaotique ?
18. Avez-vous grandi dans un foyer extrêmement ordonné ?
19. Avez-vous eu une enfance traumatisante ?
20. Votre désordre remonte-t-il à quinze ans ou plus ?
21. Êtes-vous un perfectionniste qui n'accepte rien de moins que l'excellence dans tout ce qu'il fait ?

POINTAGE

Si vous avez répondu « oui » à trois questions ou plus, il semble qu'un obstacle psychologique vous empêche d'avancer. Il importe que vous en déterminiez la nature et que vous appreniez comment le contourner. Continuez votre lecture pour voir quel obstacle ressemble le plus au vôtre et ce que vous pouvez faire pour y remédier.

Obstacle psychologique 1 : Le besoin d'abondance

Les gens qui sont aux prises avec le désordre éprouvent parfois le besoin profond d'avoir une vie marquée par l'abondance. Si vous êtes comme ça, vous aimez vous entourer d'une multitude de choses. Vous faites partie des collectionneurs de ce monde. Vous achetez en grande quantité, cuisinez en grande quantité et collectionnez une grande quantité de trésors. Vous ne faites rien de petit ni de modeste. Vous aimez peut-être rendre visite à des gens qui habitent dans des environnements sobres, mais la simple pensée de vivre comme eux vous retourne l'estomac. Vous gardez une *grande* quantité d'à peu près tout, et l'idée de vous débarrasser de quoi que ce soit vous remplit d'angoisse et de crainte. Vous associez sans doute le volume à un sentiment de plénitude, de confort, de sécurité et d'identité. Ce besoin d'abondance peut être attribuable à une enfance de privations et d'indigence où vous n'aviez jamais assez de nourriture, de vêtements, de jouets ou, ce qui importe par-dessus tout, d'amour et de compagnie.

Il est intéressant de noter que même si vous n'avez pas vous-même souffert de la rareté dans votre enfance, vous pouvez avoir « hérité » d'un besoin d'abondance d'une autre personne qui a grandi dans ce type de contexte. Peut-être vos parents ou vos grands-parents ont-ils connu l'époque de la crise et de la Deuxième Guerre mondiale, où les pénuries de nourriture étaient fréquentes. Peut-être ont-ils émigré d'un pays moins développé ou survécu à une expérience hautement traumatisante comme l'Holocauste. Si c'est le cas, il est possible que vous ayez intégré certaines des habitudes acquises à partir de ces expériences – comme par exemple être prêt en tout temps à affronter une disette et faire des réserves pour les périodes de privation.

Quelles que soient les origines de ce besoin d'abondance, l'important est d'en tenir compte et de les contourner au lieu de lutter contre elles. Il n'y a rien de mal à vivre une vie caractérisée par l'abondance, tant que vos capacités en matière d'organisation sont suffisantes pour que toutes vos possessions soient accessibles et bien rangées. Autrement, vous finirez par vous noyer dans votre fouillis, entouré de choses auxquelles vous n'avez pas accès et aux prises avec un sentiment d'insatisfaction envers vous-même.

Carrie était un exemple parfait de ce type de personne. Cette mère à domicile qui s'occupait de deux enfants était passionnée de bricolage. Dans sa cuisine et sa salle à manger, des fournitures traînaient partout – dans les sacs et les paniers, dans les coins, sur les comptoirs et dans les placards, mélangées avec des papiers et des objets domestiques. Elle possédait suffisamment de pompons, de caoutchouc mousse, de tissus, de peinture, d'argile, de paillettes et de fil pour ouvrir sa propre maternelle, ce qui excédait de beaucoup ses besoins et ceux de ses enfants. Mais la seule pensée de se débarrasser de n'importe quel objet lié à sa passion la remplissait d'angoisse.

Issue d'une famille nombreuse, Carrie avait connu une enfance où l'argent était rare et l'attention encore davantage. Ses parents travaillaient tous les deux, et comme ils devaient s'occuper de sept autres enfants, avaient rarement l'occasion de lui accorder l'attention personnelle dont elle avait besoin. Elle a donc grandi avec le sentiment d'être seule et négligée, et le bricolage était l'un des moyens qu'elle avait trouvés pour s'occuper l'esprit et se divertir.

Adulte, elle tenait à passer plus de temps avec ses enfants que ses parents n'en avaient passé avec elle. La principale activité à laquelle elle s'adonnait avec eux était le bricolage, et l'énorme quantité de fournitures représentait en fait le réconfort et la compagnie qu'elle n'avait jamais connus dans son enfance.

Après avoir reconnu son besoin d'abondance, je l'ai étonnée en lui suggérant de se concentrer dans un premier temps à la consolidation et à l'organisation de ses possessions plutôt qu'à en réduire la quantité. Elle en était très soulagée.

Nous avons consacré tout un placard à ses fournitures, en garnissant les étagères de contenants joliment étiquetés qui lui permettaient d'avoir accès à toutes les choses qu'elle avait accumulées au fil des ans.

La création de ce « centre de bricolage » était une façon de célébrer le besoin d'abondance de Carrie, au lieu de le critiquer. Pour la première fois, elle se sentait fière du volume qu'elle avait accumulé au lieu d'en avoir honte. Maintenant que toutes ces choses étaient aisément accessibles, elle et ses enfants étaient en mesure d'en profiter au maximum. Ironiquement, une fois cette consolidation effectuée, Carrie a eu plus de facilité à se départir du matériel qu'elle n'utilisait pas.

Si vous éprouvez un besoin d'abondance, il vaut souvent mieux organiser ce que vous avez plutôt qu'essayer de vous forcer à jeter des choses. Une fois l'organisation effectuée, il vous sera probablement plus facile de voir ce qui est superflu et de vous en débarrasser petit à petit. Ne vous demandez surtout pas de devenir minimaliste du jour au lendemain.

Obstacle psychologique 2 : Le conquistador du chaos

Certaines personnes persistent à vivre dans le désordre parce qu'elles adorent l'émotion que leur procure le fait d'arriver à la rescousse et de faire naître l'ordre à partir du chaos. Si vous êtes de ces personnes, vous aimez le défi consistant à régler des problèmes complexes et à surmonter les situations impossibles. Vous avez la capacité de mettre en place d'extraordinaires systèmes d'organisation, que vous démantelez aussitôt pour repartir à la recherche de quelque chose de « mieux ».

Il est possible que vous ayez grandi dans des circonstances difficiles qui ont fait naître chez vous une incroyable capacité de survie. Plus que quiconque, vous savez comment régler une crise. Peut-être avez-vous joué le rôle de pacificateur dans une famille marquée par la violence, subi une perte importante dans votre enfance ou vécu dans un foyer en état de constante perturbation.

Quelles que soient les conditions particulières qui sont à l'origine de leur comportement, les conquistadors du chaos sont à leur meilleur quand ils doivent régler une crise – parce qu'ils excellent en la matière. Voici une série de comportements qui pourraient correspondre au vôtre :

- Vous élaborez constamment des systèmes que vous finissez toujours par abandonner.
- Vous avez l'impression que vos systèmes d'organisation sont toujours en cours d'élaboration, jamais entièrement au point.
- Vous adorez résoudre des problèmes corsés, mais vous vous ennuyez lorsqu'il s'agit d'en maintenir les solutions.

- Vous vous comportez constamment comme s'il y avait crise, toujours emporté par un tourbillon d'activités.
- Vous accomplissez davantage en une journée si vous avez vingt activités au programme que si vous en avez seulement trois.
- Vous êtes plus efficace sous pression.

Paul, un avocat toujours à la recherche de sensations fortes, n'en finissait plus d'acheter de nouveaux agendas (en papier, électroniques, pour ordinateur) pour organiser son emploi du temps. Il réaménageait sans arrêt son système de classement et passait constamment d'un système à l'autre dans l'espoir que le prochain allait «être le bon». Par conséquent, son bureau était perpétuellement à l'état d'ébauche, et il avait toujours l'impression d'être désorganisé. Il n'arrivait jamais à mettre de l'ordre dans ses affaires parce que son besoin de chaos le maintenait à la case départ.

Si vous croyez être un conquistador du chaos, vous devriez songer à utiliser à meilleur escient votre talent pour la résolution de problèmes. Au lieu de passer votre temps à rebâtir votre système d'organisation, pourquoi ne pas mettre en place ce système une fois pour toutes et consacrer le temps ainsi libéré à l'accomplissement de tâches plus importantes et constructives ? Comme vous aimez être occupé, vous ne passerez sûrement pas le temps libre que vous gagnerez, grâce à une meilleure organisation, à vous adonner à des loisirs. Au lieu de cela, remplissez vos journées d'activités qui exploitent le plus possible votre incroyable talent pour la résolution de problèmes. Relevez le défi consistant à devenir un meilleur parent, à apprendre une nouvelle langue ou à vous attaquer à un problème social que personne n'a encore pu régler. Partez à la conquête de votre peur des hauteurs ou lancez une nouvelle entreprise dynamique. Vos talents sont beaucoup trop précieux pour que vous les gaspilliez à lutter perpétuellement contre la désorganisation.

Obstacle psychologique 3 : Des priorités et des objectifs peu clairs

Étant donné que, pour vous organiser, il vous faut définir ce qui vous importe et mettre en place un système qui en soit le reflet, il est logique de penser que si vos objectifs et priorités ne sont pas clairs, vous aurez beaucoup de difficulté à établir un système viable.

Les symptômes typiques des personnes dont les buts et les priorités manquent de clarté sont d'entreprendre trop de choses à la fois et de se sentir éparpillées dans un million de directions. Presque tout le monde traverse à un moment de sa vie une période caractérisée par un manque de clarté et de concentration. Souvent, nous savons secrètement ce que nous voulons, mais nous nous sentons mal à l'aise ou anxieux à l'idée de l'obtenir parce que nous nous laissons influencer par ce que nous croyons « devoir » vouloir. Or, le programme expliqué dans le présent livre ne peut donner de résultats que si vous vous donnez la permission d'être vous-même et que vous mettez en place des systèmes qui tiennent compte de votre façon de penser, de travailler et de vivre.

Pour mon ami Gordon, l'une des personnes les mieux organisées que je connaisse, il importe au plus haut point d'en savoir toujours plus sur le monde. Il a soif d'absorber le plus d'information possible sur une variété de sujets. Mais au lieu d'essayer d'accomplir ce projet tout d'un coup, il choisit un sujet par année sur lequel il concentre ses énergies et son attention, puis passe à un autre domaine l'année suivante. De cette façon, il n'a jamais l'impression d'être éparpillé dans un million de directions, tout en étant capable de satisfaire son besoin. Non seulement a-t-il clarifié ses buts et priorités, mais il sait comment les atteindre.

Si vous avez l'impression d'avoir tellement de buts et de priorités qu'il vous est difficile de vous concentrer, songez à suivre l'exemple de Gordon et à étaler vos projets dans le temps, en commençant par réaliser certains objectifs tout de suite et d'autres plus tard au cours de l'année ou dans l'avenir. La satisfaction d'avoir pleinement atteint certains objectifs dépasse de loin la déception de se retrouver avec un grand nombre de projets laissés en plan.

Obstacle psychologique 4 : La peur du succès ou de l'échec

Si une bonne organisation vous permet d'accomplir tout ce que vous voulez, et que vous êtes habité d'une profonde peur du succès ou de l'échec, il est possible que vous vous serviez de la désorganisation comme d'une excuse commode pour vous empêcher de progresser.

Stanley était un dentiste extrêmement compétent dont la pratique n'était pas aussi florissante qu'elle aurait pu l'être parce que, comme il le disait lui-même, il administrait son entreprise de façon très désordonnée. En quinze ans de carrière, il n'avait jamais pu trouver une secrétaire compétente ; il payait toujours ses factures en retard et il n'arrivait jamais à demeurer organisé pendant assez longtemps pour faire de la publicité ou pour mettre à profit toutes les autres méthodes qui auraient pu lui permettre de stimuler la croissance de son entreprise. Il était frustré de ne pas gagner autant d'argent qu'il s'en savait capable. Et pourtant, il trouvait le moyen de réfuter chaque solution pratique que je lui proposais.

Comme il était une personne réfléchie, il a soudain compris, comme moi, que tout cela n'était que des excuses. Il savait qu'il aurait plus de succès s'il s'organisait, et que mes suggestions donneraient des résultats. Il a fini par prendre conscience qu'au plus profond de lui-même, il avait peur d'avoir plus de succès que son père, qui n'avait jamais tout à fait « réussi », du moins à ses yeux. Quand il a enfin compris que sa peur du succès l'empêchait d'avancer, nous avons commencé à organiser son bureau progressivement, de façon à ce qu'il puisse s'habituer lentement à l'idée de son propre succès et éviter de le saboter inconsciemment.

Il existe de nombreuses raisons d'avoir peur du succès, et tout autant de livres sur le sujet. Si vous croyez que votre peur du succès vous pousse à saboter tous vos efforts d'organisation, je vous suggère, comme Stanley, de travailler lentement à la mise au point de votre système en évitant tout changement brusque de votre structure actuelle. En même temps, lisez un ou deux livres expliquant comment réaliser vos rêves, comme par exemple *Wishcraft* de Barbara Sher et *Say Yes to Your Dreams* de Harold Taylor, et essayez de vous habituer à l'idée de votre propre succès.

Obstacle psychologique 5 : Le besoin de s'isoler

Certaines personnes utilisent leur désordre comme un écran protecteur, une barrière entre eux et le « monde extérieur », de la même façon que bien des gens souffrant d'un excès de poids se servent de leurs kilos en trop comme d'un « coussin » pour garder les autres à distance. Lorsque votre désorganisation devient si extrême que vous refusez de laisser quiconque entrer dans votre demeure ou votre bureau, que vous refusez des invitations et que vous passez tout votre temps à « organiser » et à « réorganiser » votre environnement, demandez-vous si votre désordre n'est pas devenu un complice secret qui vous aide à demeurer isolé.

D'aussi loin qu'il s'en souvienne, Dan avait vécu dans le chaos. Chaque centimètre carré de son appartement était rempli de meubles, d'objets qu'il avait accumulés au fil des ans, de journaux remontant à six ou huit mois qu'il persistait à avoir l'intention de lire, de vêtements de différentes tailles en raison de nombreuses variations de poids et d'une multitude de contenants servant à l'organisation qu'il avait achetés dans l'espoir de pouvoir reprendre le dessus sur son fouillis. C'est à peine si on pouvait trouver une place où s'asseoir. Il avait tellement honte qu'il n'invitait jamais qui que ce soit et n'avait jamais de compagne parce que ses démarches en vue de s'organiser lui prenaient tout son temps. Il travaillait à la maison et avait de la difficulté à accomplir quoi que ce soit. D'instinct, il appelait son appartement sa « cuve d'isolation ». Âgé de quarante-cinq ans, il se sentait seul, frustré et prêt à changer son mode de vie.

Dan avait eu une enfance traumatisante marquée par de nombreuses pertes. La douleur ainsi éprouvée avait fait naître en lui un besoin de s'éloigner, de s'isoler du monde afin d'éviter d'autres blessures. Ayant compris cela, je savais que même si Dan était prêt à changer, il nous fallait procéder lentement. En effet, toute modification soudaine de son environnement le ferait se sentir vulnérable et non préparé, ce qui nuirait à nos progrès. Nous avons donc procédé à l'organisation de son appartement graduellement pendant un an, en nous concentrant sur une petite partie à la fois et en le laissant s'habituer au changement avant de passer à l'étape suivante. Il a fallu à Dan beaucoup de courage et de détermination pour réussir, et même s'il a trébuché à quelques reprises en cours de route, il a fini par réaliser son objectif. J'ai beaucoup de respect pour lui.

Votre situation n'est peut-être pas aussi extrême que celle de Dan, mais si vous utilisez votre désordre de façon similaire et que vous êtes prêt à sortir de votre cachette, allez-y doucement. Donnez-vous la chance de vous habituer aux changements que vous effectuez et de composer avec les émotions qui les accompagnent. Prévoyez suffisamment de temps pour vous ajuster et vous recentrer à mesure que votre environnement évolue. Commencez par aménager une pièce exempte de désordre où vous ne rangerez que les choses que vous utilisez et que vous aimez. Si cette expérience vous plaît, aménagez au bout de quelque temps une autre pièce du même genre, puis une autre. Continuez à déplacer tout ce fouillis excessif, cette « barrière », jusqu'à ce qu'il soit confiné à une seule pièce. Peut-être aurez-vous à ce moment-là le courage de vous en débarrasser pour de bon. Mais si vous hésitez encore à vous en départir, essayez de le mettre en entreposage et voyez ce que cela vous fait de vous séparer de ces objets tout en sachant qu'ils vous appartiennent encore. Peut-être serez-vous capable un jour de vous en séparer de façon permanente car vous aurez fini par comprendre que votre vie est tout aussi complète sans eux.

Souvenez-vous qu'un espace de travail ou de vie bien organisé peut constituer une meilleure « retraite » qu'un lieu en désordre.

Obstacle psychologique 6 : L'organisation, c'est ennuyeux

Bien des gens créatifs utilisant le « côté droit » de leur cerveau qui ont toujours travaillé dans un chaos total ont à la fois très envie et très peur de s'organiser. D'un côté, ils le désirent ardemment parce qu'ils ont le sentiment que leur désorganisation les a empêchés de réaliser leur plein potentiel. De l'autre, ils craignent qu'un système plus structuré étouffe leur créativité, car ils ont toujours réussi à créer des œuvres de qualité en dépit du chaos.

Rédactrice pigiste, Jennifer arrivait à vivre de son talent même si elle sentait que ses méthodes de travail chaotiques l'empêchaient d'aller plus loin. Son bureau, installé chez elle, était un capharnaüm. Elle passait énormément de temps à essayer de mettre la main sur des outils de recherche et d'autres documents égarés. Elle avait des millions d'idées d'articles – et même pour un livre –, mais n'arrivait jamais à les concrétiser, soit parce qu'elle n'en avait pas le temps, soit parce qu'elle était incapable de retrouver ses notes. Le fouillis qui régnait dans son lieu de travail créait chez elle une tendance de plus en plus forte à la procrastination. Elle croyait sincèrement que si elle était mieux organisée, elle serait capable d'accomplir plus de travail et de respecter ses échéances, ce qui la rendrait par conséquent plus riche. Mais comme la qualité du travail qu'elle arrivait à produire était déjà d'un très haut calibre, elle m'a avoué craindre sincèrement qu'un changement d'environnement détruise sa carrière du même coup.

Ensemble, nous avons élaboré un système qui reflétait et stimulait sa créativité. Nous avons conçu un système de classement fondé sur des codes de couleur qui lui permettait de distinguer d'un seul coup d'œil entre les travaux en cours, les projets terminés, les idées pour l'avenir. Comme elle trouvait stimulant de travailler sur plusieurs activités à la fois, nous avons créé une « boîte à projets » (semblable aux casiers employés pour trier le courrier) qui lui permettait de mener huit à dix projets de front et de passer de l'un à l'autre sans confusion.

Comme elle était une personne très visuelle, nous avons également créé deux tableaux muraux pour son bureau. L'un lui permettait de suivre mensuellement l'évolution de ses divers projets d'écriture et d'en respecter les échéances, et l'autre d'élaborer le « scénario » du livre qu'elle rêvait d'écrire depuis des années. Jennifer était à la fois soulagée et ravie. Tout était doré-navant à sa place, son esprit était clair, et elle pouvait être beaucoup plus productive. Au lieu de se rendre à son bureau à reculons, elle y passait plus de temps que jamais parce qu'il était devenu l'«associé passif» dont elle avait ardemment besoin pour recharger ses batteries créatives.

Loin d'étouffer la créativité, l'organisation lui donne libre cours. Elle vous permet d'accéder immédiatement à tout ce dont vous avez besoin pour accomplir votre travail plus efficacement. L'important est de conce-voir un système simple, amusant et visuellement attrayant qui reflète et stimule votre personnalité créative.

Obstacle psychologique 7 : Le besoin de distraction

La désorganisation peut constituer une diversion commode qui vous per-met d'éviter les problèmes ou les tâches auxquels vous refusez de faire face. En d'autres mots, tant que vous avez un placard à ranger ou une pile de papiers à classer, votre esprit demeure occupé, ce qui ne laisse aucune place aux préoccupations plus importantes qui vous rendent mal à l'aise ou que vous trouvez difficiles à aborder.

Kevin était cadre dans le service des ventes chez un éditeur. Il avait la réputation d'avoir le bureau le plus désordonné de son service. Ses collè-gues ne lui envoyaient jamais de documents importants sans en faire préa-lablement une copie, car ils étaient certains qu'il allait les perdre. Il passait tellement de temps à chercher des documents perdus ou égarés et à recom-mencer son travail qu'il devait consacrer de nombreux soirs et week-ends à la remise en ordre de son bureau. Il s'inquiétait constamment de ce qu'il pouvait avoir oublié ou perdu dans les piles qui jonchaient son bureau.

Kevin et moi avons donc procédé à la réorganisation radicale dont le bureau avait besoin. Nous avons déplacé des meubles, établi un code de couleurs pour les dossiers et placé sur son bureau des plateaux clairement étiquetés pour faciliter la circulation des documents. Pourtant, à mesure que son bureau gagnait en efficacité, Kevin éprouvait un malaise croissant. Il s'est mis à annuler nos rendez-vous, à cesser de classer ses dossiers et de respecter son système de classement, bref à recréer le chaos qui avait régné pendant si longtemps.

Kevin a fini par me rappeler pour me demander de l'aide. Au cours de la conversation, il m'a confié ne pas être préparé pour faire face à tout l'espace mental que l'organisation de son bureau avait libéré. Tout d'un coup, son esprit avait été inondé de questions cruciales : sa sécurité d'emploi, son mariage perturbé, ses parents vieillissants. Pendant toutes ces années, ses inquiétudes face à sa désorganisation n'avaient fait que le détourner commodément des choses auxquelles il ne voulait pas penser. De plus, cette désorganisation était elle-même devenue une menace pour lui sur le plan tant personnel que professionnel, ce qui ajoutait à son anxiété. Ayant compris tout ça, il était maintenant libre de réfléchir à un moyen plus direct de faire face aux principales sources de stress de sa vie, de façon à pouvoir tolérer et maintenir l'ordre qui régnait dorénavant dans son bureau.

Ce comportement consistant à se servir de sa désorganisation comme d'une diversion peut être acquis à l'âge adulte, lorsque la vie se complique, ou dans l'enfance comme moyen d'échapper à un environnement difficile ou à une expérience traumatisante. Quelles que soient les origines du problème, si vous voulez vous organiser et adopter un système durable, vous devez apprendre à faire face plus directement aux problèmes plus importants et plus troublants de votre vie. Vous n'aurez alors plus besoin de créer le chaos pour vous en détourner.

Obstacle psychologique 8 : L'aversion pour le lieu

Dans ce type de situation, vous trouvez votre chambre, votre foyer ou votre bureau si bruyant ou si silencieux, si morne ou si solitaire que vous n'aimez pas vous y trouver. Vous n'avez même pas jugé bon de vous « installer » parce que vous voulez être ailleurs. À vos yeux, cela ne vaut pas la peine d'aménager agréablement votre espace car vous avez des sentiments ambivalents face à votre présence même en ce lieu. Par conséquent, vous laissez traîner les choses un peu partout, empilées sur des surfaces ou dans des boîtes sans rime ni raison, parce que vous n'avez tout simplement pas envie de vous « enraciner ».

De toute évidence, si vous détestez vraiment votre environnement, la première chose à considérer est de déménager dans une autre pièce, une autre maison ou un autre bureau qui vous convient davantage. Mais si c'est impossible, égayez votre espace en le décorant et en y insufflant un peu de votre personnalité. Mettez des œuvres d'art ou des photographies au mur, procurez-vous des plantes superbes et résistantes. Si vous aimez votre espace, vous êtes plus susceptible d'avoir envie d'y passer du temps et de maintenir le système d'organisation que vous mettrez en place.

Obstacle psychologique 9 : L'attachement sentimental

Souvent, les gens ont de la difficulté à se séparer de choses dont ils ne se servent plus parce qu'ils leur accordent énormément de signification. Ces objets en viennent à symboliser une époque, une personne ou une partie d'eux-mêmes qu'ils ont peur de perdre à jamais s'ils s'en séparent.

Il nous arrive parfois de projeter une personnalité et des émotions sur nos objets à partir de l'endroit où nous nous les sommes procurés, leur propriétaire antérieur ou leur provenance. Nous nous entendons dire des choses telles que : « Cette veste m'a suivi tout autour du monde » ou « Je vais poser ce vase ici, car il a l'air si esseulé sur cette étagère. »

Les objets peuvent en venir à définir qui nous sommes. Mais en y projetant une si grande partie de notre identité, nous finissons par vivre dans un désordre inouï, entourés de choses qui ne nous servent à rien.

Il m'est arrivé de rencontrer des clients dont la réticence à oublier le passé a donné lieu à un étonnant phénomène de « stratification » dans leurs domiciles et leurs bureaux. En surface, leur espace semble incroyablement encombré et désorganisé, au point d'en être presque inhabitable. Mais sous cette couche superficielle de désordre se cache souvent un parfait système d'organisation. Le problème, c'est que ce système remonte à une période antérieure de leur vie qu'ils ont peur d'abandonner.

Suzanne était un exemple frappant de ce type de personne. Elle vivait dans un chic immeuble à logements dans le Upper West Side, à Manhattan, avec vue sur la rivière. Or, son appartement était tellement en désordre qu'elle avait dû s'installer dans un hôtel des environs. Boîtes de documents, livres et revues recouvraient toutes les surfaces imaginables, y compris le divan et les chaises, la baignoire et la cuisinière. Des supports remplis de vêtements prenaient toute la place au point qu'il était impossible de se déplacer ou de s'asseoir. Mais ce qui est fascinant, c'est que lorsque j'ai enlevé les boîtes pour inspecter l'intérieur des tiroirs et des placards, ils étaient si bien rangés qu'ils semblaient sortir tout droit d'un catalogue.

Au cours de notre conversation, j'ai appris que son mari était décédé huit ans auparavant, et qu'elle n'avait jamais eu le cœur de défaire la structure de rangement qui avait caractérisé leur vie commune. Résultat, elle avait construit sa nouvelle vie par-dessus l'ancienne et rangé ses nouvelles acquisitions à tous les endroits qu'elle pouvait trouver, créant ainsi deux couches de réalités dans la maison.

Même s'il s'agit là d'une situation extrême, il se peut que vous fassiez la même chose, bien que d'une façon différente. Si une multitude de choses s'empilent sur toutes les surfaces extérieures de votre maison ou de votre bureau, vérifiez si ce qui se trouve dans vos tiroirs et vos placards date d'une époque de votre vie maintenant révolue – des documents remontant à vos années d'université ou à une autre carrière, des vêtements de taille différente correspondant à d'autres étapes de votre vie.

Souvenez-vous que votre identité provient de l'intérieur et non de l'extérieur. Les objets peuvent nous rappeler qui nous sommes, ou qui nous voulons être, mais la vérité se trouve à l'intérieur de nous-mêmes et y restera toujours. Mon plus grand défi a été de me débarrasser de tous les documents remontant à l'époque où je menais une carrière théâtrale, que j'ai laissé tomber il y a dix ans pour lancer mon entreprise. J'avais l'impression que ces documents étaient la seule chose qui me reliait à cette partie de mon passé, et j'avais peur qu'en m'en débarrassant, je perde du même coup cette partie de moi. Mais ils monopolisaient beaucoup d'espace de rangement, ce que je ne pouvais me permettre. J'ai enfin pu m'en séparer lorsque j'ai compris que la personne qui avait abandonné cette carrière résidait encore à l'intérieur de moi, et que je n'avais pas besoin de ces documents pour me rappeler qui elle était. Je suis heureuse de dire qu'ils ne m'ont aucunement manqué.

Libérez de l'espace de rangement en vous débarrassant des vieilles choses. Vous pouvez conserver tous les souvenirs de votre passé sans être obligé de garder tous les objets qui vous le rappellent. Mais si vous n'êtes pas prêt émotionnellement à vous en séparer complètement, rangez certains de ces vieux objets dans un autre endroit moins accessible – un grenier, un sous-sol ou un local d'entreposage. Cette étape intermédiaire vous permettra de reprendre possession de votre espace jusqu'à ce que vous soyez prêt à tourner la page pour de bon.

Obstacle psychologique 10 : La quête de perfection

Souvent, on accumule du désordre parce qu'on refuse de faire le ménage tant qu'on n'a pas le temps d'exécuter les choses à la perfection. Par conséquent, on ne trouve jamais le temps de ranger quoi que ce soit.

Sharon était chef de la direction d'une importante entreprise pharmaceutique comportant un grand nombre d'employés. Perfectionniste, elle siégeait au conseil d'administration de plusieurs institutions d'envergure et donnait fréquemment des conférences, en plus d'être l'auteure d'un grand nombre d'articles et de plusieurs livres sur des questions relatives à son domaine. En raison de cet emploi du temps bien rempli, de nombreux documents, périodiques, lettres et autres s'accumulaient continuellement sur son bureau parce qu'elle n'avait pas le temps de s'en occuper.

Lorsqu'elle m'a téléphoné, trente boîtes de documents et de dossiers s'entassaient dans son bureau. Un grand nombre de ces boîtes contenaient des lettres non décachetées qui remontaient à plus de cinq ans. Mais Sharon refusait de simplement « s'en débarrasser ». Elle éprouvait un sentiment d'échec si elle ne lisait pas chacun des documents qui se trouvait dans les boîtes, ce que, bien sûr, elle n'avait jamais le temps de faire puisqu'elle travaillait toujours. Son besoin de perfection la poussait constamment à vouloir exécuter chaque tâche de façon impeccable, ce qui l'empêchait de s'organiser. Par conséquent, chaque jour qui s'écoulait sans que ces boîtes soient rangées créait chez elle un terrible sentiment d'insatisfaction.

Sharon était incapable de s'organiser simplement parce que son obsession de la perfection l'empêchait de faire quelque progrès que ce soit. Faire *quelque chose*, bien qu'imparfaitement, avec tout ce courrier non trié l'aurait aidé à éviter un peu de cette accumulation. Mais elle devait au préalable se donner la permission d'être « imparfaite », d'aller de l'avant et de se sortir du marasme.

Si vous recherchez constamment la solution parfaite en matière d'organisation, sachez qu'il n'en existe aucune. Il y a une centaine de façons d'organiser un système de classement ; celui que vous choisirez importe moins que le fait de vous y tenir. Si vous avez de la difficulté à prendre une décision, essayez celui que vous préférez pendant au moins six mois, puis évaluez-en l'efficacité. S'il vous convient, gardez-le, même si une nouvelle version arrive sur le marché. Ne vous laissez pas entraîner par le processus au point d'en oublier les résultats.

• • •

Le fait de cerner les causes réelles de votre problème de désordre de manière à pouvoir trouver une solution efficace et durable pourrait s'avérer l'une des expériences les plus libératrices que la lecture du présent livre pourra vous procurer. Vous serez libéré des autocritiques qui sapent votre énergie avant même que vous commenciez à vous organiser, et vous pourrez entreprendre votre tâche rempli d'espoir. Souvenez-vous que toutes les erreurs techniques, les réalités externes et les obstacles psychologiques doivent être réglés pour qu'il soit possible de maintenir *tout* système d'organisation.

Bon, maintenant que vous avez appris à considérer l'organisation sous un jour nouveau et compris certaines choses relativement aux causes du désordre, vous êtes prêt à acquérir une nouvelle compétence – celle, remarquable et fiable, qui consiste à s'organiser à partir de l'intérieur...

Deuxième partie

Les trucs secrets
de l'organisateur
professionnel

3

L'analyse : faites le point

« SI VOUS NE SAVEZ PAS OÙ VOUS ALLEZ,
COMMENT SAUREZ-VOUS SI VOUS ÊTES ARRIVÉ ? »

Pour atteindre un objectif, quel qu'il soit, il faut avant tout le définir. Les gens sautent souvent cette étape parce qu'ils ne réalisent pas à quel point elle constitue une partie importante du processus. Comme chaque personne a une situation unique, il est essentiel de comprendre clairement où vous en êtes et où vous allez avant d'avancer.

Pour ce faire, vous devez procéder à une évaluation de vos besoins personnels de façon à posséder toute l'information pertinente pour pouvoir cheminer vers l'amélioration.

Inscrivez vos réponses sur une feuille de papier. Le fait de pouvoir les lire noir sur blanc vous aidera à clarifier votre pensée. Soyez précis et honnête avec vous même. Ces listes deviendront les outils dont vous vous servirez et auxquels vous vous reporterez durant tout le processus d'organisation.

Il y a cinq questions fondamentales pour l'évaluation des besoins :

1. Qu'est-ce qui fonctionne ?
2. Qu'est-ce qui ne fonctionne pas ?
3. De quoi avez-vous le plus besoin ?
4. Pourquoi voulez-vous vous organiser ?
5. Quelles sont les sources du problème ?

Pour obtenir des résultats, vous devez répondre à ces questions pour *chacun* des projets d'organisation que vous entreprenez – qu'il s'agisse de votre bureau dans son entier, d'une chambre de votre foyer ou d'un simple tiroir à chaussettes.

1. Qu'est-ce qui fonctionne ?

L'un des meilleurs moyens de concevoir un système d'organisation sur mesure est de commencer par déterminer ce qui fonctionne.

« Qu'est-ce qui fonctionne ? !, demandez-vous. Rien ! Ma vie est complètement sens dessus dessous. C'est la raison pour laquelle je lis ce livre ! »

Regardez de plus près. Quel que soit le degré de désordre qui règne dans votre espace, je vous garantis que vous pourrez trouver sous les décombres des systèmes qui vous conviennent parfaitement.

Par exemple, peut-être y a-t-il un tiroir où vous gardez *toujours* vos documents bancaires, ou un carnet d'adresse démodé auquel vous savez pouvoir vous fier. Peut-être y a-t-il une pièce dans votre maison qui est parfaitement en ordre alors que le chaos règne dans toutes les autres. Peut-être votre bureau est-il organisé, mais pas votre maison.

Le fait de déterminer et de maintenir ce qui fonctionne comporte maints avantages. Premièrement, vous gagnez énormément de temps et d'énergie. Trop souvent, lorsque les gens se lancent dans un projet d'organisation, ils refont tout, même les systèmes qui fonctionnent bien, gaspillant ainsi de précieux efforts en les dirigeant au mauvais endroit. Il est inutile de démanteler quelque chose qui est déjà efficace, car cela cause plus de tort que de bien.

Deuxièmement, en reconnaissant que vous avez accompli quelque chose de bien et en vous accordant le crédit que vous méritez, vous augmentez considérablement votre confiance en vous-même. Si vous êtes capable d'organiser une chose, vous êtes capable d'organiser tout le reste.

Enfin, et surtout, en étudiant ce qui fonctionne – ce que vous aimez à propos de ces systèmes et pourquoi ils sont si faciles à maintenir –, vous prenez conscience de ce qui vous convient et que vous voudrez reproduire ailleurs. Vos réponses deviennent les critères d'organisation pour chaque nouveau système que vous mettrez en place.

Par exemple, la penderie de ma cliente Janet était, selon ses propres termes, une « calamité ». Elle y jetait tous les jours ses vêtements, ses chaussures et son sac à main à l'aveuglette, ce qui transformait le rituel matinal consistant à trouver ses vêtements et à s'habiller en un véritable cauchemar et une course frénétique. Elle avait honte de traiter de cette façon ses vêtements de prix ainsi que de son manque de discipline.

Fait intéressant, j'ai remarqué qu'au beau milieu de ce chaos se trouvait une oasis d'ordre : un support à ceintures parfaitement bien organisé.

Janet portait une ceinture tous les jours et la remettait chaque fois à sa place, sur ce support où elles étaient classées par couleur et par style. Nous nous sommes interrogées pour cpmprendre pourquoi ce système fonctionnait si bien pour elle, et avons trouvé plusieurs raisons très logiques. Premièrement, le support était de la grosseur parfaite pour le nombre de ceintures qu'elle possédait, ce qui lui permettait de les ranger toutes sans encombrement. Deuxièmement, Janet adorait la conception moderne du support, constitué d'une riche pièce de bois poli muni de patères arrondies. L'objet, qui flattait son sens de l'esthétique, était pour elle un plaisir à utiliser. Et troisièmement, comme le support était installé à l'intérieur de la porte de la penderie, laquelle s'ouvrait sur l'intérieur de la chambre, il constituait la seule partie du placard suffisamment éclairée.

Une fois ces détails compris, notre objectif a été de faire en sorte que le reste du placard soit aussi fonctionnel que le support à ceintures. Nous avons donc compté et mesuré les articles à ranger pour s'assurer d'acheter des contenants de format adéquat, puis nous avons choisi des contenants qui correspondaient à son sens du design et installé une lampe à l'intérieur du placard pour qu'elle puisse y voir clair.

La définition des choses qui fonctionnent consiste aussi à déterminer ce qui fonctionne partiellement, puis de voir quelles améliorations peuvent être apportées. En tenant compte de vos habitudes plutôt que de repartir à zéro et d'essayer de vous entraîner à faire les choses d'une façon qui ne vous semble pas naturelle, vous aurez plus de chances d'obtenir un système durable.

Laissez-moi vous donner quelques exemples.

Une de mes clientes adorait se débarrasser de son manteau, de son porte-documents et de son sac à main dès qu'elle mettait le pied chez elle. Le problème, c'est que toutes ces choses finissaient empilées sur le sol parce que le placard à manteau se trouvait six mètres plus loin. Au lieu de lui demander de «se discipliner» et de lui enseigner à parcourir ces six mètres, puis à ouvrir la porte du placard, à prendre un cintre, etc., nous avons tenu compte de son habitude et installé au mur, près de la porte d'entrée, une patère et une petite étagère pour qu'elle puisse y mettre ses choses en rentrant.

Autre exemple : Cathy, mère de trois enfants et travailleuse, empilait toutes ses chaussures par terre à côté de son lit parce que c'est à cet endroit qu'elle aimait les enfiler et les enlever. Le placard se trouvait dans une autre pièce, et elle n'avait pas envie de faire des allers-retours pour les prendre et les ranger. Au lieu de la forcer à acquérir une nouvelle habitude, nous avons acheté un porte-chaussures que nous avons placé près du lit pour qu'elle puisse continuer à faire les choses selon son habitude, et ce, sans créer de désordre.

Mark, un homme d'affaires, prenait constamment des notes dans un carnet. Il y inscrivait toutes ses pensées, y compris des choses à faire, des personnes à qui téléphoner, des idées pour son entreprise et des bribes de conversations téléphoniques. Cette habitude lui permettait de se clarifier les idées. Mais chacune des pages était tellement noircie qu'il lui était impossible de s'y retrouver parmi toutes les notes. Par conséquent, il oubliait fréquemment des tâches à accomplir et des données importantes. Il y avait probablement une vingtaine de carnets éparpillés dans son bureau, et Mark était constamment en train de fouiller dans l'un d'entre eux à la recherche de quelque renseignement important. Au lieu de demander à Mark de modifier son comportement du tout au tout, je lui ai suggéré d'adapter le système qu'il utilisait déjà en se limitant à un sujet par page. Il pourrait ainsi maintenir son habitude de tout écrire, mais tous les renseignements notés seraient distincts, ce qui lui permettrait de les consulter facilement, de les jeter au besoin ou de les classer par sujet.

Étudiez votre environnement pour déterminer quelles sont vos habitudes et vos tendances ; voyez si vous pouvez les intégrer au lieu de vous battre contre elles. Un système bâti selon ce principe sera infiniment plus facile à maintenir.

2. Qu'est-ce qui ne fonctionne pas ?

Vos réponses à cette question serviront à déterminer tout ce qui doit être changé dans votre environnement. Il s'agit d'un de ces rares moments dans la vie où vous avez l'occasion de vous plaindre et de vous lamenter autant que vous voulez. Laissez-vous aller. Dressez une liste d'absolument tout ce qui vous frustre. Soyez précis et consciencieux ; ne vous censurez pas.

Il importe à ce stade de voir les choses globalement, pour s'assurer de résoudre tous les problèmes et non simplement quelques-uns d'entre eux. Si vous ne réglez qu'une partie des problèmes, les secteurs qui demeurent désorganisés ne tarderont pas à contaminer les endroits nouvellement rangés, ce qui entraînera une dégradation rapide de tout le système.

Complétez les phrases suivantes. Si vous avez plus d'une réponse (ce qui est probable), inscrivez-les toutes.

- Je n'arrive jamais à trouver _____.
- Je n'ai pas de place où mettre _____.
- Il n'y a pas de place pour _____.
- Je suis fatigué de _____.
- Je n'arrive pas à _____ à cause du désordre.
- Je perds beaucoup d'argent à _____.
- La désorganisation crée en moi un sentiment de _____.
- Lorsque les gens me rendent visite, je _____.

Voici certaines des réponses les plus courantes :

- Je n'arrive jamais à trouver *mon carnet d'adresses, mon porte-monnaie, mes clés, mes contrats, mes documents de recherche, ma liste de choses à faire, ma calculatrice, mes gants.*
- Je n'ai pas de place où mettre *le courrier, les revues et les journaux, les dossiers courants, mes chaussures, mes ceintures, le papier d'emballage, les valises, les jouets.*
- Il n'y a pas de place pour *manger à la table de cuisine, ranger mes vêtements hors saison, mes dossiers, mes livres, l'aspirateur, les manteaux d'hiver, la voiture dans le garage.*
- Je suis fatigué de *toujours chercher mes choses, d'oublier des rendez-vous, de dépenser autant d'argent sur des choses que j'égare, de me sentir angoissé, de rater des occasions, de me disputer avec mon patron, mon conjoint ou mes enfants.*
- Je n'arrive pas à *me concentrer, être efficace, atteindre mes objectifs, me détendre, inviter des gens à la maison, nettoyer en profondeur, avoir des réunions dans mon bureau, trouver quoi que ce soit* à cause du désordre.
- Je perds beaucoup d'argent à *acheter des choses en double, acheter des articles que je finis par perdre ou par briser, rater des occasions, payer des frais de retard et des frais de crédit.*
- La désorganisation crée en moi un sentiment de *nervosité, d'incompétence, d'embarras, d'oppression, de gêne, d'empêchement, de désarroi.*
- Lorsque les gens me rendent visite, je *donne des excuses pour expliquer le désordre, me sens mal à l'aise, me fais tout petit, fourre tout dans des*

sacs et des placards, fais semblant d'être absent en ne répondant pas à la
porte.

Vous avez maintenant la liste complète de tous les problèmes que vous voulez résoudre, de même qu'une idée de ce qu'ils vous coûtent et de ce que leur résolution signifiera pour vous.

Affichez cette liste à un endroit bien en vue au mur de la pièce que vous souhaitez organiser. Biffez les problèmes à mesure que vous les réglez. Vous pourrez ainsi demeurer concentré durant tout le processus d'organisation. Cette liste constitue également un merveilleux outil pour évaluer vos réalisations.

CONSEIL D'INITIÉ

« Une vue d'ensemble »

Pour pouvoir obtenir une liste complète des aspects à régler, essayez de réfléchir dans la pièce que vous comptez organiser. Les réponses vous parviendront plus aisément parce que vous vous trouverez en face des problèmes.

Vous pouvez également écrire un « journal de problèmes » pendant une semaine. Choisissez un carnet où vous inscrirez toutes les frustrations que vous éprouvez dans la pièce. Au bout de sept jours, votre liste de choses à changer devrait être complète.

---

3. De quoi avez-vous le plus besoin ?

Je vous ai déjà mentionné que l'organisation à partir de l'intérieur visait non pas à se *débarrasser des choses* mais plutôt à *déterminer celles qui vous importent* et à leur trouver une place. Il s'agit là d'une approche beaucoup plus souple et pratique.

En prenant le temps de déterminer les articles qui sont essentiels à votre travail ou à votre vie, vous donnerez une orientation inestimable au processus de triage et d'épuration que vous entreprendrez plus tard. Vous aurez plus de facilité à prendre des décisions et moins tendance à vous laisser distraire par les nombreuses « trouvailles » que vous ferez lors de vos recherches archéologiques.

Il est plus facile de déterminer quelles sont les choses qui vous sont essentielles si vous réfléchissez en termes d'objectifs. La raison pour laquelle il vaut mieux les définir au stade de l'analyse est de s'assurer qu'à la fin du processus, vous aurez prévu un espace pour chacune de ces choses essentielles. De cette façon, vous serez en mesure de les retrouver rapidement et d'accomplir tout ce que vous jugez important.

Voici quelques exemples :

- «Comme j'ai besoin de me rendre fréquemment pour affaires dans toutes sortes de pays aux climats variés, mes vêtements d'été et d'hiver doivent être aisément accessibles pendant toute l'année.»
- «Je veux faire sentir à mes clients que je pense constamment à eux, alors j'ai besoin d'un espace pour ranger les coupures de journaux et les articles que je compte leur faire parvenir.»
- «Je veux préserver ma riche histoire familiale ; j'ai donc besoin d'un endroit à la fois sûr et accessible pour ranger mes photos de famille, mes vidéocassettes, mes lettres et mes souvenirs.»
- «J'aime beaucoup faire de la musique après une longue journée au travail. J'ai donc besoin d'un endroit pour mettre ma guitare, mes médiators, mes partitions, mes disques compacts et mes cassettes audio.»

Il n'est pas toujours facile de déterminer ce qui vous importe le plus. Nous vivons à une époque complexe où les occasions et les possibilités abondent ; par conséquent, nombre d'entre nous sommes attirés dans des millions de directions à la fois et avons de la difficulté à établir nos priorités.

Pour déterminer quelles sont les choses qui vous sont essentielles, vous devez établir ce que j'appelle vos «objectifs globaux», c'est-à-dire ce que vous cherchez à accomplir en ce moment dans votre vie et votre travail en général, ou dans l'endroit particulier que vous désirez organiser. Bref, en bout de ligne, qu'est-ce qui vous importe vraiment, qu'est-ce qui fait que la vie vaut la peine d'être vécue, vous procure le plus de bonheur, la plus grande satisfaction et le plus intense sentiment d'accomplissement ?

Lorsque vous aurez procédé à cette définition, il vous sera infiniment plus facile de déterminer quels sont les objets que vous devriez garder afin de réaliser vos objectifs. Vous saurez davantage où vous allez lorsque vous classerez des montagnes d'objets éparpillés un peu partout. Pour chacun d'entre eux, vous vous poserez la question suivante : «Cet objet m'aidera-t-il à atteindre mes objectifs ?» Si la réponse est oui, gardez-le. Sinon, jetez-le.

Il est parfois difficile de savoir ce qui nous importe le plus. Nous connaissons peut-être secrètement la réponse, mais nous sentons gênés et peu sûrs de nous-mêmes en ce qui a trait à nos désirs. Nous ne sommes pas certains qu'il soit acceptable de vouloir ces choses, surtout si nos désirs sont différents de ceux de nos amis, de nos collègues ou de nos voisins. Nous nous laissons parfois distraire par ce que nous croyons «devoir» vouloir. Le programme détaillé dans le présent livre est conçu pour vous donner la permission d'être qui vous êtes et pour vous aider à créer des systèmes fondés sur votre façon de penser et adaptés à votre travail et à votre vie. Si vous êtes déchiré, si vous résistez à vos propres impulsions, votre environnement reflétera cette indécision, et aucune technique d'organisation ne sera efficace, qu'elle provienne de ce livre ou d'ailleurs.

Le processus d'organisation vous met en contact avec ce qui vous importe le plus, et vous donne la permission, peut-être pour la première fois de votre vie, de mettre ces choses à votre portée. Un de mes clients a qualifié l'expérience d'«extrêmement purifiante», un autre de «libératrice»; une autre a affirmé se sentir cent pour cent mieux dans sa peau.

Si vous avez de la difficulté à mettre le doigt sur ce qui vous est essentiel, essayez ces exercices :

- Utilisez la règle du 80-20, selon laquelle nous n'utiliserions que 20 % de nos possessions. L'autre 80 % représente les choses dont nous avons déjà fait usage, que nous croyons «devoir» utiliser ou que nous pensons utiliser «un jour». Définissez le 20 % d'articles que vous utilisez constamment. Imaginez qu'un incendie se déclenche dans votre domicile ou votre bureau et que vous n'avez que trente minutes pour sauver vos plus importantes possessions et documents. Qu'emporteriez-vous ? Vos réponses vous indiqueront ce qui compte vraiment pour vous.
- Si vous avez encore de la difficulté à déterminer quels sont les objets qui appartiennent à ce 20 %, achetez un paquet de petites étiquettes rondes autocollantes de couleur rouge. Pendant environ un mois, collez un point rouge sur chaque objet que vous utilisez, chaque dossier que vous consultez et chaque œuvre d'art ou bibelot qu'il vous fait plaisir de regarder. De plus, tenez un journal où vous indiquerez toutes les choses que vous avez cherchées au cours du mois

sans pouvoir les trouver. À la fin du mois, vous saurez exactement quels sont les articles qui comptent vraiment pour vous, et il vous sera facile de jeter le superflu.

4. Pourquoi voulez-vous vous organiser ?

Il est maintenant temps de consolider votre motivation. Quelle que soit la méthode employée, l'organisation exige du temps, des efforts et beaucoup de concentration. Vous avez beau vous sentir extrêmement motivé en ce moment, quelque part au cours de votre démarche, vous serez fatigué de prendre des décisions ou serez tenté par d'autres activités. Avant longtemps, vous laisserez tout tomber sans mener à bien votre projet d'organisation. Vous savez ce que je veux dire. Cela vous est arrivé bien des fois auparavant.

En prenant le temps de définir ce qui vous pousse à vous organiser *avant* de commencer, alors que votre motivation est à son plus haut, vous créez votre propre outil d'encouragement, auquel vous pourrez recourir pour vous inspirer dans les moments difficiles.

Rappelez-vous que vous devez être motivé par vos propres excellentes raisons de vous organiser. Si vous le faites simplement parce que votre conjoint, votre patron ou vos enfants vous l'ont demandé, il est peu probable que vous arriviez à franchir le fil d'arrivée.

Par exemple, l'éditeur d'une revue m'a un jour téléphoné pour que j'organise les postes de travail modulaires des employés du service de la création de l'entreprise, qu'il considérait désordonnés. Dans chaque module, des revues, des coupures de journaux, des documents et des échantillons de produits étaient empilés jusqu'au plafond. Or, les employés se considéraient très organisés et productifs. Ils savaient où trouver tout ce dont ils avaient besoin et étaient capable d'accomplir un travail de haute qualité sans jamais dépasser les échéances, ce que l'éditeur m'a lui-même confirmé. Je lui ai donc recommandé, au lieu de m'engager, d'investir sont argent dans l'achat de panneaux servant à dissimuler le fameux «désordre». Quand des personnes n'éprouvent aucun besoin pressant de s'organiser (ce qui était justifié dans ce cas), elles seront à coup sûr incapables de maintenir un nouveau système.

Il vous faut donc définir ce que vous cherchez à accomplir en éliminant le désordre de votre vie une fois pour toutes. Voici une liste établie à partir des réponses que mes clients ont apportées à cette question. Elles reflètent des objectifs communs à bien des gens.

Pourquoi est-ce que je veux m'organiser ?

- « Pour cesser de passer tant de temps à chercher des articles égarés. »
- « Pour donner le bon exemple à mes enfants. »
- « Pour cesser de me sentir dépassé. »
- « Pour accomplir davantage en moins de temps. »
- « Pour faire un meilleur usage de mes talents et mes compétences. »
- « Pour augmenter ma confiance en moi-même. »
- « Pour sentir que j'ai les choses bien en main. »
- « Pour projeter une meilleure image à mes clients, mes collègues et mes amis. »
- « Pour gagner plus d'argent. »
- « Pour dépenser moins d'argent. »
- « Pour avoir plus de temps à consacrer aux choses qui m'importent vraiment. »
- « Pour améliorer ma relation avec ma famille. »
- « Pour que mon environnement m'inspire énergie et calme. »
- « Pour réduire mon degré de stress, de frustration et d'anxiété. »
- « Pour me dégager l'esprit. »

Lorsque vous avez terminé, affichez cette « feuille de motivation » au mur de l'endroit que vous comptez organiser. Lorsque vous serez à mi-chemin du processus d'organisation, que vous vous sentirez dépassé et oublierez pourquoi vous vouliez vous organiser en premier lieu, un rapide coup d'œil à cette liste vous le rappellera et vous aidera à persévérer.

5. Quelles sont les sources du problème ?

En utilisant les outils de diagnostic exposés au chapitre 2, déterminez quels sont les problèmes qui sont au cœur de votre difficulté d'organisation. Précisez quelles sont les erreurs techniques, les réalités externes et les obstacles psychologique à l'œuvre pour vous assurer de vous pencher sur le bon problème. Souvenez-vous que les problèmes varient d'une pièce à l'autre et que vous devez par conséquent poser cette question pour chaque espace auquel vous voulez vous attaquer.

OÙ ALLER À PARTIR D'ICI ?

Même si le processus d'analyse exigera de vous un peu plus de temps que si vous plongiez tout de suite dans l'organisation comme telle, il s'agit du plus important investissement que vous pourrez faire afin d'atteindre votre objectif : devenir enfin réellement organisé.

Si vous sautez l'une ou l'autre des questions de l'étape de l'analyse, trichez sur une autre ou évitez d'examiner votre situation avec honnêteté, vous feriez mieux de fermer ce livre, car vos efforts d'organisation se révéleront sans doute vains. Les réponses que vous apporterez aux cinq questions de l'étape de l'analyse vous permettront d'élaborer les stratégies qui vous aideront à vous attaquer efficacement à votre problème d'organisation, même s'il semble insurmontable.

Par contre, si vous êtes prêt à prendre cet engagement, poursuivez votre lecture.

4

La stratégie : établissez un plan d'action

Bon, maintenant que vous avez procédé à l'analyse de la situation, vous avez fait le point sur vos problèmes d'organisation et sur leurs causes. Vous avez précisé ce qui vous est essentiel, et vous en savez davantage sur votre style personnel. Vous avez déterminé les coûts de votre désorganisation en matière de temps, d'argent et de bonheur, et ce que vous gagnerez en remportant la guerre contre le désordre. Vous êtes prêt à vous lancer et à passer à l'action, pas vrai ?

Mais attendez...

Pendant que vous scrutez l'énorme fouillis et le chaos « monumental » qui se trouvent devant vos yeux, un vieux sentiment d'angoisse que vous connaissez bien monte en vous, et des questions qui vous sont familières se mettent à vous marteler l'esprit :

« Par où dois-je commencer ? »

« Combien de temps cela prendra-t-il ? »

« Comment faire en sorte que mes efforts soient durables ? »

À l'étape de l'analyse, vous avez déterminé *où vous en étiez*. Il est maintenant temps de visualiser *où vous allez* et, plus précisément, *comment vous comptez vous y rendre*. Il vous faut donc établir un plan d'action.

L'élaboration d'un plan d'action exige très peu de temps (environ une heure), mais si vous sautez cette étape, vous vous dirigez vers un désastre. Voyez si la scène qui suit vous rappelle quelque chose.

Comme je vous l'ai dit au chapitre 2, mon enfance s'est déroulée dans la désorganisation totale. Ma chambre était tellement en désordre qu'une amie m'a avoué récemment qu'elle avait peur de me rendre visite, parce que chaque fois qu'elle venait chez moi, elle finissait par perdre quelque chose dans le chaos.

Comme je faisais du théâtre et de la danse, je collectionnais *tout*, des costumes aux accessoires en passant par les ustensiles de cuisine anciens, les vieilles notes de cours, les menus de restaurants où j'avais mangé et les affiches de théâtre. Ces choses étaient mes trésors.

Mais je ne pouvais jamais retrouver quoi que ce soit.

Il était impossible d'apercevoir ne serait-ce qu'un centimètre du sol. Il s'agissait d'un beau plancher – des tuiles Congoleum au motif fantaisiste turquoise et bleu que j'avais supplié mes parents de m'acheter et qu'ils m'avaient offert dans l'espoir de m'inspirer à garder ma chambre en ordre et praticable.

Pas de chance. Vingt-quatre heures après son installation, le Congoleum était entièrement recouvert de décombres, et rares seraient les occasions où on allait en voir de nouveau la couleur.

Chaque six mois environ, mes parents « sortaient de leurs gonds » et me confinaient à ma « jungle » du quatrième étage pendant tout le week-end en m'ordonnant de ne pas en sortir tant que le ménage ne serait pas fait.

En vérité, je voulais être une personne organisée. J'y aspirais vraiment – parce qu'il était presque aussi frustrant pour moi d'avoir une chambre aussi désordonnée que pour mes parents d'y poser les yeux. Mon dépotoir était en fait une collection de merveilleux souvenirs, projets et idées. Cependant, quand je voulais concrétiser l'un de ces projets ou idées, je ne savais absolument pas où chercher.

Le vendredi soir, j'étais animée des meilleures intentions. Mais lorsque je parcourais des yeux cette pagaille, j'étais paralysée, ne sachant pas par où commencer.

Je me disais que si je voulais avoir du succès, je devais éliminer ce fouillis. Je me donnais donc comme objectif de départ de ranger soigneusement dans mes tiroirs, mes étagères et mes placards tout ce qui traînait par terre ainsi que sur le bureau, le lit et la commode. Oups ! impossible. Chacun de mes lieux de rangement était déjà rempli à ras bord.

Bien décidée à faire de la place, je vidais tous les tiroirs et tous les placards pour pouvoir décider de quelle « camelote » je pouvais me débarrasser.

En triant toutes ces choses, je redécouvrais des trésors égarés que je n'avais pas revus depuis ma précédente tentative de nettoyage.

Des exclamations telles que «Oh, cela me rappelle ce voyage que j'ai fait», ou «Ça alors, cette chose pourrait certainement m'être utile un jour» devenaient des refrains constants qui ralentissaient considérablement le processus. Bientôt, de nouvelles exclamations telles que «Oh non, j'ai oublié de poster cette lettre!» ou «Mon Dieu, je n'ai pas fini de tricoter cette écharpe» retentissaient, j'arrêtais brusquement mon travail et me précipitais pour terminer toutes ces tâches interrompues.

Entourée de mes trésors nouvellement redécouverts et incapable de me débarrasser de l'un ou l'autre d'entre eux, je révisais mon objectif et entreprenais de trier le tout en catégories, créant ainsi des piles selon une certaine logique. Mais bientôt les piles s'empilaient sur d'autres piles, et je perdais de vue ce que j'avais classé, ce que je n'avais pas classé, et où j'étais. C'était une fois de plus la confusion totale.

Le temps pressait. Dimanche soir approchait à grands pas. Bientôt, j'entendrais frapper à la porte : ce serait mes parents, venus assister au grand dévoilement! Je regardais alors ma chambre et réalisais que le désordre était *pire* que lorsque j'avais commencé à y faire le ménage. Paniquée, je fourrais à toute vitesse toutes ces choses dans mes tiroirs et mes placards et même sous le lit, sans rime ni raison.

Puis on frappait à la porte. Mes parents entraient, et en apercevant le plancher en Congoleum, me félicitaient de mes efforts. La chambre était parfaite.

Mais je savais ce qu'il en était vraiment.

Bien sûr, dès le lendemain, le Congoleum se remettait à disparaître et les piles s'accumulaient de plus belle.

J'avais été active et déterminée pendant seize heures, et aucun résultat visible ne témoignait de mes efforts. Un autre marathon de ménage qui n'aura servi à rien! Dans six mois, j'allais répéter ce manège.

Il ne fait aucun doute qu'à l'adolescence, *j'avais le désir, le temps et la détermination nécessaires pour m'organiser*.

Alors, qu'est-ce qui manquait?

Je n'avais aucune *stratégie*, voilà le problème. Je n'avais pas de plan, pas de but, pas d'idée sur la méthode à employer pour m'organiser. Je n'avais aucun modèle de réussite pour me guider et j'ignorais dans quelle direction orienter mes efforts et à quel rythme les déployer. Par conséquent, je plongeais à l'aveuglette, tournais en rond pendant des heures et finissais par me retrouver exactement au point de départ. Ça vous rappelle quelque chose?

Travailler sans stratégie, c'est comme essayer de traverser le pays en voiture sans carte routière, sans connaître sa destination et sans savoir combien de temps prendra le voyage. Dans ces circonstances, les probabilités de se perdre en cours de route sont supérieures à 1 000 %!

Dans ce chapitre, vous apprendrez à cheminer du chaos à l'ordre, à savoir où commencer, à faire un plan de parcours et à déterminer combien de temps vous mettrez à atteindre votre objectif.

Pour vous aider à établir une bonne stratégie, je vais vous confier mes deux «armes secrètes» – ce sont des techniques auxquelles vous pouvez vous fier pour établir rapidement un plan d'action pour tout projet d'organisation, qu'elle qu'en soit l'ampleur.

L'ARME SECRÈTE DE JULIE 1 : L'ORGANISATION SELON LE MODÈLE D'UNE MATERNELLE

Commencez par vous faire une idée claire d'où vous voulez aller. Pour ce faire, il vous faut visualiser de quoi vous voulez que votre espace ait l'air une fois complètement organisé.

Comme je l'ai dit, l'organisation ne consiste pas simplement à se débarrasser du désordre et à faire en sorte que la pièce ait une apparence de «propreté». Le processus va beaucoup plus loin que ça. L'organisation consiste à aménager votre espace pour qu'il reflète qui vous êtes et ce qui vous importe ainsi qu'à arranger les choses de façon logique et efficace pour qu'il vous soit facile de demeurer organisé.

Alors, de quoi voudriez-vous que votre espace ait l'air?

Depuis que j'ai lancé mon entreprise, j'ai conçu chaque foyer, chaque bureau et chaque emploi du temps pour chacun de mes clients en prenant pour modèle une classe de maternelle. C'est l'arme secrète que j'emploie pour m'attaquer à tous les espaces parce qu'elle est simple et efficace, elle fonctionne à tout coup et constitue l'*essence* du processus d'organisation à partir de l'intérieur.

Rendez-vous dans n'importe quelle classe de maternelle au monde, et vous aurez devant les yeux le parfait modèle d'organisation. Réfléchissons à ce qui fait son efficacité.

Premièrement, la pièce est divisée en diverses zones d'activité : lecture, déguisement, bricolage, musique et goûter.

Deuxièmement, il est facile pour l'enfant de se concentrer sur une activité à la fois. Chaque zone est bien définie et complète en elle-même, de

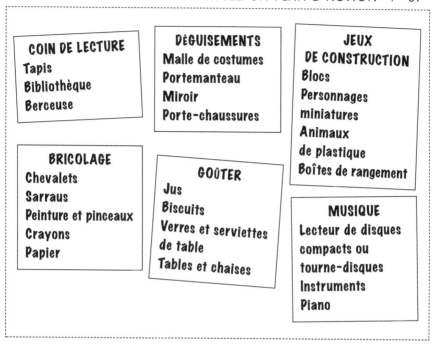

Modèle d'organisation d'une maternelle

Ce qui le rend fonctionnel :

1. La classe est divisée en différentes zones d'activité.
2. Il est facile de se concentrer sur une activité à la fois.
3. Les choses sont rangées là où elles sont utilisées.
4. Il est agréable de faire du rangement, car il y a une place pour chaque chose.
5. Il existe un menu visuel de toutes les choses importantes.

façon à ce que l'enfant puisse se concentrer au maximum sur une tâche donnée, sans que rien d'autre ne vienne le distraire.

Troisièmement, tout ce qui est nécessaire pour chaque activité se trouve à la portée de l'enfant, parce que les choses sont rangées à l'endroit où elles sont utilisées. Par exemple, si l'enfant s'adonne au bricolage, le papier, les crayons, les marqueurs, la peinture, les pinceaux et les sarraus dont il aura besoin se trouvent tous en un même endroit pratique.

Quatrièmement, dans une classe de maternelle, il est presque aussi agréable de ranger les choses que de s'amuser avec. En effet, chaque article possède une place de rangement clairement indiquée dans un contenant de format adéquat. Il y a des tiroirs pour les casse-tête, des blocs de bois perforés pour les ciseaux (les pointes vers le bas et les anneaux vers le haut), des cubes et des crochets portant le nom de chaque enfant, et parfois même sa photo. Résultat, il est rare de voir un enfant en train de chercher où ranger un objet ou d'essayer de faire entrer cinquante pinceaux dans un contenant prévu pour vingt-cinq. Le rangement est rapide et facile. Le professeur sonne la cloche, et en l'espace de quelques minutes la pièce est de nouveau immaculée.

Cinquièmement, point le plus important, on trouve dans une maternelle un menu visuel de tout ce qui est important pour les personnes qui font usage de la classe. Un enfant peut y entrer et, après avoir parcouru la pièce des yeux, *décider* quoi faire et où le faire à partir d'une série d'indications claires.

La beauté du modèle de maternelle, c'est qu'on peut l'appliquer à n'importe quoi, de la maison au bureau en passant par une simple pièce ou un simple tiroir. En suivant ce modèle, vous pourrez aménager votre espace de façon à avoir aisément accès à chaque article et à le retrouver en un rien de temps. L'espace sera invitant et agréable à utiliser, en plus de vous permettre de vous concentrer sur une activité à la fois. Votre environnement vous donnera des repères visuels sur ce que vous avez à faire, et dans les périodes très occupées où les priorités ont tendance à se confondre, un simple coup d'œil vous aidera à garder à l'esprit qui vous êtes et ce qui vous importe.

Voyons maintenant comment ce modèle pourrait s'appliquer dans une cuisine, l'une des pièces les plus importantes de la maison, et que vous avez déjà probablement aménagée intuitivement de cette façon.

Les zones d'activité typiques d'une cuisine sont la préparation de la nourriture, la cuisson, le lavage et le rangement de la vaisselle, le rangement de la nourriture, l'entretien et les documents relatifs au ménage. En localisant chaque zone, réfléchissez aux objets qui sont nécessaires pour effectuer l'activité correspondante et à quel type de rangement vous pourriez recourir pour ces objets.

Comme la zone de préparation de la nourriture est l'endroit où vous coupez, hachez, mélangez et assaisonnez les aliments avant de les faire cuire, le meilleur endroit est le comptoir le plus long, qui se trouve habituellement entre l'évier et la cuisinière ou l'évier et le réfrigérateur. Les

PRÉPARATION DE LA NOURRITURE	CUISSON	LAVAGE ET RANGEMENT DE LA VAISSELLE
Planche à découper Couteaux Bols à mélanger Mesures et cuillers Épices Appareils ménagers	Batterie de cuisine Moules Jeu d'ustensiles Poignées	Lave-vaisselle Égouttoir Détergent Torchons Tiroirs à argenterie Placards pour la vaisselle et les verres

PLACARD À PROVISIONS
Conserves
Céréales
Collations
Pâtes
Liste de provisions

CENTRE D'INFORMATION DOMESTIQUE
Livres de recettes
Recettes
Papier et crayons
Carnet d'adresses et de numéros de téléphone
Documents relatifs au ménage
Enveloppes
Timbres
Courrier
Calendrier des activités familiales

ENTRETIEN
Bacs à recyclage
Produits nettoyants
Nourriture pour animaux
Sacs à ordures
Balai et pelle à poussière
Papier d'emballage pour nourriture

Organisation d'une cuisine
selon le modèle de la classe de maternelle

placards se trouvant au-dessus et en dessous de ce comptoir devraient servir à ranger les accessoires servant à préparer la nourriture tels que les planches à découper, les couteaux, les bols à mélanger, les mesures, les cuillers, les appareils ménagers, les assaisonnements et la pellicule plastique.

Naturellement, la zone de cuisson devrait se trouver non loin de la cuisinière et de la surface de cuisson. C'est là que vous rangez votre batterie de cuisine, vos poignées, vos moules à cuisson et votre jeu d'ustensiles, pour que la cuisson des aliments soit une tâche simple et commode.

Dans la zone de lavage et de rangement de la vaisselle, rangez les plats, les verres et la vaisselle plate utilisés tous les jours ainsi que les torchons et le détergent aussi près possible de l'évier et du lave-vaisselle. De cette façon, il vous sera facile de ranger la vaisselle que vous sortez de la machine ou de l'égouttoir, sans avoir à traverser la cuisine jusqu'à un endroit éloigné et peu pratique.

La zone d'entretien – réservée aux puissants produits de nettoyage et d'entretien de la cuisine – peut se trouver sous l'évier ou dans un placard à proximité ; elle constitue un endroit pratique où ranger vos éponges, vos produits nettoyants, vos vadrouilles, vos balais, vos sacs à ordures et même les produits destinés aux animaux domestiques, le cas échéant.

La zone d'entreposage de la nourriture est l'endroit où vous gardez les aliments. Elle comprend le réfrigérateur et, si vous avez de la chance, un placard à provisions distinct. Si votre cuisine est dépourvue d'un tel lieu de rangement, vous pouvez entreposer la nourriture dans les placards qui se trouvent non loin du réfrigérateur de manière à garder toute la nourriture ensemble. Il vous sera alors plus facile de rassembler les ingrédients nécessaires à la préparation d'un repas.

Le centre d'information domestique est l'endroit, dans votre cuisine, où vous déposez le courrier, faites vos appels téléphoniques, gardez vos coupons et même parfois les factures à payer. Ce n'est pas tout le monde qui garde ces documents dans la cuisine. Quel que soit l'endroit où vous choisissez de les ranger, il s'agit d'une zone si complexe que j'ai décidé de lui consacrer un chapitre entier. Reportez-vous au chapitre 10 pour en savoir davantage sur les centres d'information domestiques.

Donc, comment faire pour mettre fin à votre chaos actuel en vous inspirant de mon modèle d'organisation d'une classe de maternelle ? La réponse est simple comme A-B-C. Procurez-vous quelques feuilles de papier pour effectuer l'exercice suivant.

A. Déterminez vos zones

Pour déterminer les zones dont vous aurez besoin, prenez une feuille de papier et divisez-la en trois colonnes, intitulées comme suit :

Activité	Accessoires	Rangement

Dans la première colonne, inscrivez l'ensemble des principales activités qui se dérouleront dans le lieu que vous voulez organiser. Dans celle du centre, indiquez tous les accessoires nécessaires pour effectuer chacune de ces activités. Et dans la troisième, indiquez les unités de rangement que vous possédez ou dont vous pourriez avoir besoin pour ranger les accessoires dans chaque zone. Comme nous avons déjà examiné les zones que l'on trouve dans une cuisine, penchons-nous sur quelques autres exemples.

Dans une salle de séjour, les activités peuvent consister à recevoir des amis, à regarder la télévision, à écouter de la musique, à lire, à jouer à des jeux de société ou aux cartes. Dans un bureau, on travaille à l'ordinateur, on fait des appels téléphoniques, on s'occupe des tâches administratives et on trie le courrier. Vos principales activités correspondent aux différentes zones de la pièce. Souvenez-vous qu'une pièce moyenne peut permettre de trois à cinq activités.

Dans la deuxième colonne, dressez la liste de ce dont vous avez besoin pour chaque activité. Par exemple, pour regarder la télévision, vous avez besoin de l'horaire, de la télécommande et de vidéocassettes. Pour écouter de la musique, vous avez besoin de disques compacts, de cassettes audio, de linges pour nettoyer les disques et d'un casque d'écoute. Pour la lecture, vous avez besoin de livres, de revues, de journaux et peut-être de vos lunettes et d'un stylo.

Pour remplir la troisième colonne, pensez à tous les lieux de rangement que comporte votre espace et déterminez à quelles activités ils pourraient convenir. Faites l'inventaire de l'ensemble des tiroirs, placards, armoires et étagères existants. Par exemple, dans la salle de séjour, il peut y avoir des bibliothèques, un meuble pour la télévision et deux tables pour canapé munies de tiroirs. Dans votre bureau, faites la liste de tous les classeurs, tiroirs de bureaux, bibliothèques et armoires de rangement. Si c'est la salle à manger que vous voulez diviser en zones, incluez dans la liste toutes les armoires à vaisselle de porcelaine, les vaisseliers, les buffets et les armoires à linge.

Lorsque vous remplirez cette colonne, vous aurez peut-être l'impression de ne pas avoir le matériel de rangement qui convient à certains des articles – ou de ne pas en avoir un nombre suffisant. Même si c'est vrai, *n'allez surtout pas vous lancer dans des achats à ce stade-ci.* Vous ne réussirez probablement qu'à gaspiller votre argent. Prenez note des besoins que vous prévoyez pour chaque zone, mais ne vous occupez pas de la solution avant l'étape de l'offensive, où vous découvrirez peut-être que vous avez déjà tout ce dont vous avez besoin.

Souvenez-vous, vous pouvez faire preuve de créativité en vous servant des lieux de rangement de façon inhabituelle. Par exemple, si vous effectuez vos tâches administratives dans la salle à manger, songez à ranger vos documents dans un buffet plutôt que dans un classeur traditionnel.

Voici un exemple d'un tableau de planification de zones pour une salle de séjour :

Activité	Accessoires	Rangement
Télévision	Télécommande Horaire Vidéocassettes	Armoire munie de tiroirs
Musique	Disques compacts Cassettes audio Linge pour nettoyer les disques Casque d'écoute	Meuble pour chaîne stéréo (*espace de* *rangement additionnel* *probablement nécessaire*)
Lecture	Livres Journaux Revues	Deux bibliothèques Coffre en cèdre
Divertissement en famille	Jeux de société Nécessaire de tricotage Albums de photos	*Espace de rangement* *nécessaire*

B. Délimitez l'espace

Maintenant que vous avez déterminé de quelles zones vous aviez besoin, il est temps de décider de la disposition de ces zones dans la pièce.

Sur une deuxième feuille de papier, tracez un plan de la pièce et ébauchez quelques idées pour réaménager la pièce en zones d'activité, en indiquant également les meubles de rangement qui iront dans chaque zone. Il n'est pas nécessaire de reproduire avec précision l'échelle de grandeur, mais vous devriez peut-être utiliser une règle pour tracer des lignes droites. À l'aide d'un ruban à mesurer, vous pourrez déterminer si les dimensions de chacune des zones conviennent aux meubles de rangement.

Lorsque vous aménagez votre espace, ne vous préoccupez pas de l'emplacement des prises de courant et de téléphone. Vous pourrez toujours utiliser des rallonges. Plus tard, au besoin, vous pourrez faire appel à un électricien ou à un technicien de la compagnie de téléphone qui pourra vous installer de nouvelles prises. Votre confort ainsi que le caractère pratique et logique de votre choix de zones constituent vos préoccupations premières. Les fils sont à votre service.

Lorsque vous déterminez l'emplacement de chaque zone, il vous faut tenir compte de plusieurs aspects.

Premièrement, essayez de les concevoir en tenant compte de vos *habitudes et préférences naturelles*. Remarquez les endroits où les piles semblent s'accumuler ; cela vous donnera des indices sur l'emplacement idéal de certaines zones. Par exemple, si des livres et des revues sont toujours empilés par terre à côté du divan, il est évident que c'est parce que vous aimez lire à cet endroit. Faites en sorte que le geste de prendre et de replacer votre matériel de lecture exige le minimum d'efforts en plaçant une bibliothèque et un panier à revues près du divan. Et voilà, vous obtenez en un instant une zone de lecture qu'il vous sera facile de maintenir.

Une de mes clientes, qui travaillait à domicile, laissait toujours s'empiler des documents et des dossiers sur la table de la salle à manger. Fatiguée de n'avoir jamais de place pour manger à l'heure des repas, elle m'a téléphoné pour que je l'aide à incorporer un bureau à l'intérieur de cette pièce. J'ai alors remarqué que la table de la salle à manger était située à son endroit préféré de la maison, soit près d'une grande fenêtre panoramique donnant sur de superbes arbres – tandis que l'endroit où elle avait choisi d'installer son bureau était éloigné de la lumière naturelle et du paysage qu'elle aimait tant. Je l'ai donc persuadée d'installer les armoires de son bureau sur le mur adjacent à la table (là où la plupart des gens mettent leur armoire à vaisselle) de façon à ce qu'elle puisse continuer de travailler à son endroit favori, tout en pouvant aisément débarrasser la table après chaque repas.

Deuxièmement, pensez aux *relations entre vos diverses activités* lorsque vous déterminez l'emplacement de vos zones. Par exemple, dans une salle de séjour, vous devriez peut-être prévoir la zone de télévision à une extrémité de la pièce et la zone de lecture à l'autre, de façon à ce que plusieurs membres de la famille puissent profiter de l'espace en même temps. Par contre, certaines zones devraient se trouver à proximité l'une de l'autre en raison de leur caractère naturellement apparenté. Ainsi, dans un bureau, il est plus pratique de placer la zone informatique près de la zone réservée aux tâches administratives, parce que ces deux activités sont souvent liées.

Les *configurations et les restrictions architecturales* de la pièce constituent le troisième élément à considérer, car elles constituent souvent un point de départ pour aménager l'espace. Par exemple, dans une chambre à coucher, il est bon de créer une zone compacte réservée à l'habillement en plaçant toutes les commodes avec tiroirs près de la penderie. En effet, il est plus facile de s'habiller le matin sans avoir à aller et venir dans la chambre. Les armoires encastrées et murales peuvent également influer sur l'emplacement des zones. Si vous découvrez que vous vous adonnez toujours à une activité loin du meuble encastré où sont rangés les accessoires dont vous avez besoin, il est peut-être temps de songer sérieusement à trouver un nouvel usage à ce meuble, qui irait de concert avec vos habitudes et non à leur encontre.

C. Réarrangez le mobilier

Si le désordre est trop important, il se peut qu'il vous soit impossible de déplacer des meubles avant d'avoir rangé et épuré. Mais si vous le pouvez, commencez à déplacer les meubles et les accessoires de rangement dès maintenant pour donner vie à vos zones. Vous en tirerez de merveilleux avantages. Premièrement, vous pourrez vous rendre compte de la compatibilité entre les meubles et les endroits que vous leur avez désignés et si cet arrangement vous plaît, faites les ajustements nécessaires. Deuxièmement, et surtout, vous éprouverez un sentiment de satisfaction : dès le début de votre projet d'organisation, vous avez constaté un changement important et visible dans votre environnement. Cette transformation instantanée est très motivante et vous aidera à garder l'enthousiasme nécessaire pour aller jusqu'au bout de votre projet.

Pour pouvoir déplacer les meubles plus facilement, vous devrez peut-être mettre temporairement dans des boîtes les piles qui encombrent le sol et les surfaces. Cela peut parfois s'avérer avantageux, car une fois les choses dans des boîtes, la perspective d'avoir à les trier est souvent moins intimidante. De plus, la pièce devient instantanément plus propre et plus vaste, et vous pouvez vous attaquer à une boîte à la fois jusqu'à ce que la tâche soit accomplie.

Si votre pièce est trop en désordre pour qu'il soit possible de déplacer des meubles, ne paniquez pas ; attendez jusqu'à un stade ultérieur de l'étape de l'offensive, moment où vous aurez beaucoup plus de liberté de mouvement.

L'ARME SECRÈTE DE JULIE 2 :
L'ÉVALUATION DE LA DURÉE

L'une des plus grosses erreurs que les gens font lorsqu'il est temps de s'organiser est de manquer de réalisme en ce qui a trait à la durée totale du processus. La plupart des gens soit surestiment dramatiquement le temps à consacrer à leur démarche, soit la sous-estiment grandement.

Si vous surestimez la durée de votre projet, vous êtes susceptible de remettre indéfiniment les choses au lendemain et de ne jamais faire quoi que ce soit. Supposons qu'il s'agisse en réalité d'un projet de trois jours, mais que vous évaluez à trois mois. Votre tâche vous semblera alors désespérément lourde, et vous direz : « Jamais de la vie ! Cela ne vaut même pas la peine de commencer, je ne finirai jamais ! »

Par contre, si vous dites : « Je m'occuperai de ça samedi matin avant d'aller à la plage », vous sous-estimez de façon absurde le temps que presque tout projet d'organisation prend habituellement. Vous y consacrerez du temps, mais lorsque vous ne constaterez pratiquement aucun résultat malgré vos efforts, vous abandonnerez bien avant la fin, en maugréant : « Ça n'en vaut pas la peine, c'est une tâche impossible. »

En vérité, le rangement de la plupart des pièces d'une maison exige en moyenne entre un jour et un jour et demi. Un bureau normal pour une personne prend deux ou trois jours. Certaines pièces comme les salles de bain et les petits placards peuvent prendre seulement quelques heures, alors que d'autres comme des garages ou des bureaux pleins à craquer exigent souvent un ou deux jours de plus. Cependant, tout projet d'organisation est réalisable. L'important, c'est que lorsque vous avez une idée de la durée du travail, vous pouvez réserver suffisamment de temps dans votre horaire pour vous assurer de mener la tâche jusqu'au bout.

Dans la troisième partie du présent livre, je vous indiquerai la durée moyenne nécessaire pour remettre en ordre chacune des pièces de la maison et du bureau. Ces estimations vous aideront à évaluer le temps nécessaire à la réalisation de votre projet et donc à établir un horaire de travail efficace.

L'élaboration d'un horaire consiste à décider à quels moments vous allez travailler au projet et à bloquer les périodes de temps correspondantes sur votre calendrier. Lorsque vous déterminerez votre horaire de travail, tenez compte du temps dont vous disposez, de votre sentiment d'urgence et de la rapidité avec laquelle vous aimeriez voir les changements survenir. Selon les résultats de votre analyse des choses qui vous empêchent d'avancer (chapitre 1), vous pourriez avoir besoin de temps pour vous adapter à la transformation de votre espace et par conséquent choisir de travailler lentement, à raison de quelques heures par semaine pendant un mois ou deux. Au contraire, peut-être voulez-vous obtenir des résultats instantanément et par conséquent décider de vous lancer et de terminer le travail en quelques jours.

La plus grosse erreur que les gens font est de sauter complètement l'étape de l'établissement de l'horaire de travail. «Je le ferai pendant mes heures de loisir», disent-ils. Cette approche est pratiquement une *garantie* d'échec, parce que les «heures de loisir» n'existent tout simplement pas. Même si vous étiez capable d'en aménager quelques-unes, votre premier choix serait-il automatiquement de les passer à faire du ménage? J'en doute.

CONSEIL D'INITIÉ

Cela vaut-il la peine de consacrer du temps à cette tâche?
Pendant que vous vous demandez s'il vaut la peine que vous consacriez du temps à un projet d'organisation exigeant un à trois jours par pièce, voyons ce que le désordre entraîne comme coûts.

- Selon la American Demographics Society, les Américains passent neuf millions d'heures par jour à chercher des objets égarés.
- Selon le *Wall Street Journal*, le chef d'entreprise américain moyen perd six semaines par année à chercher des renseignements manquants dans des bureaux et des dossiers en désordre (autrement dit une heure par jour!).
- Les professionnels de l'entretien domestique estiment que si les gens se débarrassaient de leur fouillis, cela éliminerait 40% du travail ménager dans chaque foyer moyen (Natural Soap and Detergent Association).
- Les achats effectués à l'occasion des «crises» causées par la désorganisation pourraient gruger autant que 15 à 20% de votre budget annuel – acheter en double des objets perdus ou brisés, faire des

emplettes à la dernière minute à plein prix, payer inutilement de l'intérêt et des frais de crédit sur les paiements en retard ainsi que les frais pour les commandes urgentes.

- Les agents immobiliers considèrent les améliorations de « première impression » comme par exemple le rangement des placards comme l'une des façons les plus intelligentes d'accélérer la vente d'une maison et d'obtenir un meilleur prix, selon la New York State Association of Realtors.

Montrez que vous êtes bien décidé à vous organiser en prenant des rendez-vous avec vous-même pour faire le travail, et notez à l'encre indélébile ces moments sur votre calendrier, puis respectez cet engagement.

Voici un exemple d'emploi du temps efficace pour la remise en ordre d'une salle de séjour exigeant douze heures de travail :

COMBIEN DE TEMPS CELA PRENDRA-T-IL ?

Offensive

1.	Tri	Samedi	5	heures
2.	Élimination	Samedi	2	heures
3.	Assignation d'une place	Dimanche	1	heure
4.	Rangement dans des contenants	Dimanche	4	heures
5.	Ajustement	Tous les jours	3 - 5	minutes

« Hum… *Tri, élimination, assignation, rangement, ajustement…* À quoi rime tout cela ? », demandez-vous. Il s'agit des étapes que vous devrez suivre dans le cadre de la prochaine phase du processus d'organisation – l'offensive ! Après avoir effectué les étapes de l'analyse et de la stratégie, vous êtes maintenant prêt à vous attaquer à vos piles et à vous organiser. Alors, tournez la page et passez à l'action…

5

L'offensive : passez à l'attaque

Félicitations ! Vous avez analysé votre situation et élaboré une stratégie, et maintenant vous êtes prêt à enfiler des vêtements confortables, retrousser les manches et entreprendre cette expérience satisfaisante qui est celle de transformer votre espace environnant.

Bien sûr, même cette étape exige une approche méthodique. Elle se divise comme suit :

1. Tri
2. Élimination
3. Assignation d'une place
4. Rangement dans des contenants
5. Ajustement

Ce qui importe avant tout pour que cette formule réussisse, c'est d'exécuter *chacune* des étapes, et surtout de le faire *dans l'ordre*. Beaucoup des actions qu'elles comportent vous sont probablement familières, mais je ne crois pas me tromper en disant que dans le passé, vous n'avez fait que certaines d'entre elles, et probablement dans le mauvais ordre. Par exemple, lorsque dans le passé vous étiez prêt à vous organiser, vous commenciez probablement par l'*élimination* (« Je vais me débarrasser du plus de choses possible ») ou par le *rangement dans des contenants* (« Je vais m'acheter des contenants et des bacs pour pouvoir mieux m'organiser »). Lorsqu'elles sont effectuées dans le mauvais ordre, ces actions sont hautement inefficaces, parce que vous n'avez pas encore réuni suffisamment d'information pour prendre les bonnes décisions.

Maintenant, examinons chacune de ces étapes essentielles, ainsi que leurs mécanismes.

1. TRI

Si votre espace est désorganisé, il y a sans doute beaucoup d'objets apparentés éparpillés en de multiples endroits. Non seulement cela les rend difficiles à trouver, mais il vous est presque impossible d'évaluer avec précision le volume de vos possessions. C'est à l'étape du tri que vous passez en revue les choses que vous possédez et que vous créez une première sensation d'ordre.

Il est essentiel de vous arrêter à tous les objets. Ramassez tous les vêtements, les feuilles de papier et les pièces de collection et évaluez-les individuellement, en vous posant les questions suivantes : « Est-ce que j'utilise cette chose ? Est-ce que je l'aime ? Est-ce qu'elle me procure de l'argent ou me coûte de l'argent ? À quelle catégorie appartient-elle ? »

Évitez de laisser en plan ou d'ignorer ces grosses piles entassées dans les coins ou les amas de désordre éparpillés un peu partout qui vous semblent trop intimidants. Si vous ne vous en occupez pas ou les remettez à « un autre moment », il vous sera impossible d'avoir une vue d'ensemble *avant* d'établir votre système. Vous aurez alors l'impression de faire les choses à moitié, sans compter que la réussite de votre système s'en trouvera compromise.

Lorsque vous faites le tri, concentrez-vous sur les aspects suivants :

- **Déterminez ce qui est important pour vous** – Concentrez-vous sur les objets que vous utilisez présentement, que vous aimez ou qui vous procurent de l'argent, et non sur ceux qui *étaient* importants pour vous ou qui *pourraient* l'être un jour. Cette tâche sera beaucoup plus facile après que vous ayez répondu aux questions posées à l'étape de l'analyse.
- **Regroupez les articles semblables** – À mesure que vous décidez quels sont les objets importants que vous voulez garder, placez-les par terre ou sur une autre surface dans des catégories qui reflètent *votre* vision des choses, et non celle de quelqu'un d'autre. Les catégories ne doivent avoir de logique que pour vous. Voilà l'un des aspects essentiels de l'organisation à partir de l'intérieur : concevoir un système qui vous vient intuitivement et naturellement pour que vous puissiez retrouver vos choses et les remettre à leur place sans avoir à

réfléchir longuement. Prenons par exemple les assaisonnements : certaines personnes peuvent mettre l'aneth et le basilic ensemble, parce qu'ils pensent en termes d'ordre alphabétique. D'autres peuvent les regrouper par saveurs (le basilic avec l'origan, la marjolaine et le thym ; le poivre de la Jamaïque avec la cannelle, les clous de girofle, la muscade et la vanille). Assurez-vous de créer les catégories les plus larges possibles pour qu'elles soient faciles à retenir et pour avoir le moins d'endroits possibles à trouver lorsque viendra le temps de leur assigner une place. Par exemple, si vous pensez en termes de saveurs, essayez de regrouper vos assaisonnements en deux catégories seulement : épices et fines herbes. À moins d'être un grand chef cuisinier qui utilise une multitude d'assaisonnements, il serait nettement exagéré de diviser vos fines herbes en sous-catégories – herbes en feuilles, en poudre, italiennes, chinoises, italiennes, etc. De plus, cela compliquerait les choses et rendrait le rangement plus long.

LE PRINCIPE DE JULIE SUR LES RÉSULTATS VISIBLES ET SAISISSANTS

Il n'y a rien de plus frustrant ou de plus décourageant lorsque l'on fait du classement que d'y consacrer des heures et des heures sans constater quelque amélioration que ce soit. Ce type d'expérience décourageante est en fait le résultat de mauvaises techniques d'organisation, ce à quoi il est facile de remédier. Utilisez les secrets de l'organisateur professionnel expliqués ci-après pour vous assurer d'obtenir des résultats visibles et saisissants chaque fois que vous travaillez. Les signes visibles de vos progrès vous aideront à demeurer inspiré et enthousiaste, déterminé à vous rendre jusqu'au fil d'arrivée.

Attaquez-vous en premier à ce qui est visible. Vous vous rappelez des week-ends marathon qui ont marqué mon adolescence ? Je commettais alors une erreur classique, celle de m'attaquer d'abord au désordre « invisible » – les choses qui se trouvent à l'intérieur des tiroirs, des armoires et des placards – avant de ranger les choses qui étaient bien en vue. C'est là une impulsion naturelle, car on veut faire au plus vite de la place pour les choses qui traînent à l'extérieur. Mais cette façon de procéder constitue une erreur, parce qu'au lieu de diminuer, le désordre augmente instantanément, ce qui est décourageant car on a l'impression de ne pas avancer – ce qui est souvent vrai. De plus, il est fort probable que les choses « invisibles »

>>>

soient des vieilleries, même des archaïsmes, et que les choses «visibles» soient plus utiles et importantes pour vous.

Utilisez votre élan initial d'enthousiasme et d'énergie pour organiser les choses qui ont le plus de sens et d'impact dans votre vie, et gardez le désordre «invisible» pour plus tard.

Un tri rapide pour des résultats rapides. Le «classement rapide» est une tactique conçue pour vous permettre de progresser rapidement dans votre tri en évitant de réfléchir indéfiniment à ce que vous voulez garder et à ce que vous voulez jeter, ce qui ralentit le processus et le rend épuisant. Vous ne pouvez pas vous permettre de vous laisser distraire. Vous devez vous concentrer sur l'*identification* des objets et leur répartition en *catégories*. Si la décision de jeter quelque chose vous vient facilement (et ce sera souvent le cas), tant mieux! Sinon, continuez. (Je vous donnerai plus tard des trucs sur la façon de prendre des décisions rapidement et aisément.)

Pour ce qui est de ces projets interrompus, de ces messages téléphoniques non retournés et de ces articles non encore lus que vous découvrez, ce n'est *pas* le moment de vous en occuper. Mettez toutes les choses qui vous restent à faire dans une boîte ou une chemise distincte étiquetée «Action» et prenez un rendez-vous avec vous-même pour vous en occuper. Souvenez-vous qu'il s'agit d'une séance de *tri* et non de *rattrapage*. Si vous demeurez concentré sur votre travail de tri, vous constaterez des résultats très rapidement.

Évitez l'«organisation en zigzag». La plupart des gens font l'erreur de procéder de façon éparpillée, en s'attaquant à plusieurs pièces à la fois. C'est ce que j'appelle l'«organisation en zigzag», une méthode qui donne à tout coup un minimum de résultats dans un maximum de temps. Vous commencez par un tiroir et y trouvez un livre qui va ailleurs; vous vous rendez ensuite à la bibliothèque et découvrez que les étagères sont trop en désordre pour y placer le livre. Vous abandonnez donc le tiroir pour vous mettre à nettoyer la bibliothèque. Puis vous découvrez sur une autre étagère des documents qui devraient se trouver dans votre classeur. Mais bien sûr, comme il y règne une pagaille totale, vous abandonnez le tiroir *et* la bibliothèque pour vous lancer dans le ménage du classeur. En l'espace d'un instant, vous avez entrepris d'organiser cinq, six ou sept endroits différents, sans mener quoi que ce soit jusqu'au bout, et vous ne tardez pas à abandonner par découragement.

Le contraire de l'organisation en zigzag consiste à entreprendre un endroit à la fois. Cela signifie terminer une pièce avant de passer à la suivante, et dans chaque pièce, se concentrer sur une section à la fois. Décidez dès le départ par quelle section de la pièce vous souhaitez commencer le travail, et allez jusqu'au bout avant de passer à la section suivante. Si vous trouvez des choses qui vont ailleurs, mettez-les à l'entrée de la pièce en attendant, et occupez-vous-en à la fin de votre séance d'organisation. En rangeant une section à la fois, vous pourrez constater vos progrès. Cette façon de procéder vous fournit également des moments tout trouvés pour prendre une pause afin de refaire le plein d'énergie et de détermination. En effet, si vous désirez vous reposer, vous pouvez vous dire : « Bon, je finis ce coin puis je vais me préparer une tasse de café. » Lorsque vous revenez dans la pièce, la première chose que vous apercevez est cette section superbement bien organisée, ce qui vous encourage à passer à la suivante, puis à la suivante...

2. ÉLIMINATION

Voici venu le moment de décider de quoi vous voulez vous séparer, et comment. Vous disposerez toujours de plusieurs choix : jeter, donner, vendre, mettre ailleurs, entreposer. Au cours de l'étape de l'offensive, gardez toujours à portée de la main des boîtes adéquatement étiquetées afin de pouvoir y mettre les choses dont vous voulez vous débarrasser.

Si vous êtes le genre de personne qui se sent traumatisée et menacée à l'idée d'avoir à se débarrasser d'une seule de ses possessions, dites-vous que vous n'êtes pas obligé de jeter quoi que ce soit immédiatement. Bornez-vous à organiser les choses que vous possédez de manière à les rendre enfin accessibles. Lorsque vous aurez éprouvé cette satisfaction pendant quelque temps, vous pourrez décider si vous voulez « alléger ».

Même celles et ceux d'entre vous qui êtes prêts à vous séparer de certaines choses peuvent éprouver des difficultés. Voici quelques trucs pour vous faciliter la vie :

Dans certaines circonstances, la décision de vous débarrasser de certaines choses ira de soi – je les appelle les décisions « simples comme bonjour ». Il s'agit des objets qui sont si abîmés et si inutiles dans votre vie actuelle que vous ne pourriez vous en servir même si vous le vouliez : clous rouillés, vernis à ongles desséché, journaux remontant à six mois. Chacun des chapitres de la troisième partie contient une «liste de choses à jeter simple comme bonjour» pour vous aider à commencer.

Pour d'autres objets, le choix peut s'avérer plus difficile. Par exemple, une fois la consolidation effectuée lors de l'étape du tri, vous pourriez découvrir qu'il y a trop de choses dans une même catégorie, comme seize paires de baskets, alors que vous n'en utilisez que trois. Pour gagner de l'espace de rangement et faire en sorte que ces chaussures soient faciles à trouver, ne gardez que vos paires favorites et débarrassez vous du reste.

Vous pourriez également découvrir qu'il est difficile de vous séparer de certains objets parce qu'ils vous ont coûté (ou ont coûté à quelqu'un d'autre) beaucoup d'argent, même si vous ne vous en êtes jamais servi. Il peut s'agir d'un vêtement acheté de façon impulsive, d'une œuvre d'art que vous n'aimez plus, d'un élégant gadget qui n'a jamais fonctionné ou d'un présent qu'on vous a offert et que vous possédiez déjà ou que vous ne voulez tout simplement pas. Comment vous décider à vous débarrasser de ces choses? Pensez à ce que vous gagnerez en retour :

- De l'espace – pour les choses que vous utilisez vraiment et que vous aimez.
- Du temps – car vous cesserez de fouiller dans des amas de choses inutiles pour trouver ce que vous voulez.
- De l'argent – il vous en coûte de garder ces objets. En en faisant don ou en les vendant, vous pourriez bénéficier d'une déduction d'impôt ou gagner quelques dollars.
- De la satisfaction – faites bénéficier autrui des choses dont vous ne vous servez plus; il y a sûrement quelqu'un quelque part qui en aurait besoin.

Pour décider quoi faire de ces choses dont vous voulez vous débarrasser sans les jeter à la poubelle, considérez les possibilités suivantes :

- **Un don de bienfaisance.** Choisissez un organisme de bienfaisance dont le travail vous importe et qui vient ramasser les dons à domicile si vous n'avez pas le temps d'aller les porter ou pas de voiture.
- **Un don à un ami.** Vous vous sentirez mieux en sachant que vos choses feront plaisir à une personne que vous connaissez – un bon ami, une connaissance, un voisin, l'aide domestique.

- **Faites une vente de garage ou vendez-les par l'entremise d'un dépôt-vente.**
- **Entreposez-les.** En mettant les choses que vous n'utilisez pas en entreposage, vous libérerez votre maison ou votre bureau ; vous pouvez alors vivre dans un environnement ordonné sans éprouver le traumatisme de vous débarrasser de vos possessions de façon permanente. Les tarifs sont raisonnables, et certaines entreprises (telles que Public Storage) ont un service de ramassage et de livraison ; ils transportent un conteneur à votre porte, vous le remplissez et ils l'emportent. Rien de plus pratique ! Une fois les choses entreposées, il vous sera peut-être plus facile de décider celles que vous voulez garder à long terme.

3. ASSIGNATION D'UNE PLACE

Il est maintenant temps de prendre toutes les choses que vous gardez et de décider exactement où, dans chaque zone, vous allez les ranger – quelle étagère, quel tiroir, de quel côté du lit.

Si vous n'avez pas pu le faire avant, il est maintenant temps de déplacer les meubles pour voir comment se présentent vos zones et si vos boîtes de classement pourront contenir tout ce que vous comptez y mettre.

Évitez de demeurer vague et indécis en ce qui à trait à l'emplacement des objets en appliquant la règle du « choix unique » : chaque objet doit avoir une place unique et permanente. C'est là un facteur essentiel pour avoir « confiance » en votre système.

Pour assigner une place, utilisez les lignes directrices suivantes :

- **Des formats compatibles.** Assurez-vous que la grosseur et le nombre des objets sont compatibles avec la grosseur des contenants employés pour le rangement afin d'éviter de gaspiller de l'espace ou d'en monopoliser trop. Par exemple, utilisez un tiroir peu profond pour les ceintures et un plus profond pour les chandails.
- **Un rangement par catégories.** Ne mélangez pas les catégories dans une même unité de rangement, car vous aurez du mal à vous y retrouver. Par exemple, si possible, mettez les T-shirts dans un tiroir et les jeans dans un autre.
- **Des séquences logiques.** Placez les groupes d'objets similaires à proximité les uns des autres. Encore une fois, procédez selon vos propres associations. Ainsi, dans votre commode, vous pourriez ranger les

vêtements d'exercice et les maillots de bain côte à côte dans le même tiroir parce qu'ils ont tous deux à voir avec le sport.

- **L'accessibilité.** Faites en sorte qu'il soit facile de trouver et de remettre en place les articles utilisés fréquemment en évitant de mettre trop de choses dans les tiroirs ou en les empilant sur des étagères trop hautes.
- **La sécurité.** Évitez de mettre des choses lourdes ou fragiles sur une étagère trop élevée, car vous risquez de vous blesser ou de briser les objets en voulant les prendre ou les ranger. Pour la même raison, ne mettez pas des objets fragiles trop près les uns des autres sur une étagère ou dans un tiroir. S'il y a des enfants à la maison, assurez-vous de placer hors de leur portée ou derrière des portes verrouillées les choses qui pourraient présenter un danger.

À mesure que vous rangerez vos choses à la place qui leur a été assignée, vous découvrirez peut-être que vous n'avez pas assez de place pour tout. Vous avez le choix entre réévaluer et éliminer davantage (en vous débarrassant de ces «peut-être» ou en les plaçant ailleurs) et augmenter votre espace de rangement. Il est souvent possible de trouver des espaces de rangement cachés et de nouvelles façons de tirer le maximum de chaque centimètre carré à l'intérieur des placards et des armoires. Dans chacun des chapitres de la troisième partie, vous trouverez de nombreux conseils sur la façon d'accroître l'espace.

4. RANGEMENT DANS DES CONTENANTS

Les contenants vous permettent de maintenir aisément vos catégories d'objets bien distinctes les unes des autres à la place qui leur a été assignée, ce qui rend l'utilisation, le rangement et l'entretien très faciles.

Imaginez une armoire de salle de bain. Supposons que vous ayez passé des heures à trier tout ce que vous y avez trouvé et à éliminer le superflu, pour obtenir des piles d'objets divisés en catégories : soins dentaires, savons, soins capillaires, premiers soins, papier hygiénique. Si vous placez librement ces groupes d'objets sur les étagères, vous aurez par la suite du mal à déterminer où s'arrête chaque catégorie et où commence la suivante. Mais si vous mettez les objets dans des paniers de plastique que vous placerez sur les étagères après les avoir étiquetés, il vous sera facile de trouver et de ranger tout ce dont vous avez besoin. Il en ira de même pour le nettoyage de l'armoire : vous n'aurez qu'à enlever les paniers, essuyer la surface et remettre les paniers. Essayez de faire ça avec quatre-vingts bouteilles, bocaux et tubes !

Les contenants présentent un autre grand avantage : ils aident à limiter l'accumulation dans chacune des catégories ; en effet, vous ne pouvez pas avoir plus de choses que ne le permet la capacité du contenant.

Enfin, et surtout, l'utilisation de contenants vous permet de faire preuve de créativité et d'avoir du plaisir à insuffler à votre système votre style personnel.

COMMENT GARDER VOTRE MOTIVATION

Il viendra sûrement un moment où vous en aurez assez de prendre des décisions et où vous vous laisserez distraire par d'autres activités qui vous détourneront de votre tâche. Cela nous arrive tous. Donnez-vous des outils pour passer à travers ces périodes difficiles. Choisissez une ou plusieurs des possibilités suivantes :

Affichez vos objectifs. Affichez les réponses que vous avez apportées à la quatrième question de l'étape de l'analyse (« Pourquoi est-ce que je veux m'organiser ? ») au mur de la pièce dans laquelle vous travaillez ; lorsque vous sentez que vous commencez à vous sentir dépassé par la tâche que vous avez entreprise, relisez ces réponses pour vous donner du courage.

Utilisez des photos de votre pièce « avant et après ». Prenez une photo de la pièce que vous comptez organiser et affichez-la au mur, à côté de vos objectifs. Cela vous fouettera. Puis prenez une autre photo de la même pièce une fois votre tâche accomplie, et placez-la à côté de la première. Laissez-vous jouir de la satisfaction d'avoir brillamment exécuté votre travail.

Récompensez-vous de temps en temps. Pensez aux activités qui vous plaisent le plus, et servez-vous-en comme d'une récompense chaque fois que vous terminez une étape importante de votre projet d'organisation. Pendant que vous travaillez, vous pouvez vous dire : « Lorsque je termine ce coin, je réserve des places pour un spectacle », ou « Quand j'aurai fini de ranger ce bureau, j'irai faire une promenade et prendre un bol d'air ». Mais faites attention de ne pas sauter votre récompense lorsqu'elle vous est due en disant : « Ça va trop bien, je vais plutôt continuer à travailler. »

>>>

Respectez l'entente que vous avez prise en vous accordant ce que vous vous êtes promis.

Rendez les choses agréables. Si la musique vous donne de l'énergie pour continuer à travailler, choisissez à l'avance des cassettes audio et des disques compacts ou décidez de la station de radio que vous voulez écouter. Jouez des jeux avec vous-même pour maintenir votre motivation. Dites-vous : «Bon, quand cette chanson prendra fin, j'aurai fini de ranger cette étagère.» Rangez une étagère par chanson ou une section de la pièce par disque. Et ne vous tombez pas dessus si vous n'avez *pas* terminé l'étagère à la fin de la chanson. Vous la finirez à la fin de la *prochaine*.

Travaillez avec un ami. Bien sûr, il est toujours plus agréable d'être misérable à deux... Mais qui, vous demandez-vous, accepterait d'accomplir cette corvée avec vous ? Arrangez-vous pour faire équipe avec un collègue ou un ami qui est lui aussi aux prises avec un problème d'organisation. Le fait de travailler ensemble rendra la tâche plus facile, plus rapide et plus agréable. Vous aurez quelqu'un avec qui échanger des idées et qui pourra vous offrir un point de vue objectif en plus de vous aider à persévérer lorsque vous tomberez en proie à l'autocritique («*Comment ai-je pu me laisser aller à ce point!*»). Entendez-vous pour vous aider mutuellement en alternant les week-ends. Vous n'en reviendrez pas de la quantité de travail que vous pourrez accomplir ensemble, et à quel point l'expérience sera satisfaisante.

Choisissez les contenants appropriés

Ce que vous devez rechercher :

- **L'esthétique.** Choisissez des contenants qui vous plaisent beaucoup. Ils doivent être un charme à utiliser et se marier harmonieusement avec le décor que vous avez choisi pour votre pièce, qu'il soit décontracté, rustique ou high-tech.
- **La solidité.** Ne cédez pas à l'envie d'économiser de l'argent. Vos contenants doivent être suffisamment solides pour supporter un usage répété. S'ils se brisent ou sont trop fragiles, vous cesserez de les utiliser.

- **La maniabilité.** Les contenants doivent être faciles à manipuler. Si vous y rangez un grand nombre d'objets, tenez compte de leur poids quand ils sont remplis.
- **La grosseur.** Assurez-vous que les contenants sont d'une grosseur adéquate pour le nombre d'articles que vous y rangez, sans que ça déborde. Pensez à laisser un peu de place pour en mettre plus, mais pas trop.

Préparez votre liste d'emplettes

Pour éviter d'avoir à faire cinquante voyages au magasin, assurez-vous de planifier. Commencez par dresser une liste complète de tous les contenants dont vous aurez besoin. J'aime diviser ma liste par zones directement sur la feuille où j'ai originellement déterminé mes zones. Ainsi, quand je suis au magasin (ou que je fouille dans le grenier), je peux voir exactement comment je prévois utiliser chaque contenant, au cas où je devrais en trouver un autre.

Pour être certain de vous procurer des contenants de la grosseur adéquate, mesurez, mesurez, mesurez *avant* d'aller faire des achats. Il n'y a rien de plus irritant et coûteux, tant en argent qu'en temps, que de découvrir que les cloisons que vous avez achetées sont un centimètre plus hauts que les tiroirs où ils doivent être installés.

- Mesurez la hauteur, la largeur et la profondeur des articles à ranger (et comptez-les) pour savoir quelle grosseur de contenant vous procurer.
- Mesurez la hauteur, la largeur et la profondeur de chaque endroit où sera placé un contenant pour savoir s'il y a suffisamment de place. Par exemple, mesurez l'étagère ou le tiroir où vous avez prévu de mettre un panier.
- Emportez un ruban afin de mesurer les contenants au magasin et vous assurer qu'ils ont les bonnes dimensions. Et n'oubliez pas votre liste !

L'étiquetage

Une fois tous vos contenants installés, il est temps de les étiqueter. L'étiquetage n'est pas que pour les enfants. Il assure que les choses sont remises à leur place et transforment le rangement en une tâche rapide, sans douleur et facile. L'étiquetage est particulièrement important si vous partagez votre espace avec d'autres personnes. Ainsi, les choses sont constamment remises à leur place.

Selon le contenant que vous étiquetez, vous pouvez choisir une étiquette hautement visible ou plus sobre. Par exemple, s'il s'agit de choses qui doivent aller à l'intérieur d'une armoire de toilette, d'un classeur ou d'un placard de rangement, il vaut mieux étiqueter le contenant lui-même. Mais si le contenant est bien en vue – sur une étagère, par exemple –, vous pourriez placer l'étiquette sur le rebord de l'étagère ou sur la surface ou il sera déposé plutôt que sur le contenant lui-même.

Zone	Accessoires	Rangement	Contenant
Lecture	Livres : 200		Bibliothèque (76 x 178 cm)
Télévision,	Vidéocassettes : 65	Armoire murale	Cloisons à tiroirs
Musique	Disques compacts : 200		Tour à disques compacts (30 x 10 cm)
Sieste	Couverture Oreillers		Ottomane de rangement (69 x 53 cm)

Quelle que soit la méthode que vous choisissez, il est essentiel que vos étiquettes soient lisibles, propres et attrayantes en plus de bien adhérer. En effet, personne, pas même vous, n'en tiendra compte si elles se décollent constamment ou si l'inscription qui y figure fait penser à des pattes de mouche ou à une ordonnance de médecin. Des étiquettes blanches où les lettres apparaissent en noir en caractères d'imprimerie sont ce qu'il y a de mieux. Vous pouvez les écrire à la main, mais pour de meilleurs résultats et pour une plus grande lisibilité, utilisez une pince à étiqueter ou un traitement de texte. Dans chacun des chapitres des troisième et quatrième parties, vous trouverez des trucs en matière d'étiquetage se rapportant aux domaines discutés.

Voilà! Vous êtes prêt! Enfin, presque...

5. AJUSTEMENT

Lorsque vous partez en voiture, vous ne «bloquez» pas le volant dans une même position jusqu'à ce que vous arriviez à destination. Si c'était le cas, vous fonceriez dans le décor au premier tournant. Au lieu de cela, vous surveillez la route constamment et naturellement et effectuez de petits mouvements d'ajustement du volant de manière à toujours rouler en ligne droite.

Il en va de même pour l'organisation.

Environ deux semaines après que vous aurez terminé votre rangement, prenez un rendez-vous avec vous-même dans le but d'évaluer l'efficacité de votre système. Les choses vont-elles aussi aisément que vous le souhaiteriez? Respectez-vous votre système? Les zones et les catégories que vous avez établies vous conviennent-elles? Y a-t-il certains aspects problématiques qu'une révision rapide de l'évaluation de vos besoins effectuée au chapitre 3 pourrait vous aider à corriger? Réévaluez ensuite votre système à toutes les deux semaines jusqu'à ce que vous soyez entièrement satisfait.

Quand votre système fonctionne totalement, vous devez intégrer à votre mode de vie un programme de maintenance périodique quotidien qui devra faire partie de votre routine. Gardez les choses simples. Si votre programme de maintenance exige trop de temps et s'avère trop complexe, vous ne le suivrez pas.

Faites le ménage et remettez les choses à leur place à la fin de chaque journée. Quel que soit le désordre créé au cours de la journée, cette tâche ne vous prendra que quelques minutes parce que dorénavant, chaque chose a une place logique, accessible et clairement identifiée. Ne remettez jamais au lendemain ce ménage quotidien, car le fouillis ne tardera pas à s'accumuler et à devenir insurmontable.

Une maintenance soutenue est également nécessaire pour que votre système continue de fonctionner harmonieusement. Vous devrez donc appliquer des trucs et des techniques simples mais hautement efficaces qui peuvent s'intégrer à votre routine quotidienne sans exiger trop de temps. Les troisième et quatrième parties regorgent de ces trucs.

Enfin, vous devrez effectuer des «mises au point» périodiques, qui sont essentielles pour que votre système s'adapte constamment à tout changement dans vos besoins, vos objectifs, vos possessions et vos priorités. Prévoyez à votre calendrier des rendez-vous avec vous-même à intervalles réguliers afin d'évaluer l'efficacité de votre système, d'y apporter des ajustements si vous avez fait de nouvelles acquisitions, de vous débarrasser des vieilles choses qui ne vous servent plus et même de vous acheter un épatant bidule qui vous aidera à garder votre système amusant et attrayant. Ces améliorations périodiques vous empêcheront de vous fatiguer de votre système et de l'abandonner par ennui. Chacun des chapitres des troisième et quatrième parties comportent une suggestion d'horaire de maintenance.

DES COMPÉTENCES POUR TOUTE LA VIE

Comme tout ce qui vaut la peine d'être accompli, la maîtrise des capacités d'organisation exige du temps. Vous ferez sûrement des erreurs et des faux-pas en cours de route. Essayez de ne pas paniquer ou vous mettre en colère contre vous-même. Détendez-vous, débarrassez-vous des irritants et reprenez la route.

Une fois ces techniques maîtrisées, elles vous seront utiles en tout temps parce qu'elles dureront *toute la vie*. C'est là leur plus grande valeur. Vous pourrez les appliquer encore et encore à presque toutes les tâches.

Elles vous procureront une sensation durable de sécurité, d'identité personnelle, de fierté et de tranquillité – une nécessité dans le monde complexe, trépidant et changeant d'aujourd'hui.

Maintenant que vous avez appris comment vous organiser à partir de l'intérieur, il est temps d'aller plus loin et de mettre en pratique ce que vous avez appris.

Troisième partie

Appliquez
ce que
vous avez appris

Comment utiliser cette section

Chacun des chapitres des troisième et quatrième parties vous expliquent comment appliquer concrètement ma formule infaillible Analyse-Stratégie-Offensive à des sphères précises de votre bureau, de votre foyer et de votre vie.

Résistez à la tentation de plonger dans ces chapitres sans avoir lu et assimilé la matière des première et deuxième parties, qui vous mettra pleinement en contexte pour appliquer les nombreux conseils prodigués dans ces chapitres à caractère pratique. Les première et deuxième parties sont conçues pour vous faire changer totalement d'approche face au processus d'organisation, de façon à ce que vous atteigniez votre objectif lorsque vous vous attaquerez aux endroits qui vous préoccupent.

Chacun des chapitres qui suivent adoptent la structure de ma formule d'organisation à partir de l'intérieur, c'est-à-dire en commençant par l'analyse puis en passant à la stratégie et enfin à l'offensive. Au lieu d'expliquer encore une fois en quoi consiste chaque étape, je vous ai fourni des exemples concrets tirés de l'expérience de mes clients pour stimuler votre propre réflexion, ainsi que des conseils s'appliquant spécifiquement à l'endroit sur lequel vous travaillez. Les exemples ne sont pas coulés dans le béton ni conçus pour être suivis à la lettre. Leur utilité première est de vous donner des idées pour que vous puissiez mettre en place un système d'organisation sur mesure qui reflète votre façon unique de penser, vos habitudes et ce qui vous importe.

Boîtes de rangement Banker's Box – très utiles pour ranger des dossiers temporaires, archiver des documents et plus encore (*gracieuseté de Fellowes Manufacturing*).

RASSEMBLEZ VOTRE MATÉRIEL

Avant d'entreprendre un projet d'organisation, il est extrêmement utile de rassembler tout le matériel dont vous avez besoin, de façon à pouvoir demeurer concentré. En effet, une fois cette tâche accomplie, vous ne risquerez plus d'interrompre votre travail pour chercher des produits nettoyants, vous assurer d'avoir suffisamment de sacs à ordures ou installer ce lecteur CD qui vous aide à avoir du cœur au ventre.

Voici les accessoires que je recommande :

- **Des sacs à ordures larges et résistants.** Les déchets peuvent être lourds et volumineux ; les sacs bon marché déchirent facilement, ce qui est très frustrant.
- **Des boîtes** pour classer vos choses, étiquetées comme suit :
  À donner – utilisez une boîte distincte pour chaque destination si vous comptez faire des dons à différents endroits.
  À ranger ailleurs – mettez les choses qui vont ailleurs dans cette boîte dans le but de les replacer à l'endroit approprié à la fin de votre séance d'organisation.
  À réparer – utilisez cette boîte pour rassembler les choses que vous voulez garder, mais qui ont besoin de réparations. Inscrivez sur la boîte la date avant laquelle vous voulez procéder à ces réparations, par exemple dans un mois. Si vous n'avez pas réparé ces choses à cette date, il est temps de vous en débarrasser.
- **Aspirateur à main, linge et produit à épousseter, balai et pelle à poussière** pour nettoyer temporairement les étagères nouvellement

dégagées, les tiroirs et le sol derrière les meubles; une occasion à ne pas manquer.

- **Une boîte de chemises de classement en manille** pour classer vos documents.

- **Des feuillets en éventail Post-it** pour identifier temporairement les différentes piles et les groupes d'objets à mesure que vous les classez.

- **Un crayon et un bloc-notes** pour y inscrire vos instructions à vous-même en ce qui a trait aux choses à faire dans l'avenir qui vous viennent à l'esprit en travaillant.

- **Des boîtes de rangement Bankers Box en carton ondulé** pour garder en ordre et en position verticale les chemises contenant les documents classés lorsque vous concevez votre nouveau système, et pour archiver des documents destinés à l'entreposage.

- **Des boissons et des collations** pour éviter la déshydratation et garder votre énergie; aussi pour éviter d'avoir à interrompre votre travail par un aller-retour à l'épicerie.

Bon, maintenant, tournez la page et organisez-vous!

6

Les bureaux traditionnels et les systèmes de classement

Le terme « bureau traditionnel » fait référence aux bureaux privés munis d'une porte et situés dans tous les types d'entreprises à l'extérieur de la maison. Or, le présent chapitre comporte également des renseignements extrêmement détaillés sur la façon de concevoir un système de classement on ne peut plus facile à utiliser. Les conseils qu'il contient pourront par conséquent profiter à tous et à toutes, quel que soit le type de bureau où ils travaillent.

L'ANALYSE

1. Qu'est-ce qui fonctionne ?

Exemples :

> « Mon système de facturation et de comptabilité fonctionne assurément à merveille. Pour le reste de mes papiers, c'est la pagaille, mais je surveille mes finances de près. »
>
> — *Le propriétaire d'un commerce de détail*

> « J'ai un tiroir où je garde des copies de tous les discours que je prononce, classés par date et par endroit. Il m'est donc facile de retrouver celui dont j'ai besoin. »
>
> — *Un président de conseil d'administration*

2. Qu'est-ce qui ne fonctionne pas ?

Exemples :

«Chaque matin, je me précipite pour répondre au téléphone, je laisse tomber mon porte-documents sur le bureau, je heurte une pile de papiers qui s'éparpille par terre et j'angoisse lorsque la personne que j'ai au bout du fil me pose des questions sur un document que je lui ai fait parvenir. Je sais qu'il est là quelque part, mais où ? Je dois faire semblant de devoir rappeler plus tard et me mettre à chercher. Les pressions quotidiennes, le stress et l'embarras commencent à laisser des traces.»

— Un gestionnaire des ressources humaines

«Je suis si désorganisé que je ne peux pas tirer pleinement profit de mon personnel. Des projets d'importance demeurent souvent en plan dans le fouillis de mon bureau. Mon assistant ne peut même pas faire de classement parce que ni moi ni lui ne comprenons mon système de classement.»

— Un vice-président, vente et marketing

«Je travaille jusqu'à 20 heures ou 21 heures chaque soir. Je sais que c'est parce que je passe trop de temps chaque jour à fouiller dans mes piles pour savoir ce qu'il y a à faire. Voici la pile d'aujourd'hui, et voici celle d'hier. Celles de la semaine dernière sont par terre, et celles du mois dernier sur le bahut. Je me fie entièrement à ma mémoire pour retrouver ce dont j'ai besoin – et ça ne marche pas toujours!»

— Le directeur financier d'une société

«J'ai dans mon service la réputation peu enviable de perdre des choses. Personne ne me confie quoi que ce soit sans en faire préalablement une copie. Malheureusement, je suis certain que cela empêche mes supérieurs de me confier davantage de responsabilités. Mes mauvaises habitudes nuisent à ma carrière.»

— Un directeur des comptes publicitaires

3. De quoi avez-vous le plus besoin ?

Exemples :

- **Charlotte M.**, avocate dans le domaine du commerce international au service d'un cabinet réputé, avait besoin d'espace pour mettre ses dossiers courants (ses causes), ses documents de recherche (législations hebdomadaires, bulletins à jour, ouvrages de droit, comptes rendus de causes), les dossiers empruntés à la salle de classement centrale (pour éviter de les confondre avec ses propres dossiers et d'oublier de les retourner), le journal où elle notait le temps consacré à chaque tâche, les articles et présentations qu'elle avait écrits pour son propre perfectionnement professionnel.

- **Joel K.**, président d'un magasin de détail de fournitures de bureau, avait besoin d'espace pour le classeur contenant la liste des prix, les promotions mensuelles et le carnet de commandes (pour négocier des prix), les cartes professionnelles et des clients potentiels ; il avait aussi besoin de trois catégories de dossiers (« Fournisseurs de produits », « Planification des affaires » et « Finances personnelles ») ainsi que d'un endroit où mettre les documents destinés à son comptable et à son adjoint administratif.
- **Janice Z.**, directrice du développement d'un organisme sans but lucratif, avait besoin d'espace pour les dossiers courants, les dossiers clos, un calendrier de planification, la publicité, les listes d'envoi et le nécessaire pour les campagnes de financement, les renseignements sur les contributeurs, les chèques à déposer.

4. Pourquoi voulez-vous vous organiser ?

Exemples :

- « Pour accélérer la circulation de l'information dans tout le bureau. »
- « Pour mettre fin au désordre afin de faire meilleure impression sur les clients, les superviseurs et le personnel. »
- « Pour réduire le stress causé par la perte de renseignements. »
- « Pour gérer de multiples activités de front et respecter les échéances plus aisément. »

5. Quelles sont les sources du problème ?

Voici des causes fréquentes de désordre dans ces endroits :

- **L'espace de rangement est mal choisi.** Dans 90 % des bureaux que je visite, le bahut est placé juste derrière le bureau, alors que le classeur se trouve à l'autre bout de la pièce, ce qui rend le classement et la recherche très pénibles. En substituant simplement ces deux meubles l'un à l'autre, vous aurez la plupart de vos dossiers à portée de la main, tout près de votre chaise. Vous aurez ainsi plus de 500 % de chances de garder votre bureau dégagé !

- **Certains articles n'ont pas de place.** Si des papiers s'empilent sur votre bureau, il est fort probable que ce soit parce que vous ne leur avez jamais assigné de place. Il se peut que de nouvelles catégories de documents vous soient envoyées et que vous ne vous arrêtiez jamais pour créer de nouvelles chemises, les laissant s'accumuler sur votre bureau. Votre classeur contient encore peut-être les dossiers de votre prédécesseur, ce qui arrive également couramment, et vous n'avez jamais eu le temps de faire de la place pour votre propre système. Dans un cas comme dans l'autre, sans une place assignée, les documents continueront de s'accumuler.

- **Changements rapides et technologie.** Souvent, dans le monde en constant changement dans lequel nous vivons aujourd'hui, les gens ont du mal à trouver le temps de s'arrêter pour organiser leur environnement. Voici une plainte qui revient fréquemment dans la bouche des participants à mes ateliers : « J'ai beau vouloir de tout cœur organiser mon bureau, il me semble impossible et même dangereux de prendre le temps de le faire sans nuire à mon travail. Je pourrais dépasser une échéance, prendre du retard ou perdre des clients. »

- **L'organisation, c'est ennuyeux.** Une bonne partie de l'organisation d'un bureau suppose du classement, l'une des tâches les plus désagréables qui soient. Or, la plupart des gens ne pensent jamais à rendre leur système attrayant au moyen d'un peu de style et de fantaisie. Alors ils utilisent des chemises de classement en manille, des étiquettes ordinaires – ce qui donne un ensemble ennuyeux comme la pluie. Cependant, l'information qui se trouve dans votre système de classement est le pivot de votre travail – et la capacité d'y accéder rapidement est souvent étroitement liée à votre succès. Plus loin dans le présent chapitre, vous trouverez des moyens d'ajouter du piquant et de l'allure à votre système de classement pour que son utilisation quotidienne devienne beaucoup plus agréable et satisfaisante.

LA STRATÉGIE

Planifiez vos zones

Voici certaines zones d'activité courantes, les accessoires correspondants et les lieux de rangement pour un bureau traditionnel.

Activité	Accessoires	Rangement
Tâches administratives et appels téléphoniques	Dossiers	2 classeurs
	Annuaires téléphoniques	Tiroirs de bureau
	Cartes professionnelles	
	Papier, stylos, crayons	
	Papeterie	
	Agrafes et agrafeuse	
Ordinateur	Disquettes et cédéroms	Retour de bureau
	Cartouches de rechange	et étagères
	Guides informatiques	
	Papier à imprimante	
Référence	Livres	Bibliothèques
	Revues	
	Bulletins	
	Journaux	
	Vidéocassettes et cassettes audio	
	Dossiers de référence	
Communication à l'intérieur du bureau	Plateaux entrée-sortie pour les assistants, les collègues et les superviseurs	Bureau
Réunions	Bloc-notes	Bahut
	Crayons	
	Plantes et œuvres d'art	
	Diplômes	
	Trophées	
	Café, thé, sucre, tasses	

Conseils pour le réaménagement des meubles

- **Disposez vos meubles en « L » ou en « U ».** Créez votre propre centre de contrôle en disposant en « L » ou en « U » les meubles situés dans la zone principalement consacrée à l'administration et aux appels téléphoniques. Vous obtiendrez ainsi le maximum de surface de travail et de capacité de rangement dans le plus petit espace.
- **La position du bureau.** Comme vous passez beaucoup de temps à cet endroit, la position la plus confortable sera également le gage d'un maximum de productivité. Préférez-vous faire face à une fenêtre, à la porte, au centre de la pièce, à un mur ? Si vous travaillez avec des collègues et que vous ne pouvez pas fermer la porte de votre bureau, préféreriez-vous leur faire face de façon à être toujours disponible et au courant de ce qui se passe autour de vous, ou leur tourner le dos pour réduire le nombre d'interruptions ? Soyez créatif. Les possibilités sont plus nombreuses que vous le croyez.
- **Gardez la plupart de vos dossiers à portée de la main.** L'erreur la plus courante que j'ai constaté dans les bureaux est de placer le classeur trop loin du poste de travail. C'est pour cette raison que les documents finissent par s'empiler sur le bureau. Si le classement est une tâche peu pratique, vous ne le ferez pas. En gardant la plupart de vos dossiers à proximité, vous pouvez puiser dans votre classeur à longueur de journée et prendre et replacer des dossiers sans effort. Mais si vous souhaitez que certains dossiers soient accessibles à un assistant sans que vous soyez interrompu, rangez-les plus près de la porte de votre bureau.

Idées pour accroître l'espace

- Voyez si l'entreprise qui vous emploie accepterait de remplacer votre classeur à clapets à deux tiroirs par un classeur muni de cinq tiroirs. Vous pourriez ainsi plus que doubler votre capacité de rangement sans accaparer plus d'espace.
- Placez votre bureau au centre de la pièce ou perpendiculairement au mur. Vous libérerez ainsi de la place pour installer un autre classeur ou encore une table d'ordinateur derrière votre bureau ou à angle droit avec celui-ci.
- Ajoutez un classeur ou une bibliothèque de format modeste près de la porte de votre bureau pour y mettre les documents que vous

Classeur à clapets où les dossiers sont placés frontalement et non latéralement (*gracieuseté de Meridian Inc.*)

partagez avec votre assistant. Il pourra ainsi aller et venir dans votre bureau sans vous déranger.

- Placez votre écran d'ordinateur sur un soulève-moniteur installé sur un coin de votre bureau pour libérer de l'espace.
- Installez une patère à l'arrière de votre porte pour y accrocher manteaux, sacs et vêtements de rechange.
- Installez des pochettes murales près de votre bureau pour y mettre les dossiers en cours, le courrier ou la documentation que vous voulez garder à portée de la main.
- Dans les classeurs à clapets, installez le cadre de soutien dans l'autre sens pour que les dossiers soient placés frontalement et non latéralement. Vous augmenterez ainsi votre capacité de rangement de 15 % par tiroir, c'est-à-dire de trente centimètres pour le même espace.

Planifiez les zones de vos dossiers

Au lieu d'être placés selon le traditionnel ordre alphabétique qui, ironiquement, peut parfois s'avérer confus, les dossiers peuvent être classés par zones. Dans un système alphabétique, les dossiers connexes sont souvent éparpillés, la comptabilité se trouvant des les « C » et les impôts dans les « I ». Par contre, le classement par catégorie vous permet de regrouper des dossiers apparentés et de créer des zones d'« activité » dans vos tiroirs. Songez à classer vos documents en catégories reflétant vos responsabilités au travail. Voici quelques exemples de la façon dont certains clients ont divisé leurs dossiers en zones, système qui leur permet d'avoir en un coup d'œil un aperçu de leurs activités et de leurs responsabilités.

Conseiller en orientation

- Clients
  - entreprises
  - particuliers
- Matériel pour les tests
- Coupures et articles d'intérêt
- Présentations

Publiciste pour une maison d'édition

Il a commencé par classer les documents selon les catégories suivantes :
- Auteur (manuscrit, distributeurs, calendrier d'apparitions publiques, matériel de publicité et photographies)

Puis il a regroupé chacun des projets selon les catégories suivantes :
- Saison (de février à mai ; de juin à septembre ; d'octobre à janvier)

Veuillez noter que souvent, même s'il est bon d'établir au préalable vos catégories sur papier (stratégie), il est également conseillé de classer tous vos documents avant de prendre une décision finale en ce qui a trait à vos catégories. Il vaut mieux viser de trois à cinq grandes catégories. Si vous en avez davantage, vous risquez de les oublier. Toutefois, si vos documents se divisent réellement en un nombre plus élevé de catégories, voyez comment un rusé directeur financier a résolu le problème. Il a d'abord divisé ses dossiers en deux principales catégories, qu'il a ensuite divisées en trois sous-catégories connexes.

Directeur financier d'une chaîne de détaillants

- Activités externes
  - Propriétaires des bâtiments
  - Fabricants
  - Consultants professionnels
- Activités internes
  - Ressources humaines
  - Finances
  - Planification stratégique

Estimation du temps

Voici le temps moyen nécessaire pour organiser un bureau traditionnel.

COMBIEN DE TEMPS CELA PRENDRA-T-IL ?

Offensive

1.	Tri	16 heures
2.	Élimination	1 heure
3.	Assignation d'une place	1 heure
4.	Rangement dans des contenants	6 heures
5.	Ajustement	10 minutes par jour

OFFENSIVE

1. Tri

« J'avais peur de me mettre à trier parce que je savais que j'allais faire face à toutes mes gaffes – les échéances manquées, les occasions ratées et les contrats perdus. De plus, cette tâche exige beaucoup de concentration et d'effort mental. C'est atroce d'avoir à prendre toutes ces décisions. Cependant, quand je m'y suis enfin mise, j'ai trouvé qu'il était incroyablement libérateur de me débarrasser de tous ces souvenirs de mes échecs passés. À mesure que je fouillais dans toutes ces piles, je comprenais de plus en plus clairement ce qui m'importait maintenant, et ce sur quoi je voulais concentrer mes énergies dans l'avenir. Cela m'a permis de recommencer à zéro, cette fois avec un système d'organisation qui reflète ce qui m'importe vraiment. »

— *Janet R., directrice du marketing*

Voici quelques suggestions sur la façon de diviser le contenu de votre bureau en catégories.

Classement des fournitures de bureau

- Correspondance (papeterie, cartes, cartes professionnelles, enveloppes express, timbres, pèse-lettres)

- Informatique (guides, disquettes, cédéroms, cartouches, papier à imprimante, accessoires pour ordinateur portatif)
- Opérations bancaires (bordereaux de dépôt, carnet de chèques, chèques à déposer)
- Téléphone (fichier rotatif, carnet d'adresses, annuaires téléphoniques, casque d'écoute)
- Articles de bureau (stylos, crayons, agrafeuse, ciseaux, trombones, élastiques)
- Articles de bureau (pince à étiqueter, appareil photo, rétroprojecteur, enregistreuse)

Classement des livres et magazines

Par sujet :
- Finances
- Leadership
- Marketing
- Guides des méthodes de travail
- Techniques oratoires

Classement des documents

À moins que votre système de classement ne soit déjà efficace à 75 %, je vous recommande de procéder à un réaménagement total. C'est une façon beaucoup plus claire et rapide de travailler ; de plus, quand vous aurez terminé, vous aurez la satisfaction de repartir à zéro.

Pour ce faire, vous aurez besoin, outre vos piles de documents, d'une boîte contenant cent chemises de classement en manille, d'un crayon et de boîtes de rangement. Triez chaque pile se trouvant dans votre bureau, regardez chaque feuille de papier et demandez-vous « Qu'est-ce que c'est ? », « Pourquoi ai-je gardé ce document ? » et « Dans quelles circonstances pourrais-je en avoir besoin de nouveau ? » Écrivez le premier mot qui vous vient à l'esprit sur une chemise, glissez le document à l'intérieur et passez au suivant.

Placez les chemises remplies par terre ou dans une boîte de rangement vide afin d'entreprendre votre tout nouveau système de classement. Si vous trouvez dans l'une de vos piles un document pour lequel il existe déjà une chemise dans l'un de vos tiroirs, sortez ladite chemise, placez-y le papier et intégrez ce vieux dossier directement dans le nouveau système que vous êtes en train de créer. Le vieux dossier vient de justifier son existence. En travaillant de cette façon, vous découvrirez quelles sont les dossiers de votre ancien système qui sont toujours utiles, et ceux qui son désuets – ceux qui seront restés dans les tiroirs à la fin du processus de classement.

Nommer les dossiers

Comment choisir dès maintenant un nom qui sera toujours logique plus tard? Voici quelques conseils.

- **Utilisez des noms simples et des catégories larges.** Le secret pour retrouver un document rapidement est d'avoir le moins d'endroits possible où chercher. Il existe sur le marché des produits qui vous permettront de subdiviser et d'organiser le contenu de vos chemises. Il s'agit des feuillets intercalaires autocollants, que nous aborderons dans la partie sur les contenants.
- **Choisissez des noms permettant de retrouver facilement les documents.** En d'autres mots, choisissez des noms de dossiers d'après l'endroit où vous *chercheriez* si vous en aviez besoin. Souvent, il s'agit du sujet d'un document et non de sa source. Par exemple, si vous trouvez un article du *Wall Street Journal* sur les fonds de placement collégiaux, il serait plus facile de le classer sous « Planification financière » que sous « *Wall Street Journal* » ou « Coupures de journaux ». Si vous décidez de garder une brochure annonçant un séminaire d'informatique, déterminez si c'est pour la remettre à quelqu'un ou pour suivre ledit séminaire vous-même, ou encore pour vous en servir comme modèle pour concevoir votre propre brochure. Puis classez-la en conséquence.
- **Utilisez des noms regroupant différents dossiers.** Par exemple, vous pouvez avoir une section « Ventes » contenant différents dossiers, tels que « Ventes – intérieures », « Ventes – internationales », « Ventes – projections » ou « Ventes – nouveaux clients ».
- **Utilisez des titres qui vous poussent à l'action.** Au lieu d'employer des titres passifs comme « Factures à préparer », « Factures à régler » ou « Lettres à écrire », essayez des titres axés davantage vers l'action qui seront difficiles à ignorer tels que « Facturation », « Règlement des factures » et « Rédaction de lettres de remerciement ».

- **Utilisez des titres évocateurs.** Le langage peut susciter bien des réactions. Il peut constituer une entrée ou un obstacle à l'information que vous possédez. Voyez si les substitutions suivantes changeraient votre perspective sur vos dossiers et la fréquence à laquelle vous les utiliseriez.

Titre passif	Titre actif
Croissance de l'entreprise	Le vent dans les voiles
Planification financière	Prospérité
Articles d'intérêt	Personnes fascinantes

Réévaluer

Lorsque vous avez terminé, considérez les dossiers que vous venez de créer et apportez-y toutes les améliorations nécessaires pour garder votre système simple. Voici les trois principales choses à réévaluer :

- **Les noms de dossiers.** Ont-ils du sens à vos yeux ? Sont-ils axés vers l'action ? Vous incitent-ils à regarder à l'intérieur ? Y a-t-il plusieurs dossiers portant le même nom ? Si c'est le cas, consolidez, choisissez un titre et tenez-vous-y. Par exemple, un de mes clients s'est retrouvé avec une chemise intitulée « Numéros de téléphone », une autre portant le nom de « Pour fichier rotatif » et une autre celui de « Contacts potentiels ». Il s'agissait en fait d'une seule et même catégorie.
- **L'épaisseur des chemises.** Si vous avez créé une chemise intitulée « Associations commerciales » qui est devenue gigantesque à la fin du processus de classement, vous devriez peut-être la diviser en plusieurs chemises correspondant chacune à une association. Par contre, si vous avez plusieurs chemises qui ne contiennent qu'une ou deux feuilles de papier chacune, consolidez-les et regroupez-les. Moins vous avez de chemises à fouiller pour trouver un document, mieux cela vaut.
- **Les catégories.** Si vous avez trop de piles de chemises, il se peut que vous ayez trop de catégories. Voyez si vous pouvez les regrouper en des catégories plus vastes – de trois à cinq au plus. Si vous en avez davantage, il vous sera difficile de les retenir ; souvent cela signifie que votre système est trop complexe. Gardez les choses simples. Voici certaines des catégories trouvées par mes clients :

Vendeurs
Personnel
Planification stratégique et documents confidentiels
Projets externes
— *Le directeur financier d'une entreprise*

Sujets d'articles
Sources
Formulaires administratifs
— *Une journaliste d'enquête*

Clients
Administration
Marketing
Données financières
Finances
— *Un propriétaire d'entreprise*

Rapports du conseil et ordre du jour
Planification des déplacements
Formulaires
Correspondance
— *Un adjoint administratif*

2. Élimination

Un déluge de documents déferle quotidiennement dans nos bureaux pour aboutir dans nos systèmes de classement. Or, 80 % de ces documents ne seront jamais consultés de nouveau. Pensez aux coût des classeurs utilisés pour ranger tout ce papier ainsi qu'au prix par mètre carré des locaux qu'occupent ces classeurs, et vous comprendrez combien il en coûte de garder des choses inutilement.

Voici quelques conseils pour limiter le volume des documents que vous gardez.

1.   Consultez votre comptable, votre avocat ou le chef de bureau pour savoir combien de temps vous devez conserver les documents relatifs à

l'impôt et aux démarches juridiques. Si vous devez conserver certains documents pour des raisons légales, mettez-les en entreposage.

2. Ne gardez que l'information essentielle, celle que vous utilisez vraiment. Pour décider ce qui est et ce qui n'est pas essentiel, posez-vous les questions suivantes pour chaque document. Un «oui» signifie que vous devriez le conserver, et un «non» qu'il est temps de lui dire au revoir.

- Ce document a-t-il un rapport avec les principales activités de mon entreprise?
- Ce document me sera-t-il utile pour mener à bien un projet sur lequel je travaille en ce moment?
- Ce document représente-t-il une occasion d'affaire intéressante?
- Dois-je consulter ce document régulièrement?
- Ce document m'aidera-t-il à gagner de l'argent?
- Ai-je le temps de faire quoi que ce soit avec de document?
- Existe-t-il une raison liée à l'impôt ou une nécessité légale de garder ce document?
- Ma vie ou mon travail changeraient-ils si je n'avais pas ce document?

3. Si certains des tiroirs de votre classeur sont remplis de documents dont vous ne vous servez pas depuis plus d'un an, faites de la place pour votre nouveau système en les mettant dans des boîtes et en les entreposant ailleurs. Puis inscrivez à votre calendrier une date – trois mois plus tard – pour en trier le contenu. À ce moment-là, comme vous aurez utilisé votre nouveau système pendant quelque temps, ce processus ira beaucoup plus rapidement.

La liste de Julie de choses à jeter «simple comme bonjour»

- **La sollicitation.** Il s'agit de la publicité et des envois publicitaires pour des logiciels, des articles de catalogues, etc. Si vous n'êtes pas prêt à acheter ces articles maintenant, jetez ces papiers. Les listes d'envoi sont en quelque sorte éternelles : vous y restez perpétuellement. N'ayez crainte, une nouvelle publicité vous parviendra de nouveau, et lorsque vous serez prêt à acheter, vous le ferez à partir du plus récent envoi.
- **Les vieux magazines, livres et articles.** Si vous ne les avez pas consultés au cours des douze derniers mois, rangez-les dans le dossier réservé

aux circulaires, car l'information qu'ils contiennent est probablement dépassée. De plus, de nos jours, des renseignements nouveaux et à jour sur pratiquement n'importe quel sujet sont accessibles à la vitesse de l'éclair. Vous débarrasser de ces choses peut constituer pour vous une expérience cathartique. Elle vous permettra aussi de récupérer instantanément une grande quantité d'espace et de mieux respirer.

- **Les vieux outils et documents de recherche.** Ces documents sont volumineux; ils prennent beaucoup de place, et la plupart d'entre nous ne les relisons jamais. Pour économiser de l'espace, répétez cette phrase : « Garde la source, jette le papier ». Dressez une liste des sources (existantes et potentielles) par sujet dans votre fichier rotatif ou registre de personnes à contacter. Si vous avez besoin de ces documents un jour, vous pourrez vous adresser à la source et obtenir la version la plus récente.

- **Les copies de documents.** Généralement, il n'y a aucune raison de garder plus que deux exemplaires d'un même document. Gardez l'original dans une chemise en plastique pour éviter de le perdre et, si vous y tenez, gardez une copie à proximité pour faire circuler.

- **Les ébauches de lettres et de propositions.** Ne gardez que la version finale, et jetez le reste. Après tout, les ébauches contiennent du matériel que vous avez décidé de na pas utiliser !

- **Les fournitures.** Débarrassez-vous des fournitures volumineuses qui monopolisent inutilement de l'espace. Gardez vos tiroirs et vos armoires bien rangés et organisés de façon à être capable de voir aisément si vous manquez d'un article important *avant* de vous retrouver dans une situation sans issue. Affichez une liste de vos fournitures de base à l'intérieur de votre tiroir ou de votre porte d'armoire pour vous rappeler des choses dont vous avez besoin.

LE PRINCIPE DES RÉSULTATS VISIBLES ET SAISISSANTS

Essayez d'éviter ces pièges courants :

Tout lire. Ah, que faire de tous ces articles que vous avez gardés et de ces publications que vous n'avez pas encore eu le temps de lire ? Comment décider de les garder ou de les jeter si vous en ignorez la teneur ? Lorsque vous les parcourez afin de prendre une décision, leur contenu stimule votre

>>>

intérêt ; aussitôt, vous vous installez confortablement et vous mettez à lire. Puis les heures passent, et vous êtes découragé de n'avoir rien accompli. Contentez-vous de déterminer le contenu général de chaque article, puis classez-les dans une chemise par sujet. Si vous possédez une pile de bulletins et de revues que vous refusez de jeter avant de les avoir lus, placez-les dans un panier ou un endroit réservé aux choses à lire et prévoyez un moment pour vous y consacrer. Ou, mettez-les dans une pile sur une étagère près de la porte de votre bureau. Lorsque vous allez déjeuner ou que vous rentrez à la maison, prenez-en un où deux à lire en mangeant ou dans l'autobus. Pour le moment, votre travail consiste à continuer votre classement.

Que faire des « peut-être » ? Si vous tombez sur une brochure publicitaire périmée annonçant une croisière et que vous hésitez à la jeter parce que les voyages vous intéressent au plus haut point, créez un « dossier voyages » et insérez-y la brochure. Au bout du compte, si votre système de classement vous permet de trouver vos documents rapidement et aisément, il importe peu que certains des documents d'un dossier soient périmés. Du moins tous les documents relatifs aux voyages seront-ils ensemble, et vous pouvez toujours en épurer le contenu dans l'avenir au besoin.

3. Assignation d'une place

- Si vous avez suffisamment de tiroirs de classement à proximité de votre poste de travail, il devrait vous être très facile de prendre des décisions relativement à la disposition des catégories. Placez chaque catégorie de dossiers dans un tiroir distinct, même si certaines d'entre elles ne remplissent pas tout le tiroir. De cette façon, il vous sera facile de retrouver vos dossiers. Vous pouvez par exemple placer les dossiers financiers dans le tiroir du haut, les dossiers relatifs au personnel au milieu et les dossiers administratifs en bas.
- Si vous disposez d'un espace limité, vous pouvez placer deux ou trois petites catégories par tiroir, en leur assignant chacune une partie (avant, milieu, arrière).
- Si votre bureau est muni de tiroirs de classement, songez à les utiliser pour y ranger des dossiers confidentiels, des dossiers que vous utilisez sur une base quotidienne ou des documents personnels.

- Si vous voulez que votre assistant ait accès à certains dossiers sans que vous soyez interrompu, rangez-les à proximité de la porte du bureau.
- Rangez les dossiers que vous n'utilisez pas régulièrement mais dont vous avez besoin à l'occasion dans le classeur de votre assistant ou au classement central.
- Assignez à vos fournitures de bureau une place spécifique. Prévoyez un tiroir pour les documents bancaires, un pour la papeterie et les bloc-notes et un autre pour les stylos, les trombones et les ciseaux.
- Réservez le tiroir de votre bureau qui se trouve le plus près du téléphone aux annuaires téléphoniques, aux listes de numéros de téléphone d'entreprises et aux carnets de numéros de téléphone.

Créez un index des dossiers

Lorsque vous avez établi vos catégories ainsi que leur nom, créez un index simple d'une page pour vous rappeler de l'emplacement de chaque chose. Il s'agit là d'un outil inestimable, en particulier si vous avez toujours manqué de cohérence lorsque vient le temps de créer des catégories et de leur donner un nom. Cette liste vous force à respecter vos catégories, ce qui rend les dossiers plus faciles à trouver. Lorsque vous ne savez pas trop où trouver ou classer un document, il vous sera plus facile de jeter un coup d'œil à votre index que de fouiller dans tous vos tiroirs.

EXEMPLE D'INDEX DE DOSSIERS

Administration (Bleu)	Ventes/Marketing (Or)
Associations – *ordre alphabétique par nom*	Publicité
Livres/cassettes audio	Articles rédigés
Plan d'affaires	Idées
Documents d'affaires	Chèques-cadeaux
Classes	Clients potentiels – *ordre alphabétique par nom d'industrie*
Coupures	Liste d'envoi
Consultants – *ordre alphabétique par nom*	Réseaux
Contrats	Bulletin
	Idées de publicité

>>>

Formulaires

Logos

Nouvelles idées

Papeterie

Coupures de presse

Recherches et statistiques

Exposés

Finances (Vert)

Comtes bancaires – *ordre*
alphabétique par nom

Budget

Cartes de crédit – *ordre*
alphabétique par nom

Assurance maladie

Information sur les placements

Déclarations de revenus – année
courante

Déclarations de revenus – années
précédentes

Factures réglées et reçues – classées
par mois dans un autres tiroir

Personnel (Lavande)

Demandes d'emploi – nouvelles

Demandes d'emploi – rejetées

Employés – *ordre*
alphabétique par nom

Descriptions de tâches

Feuille de présence

Documents de formation

Pour que vos documents soient à la fois en lieu sûr et faciles à trouver, mettez une copie de votre index dans une chemise en plastique que vous placerez à l'avant de vos tiroirs. Si d'autres personnes ont accès à vos dossiers, donnez-leur-en aussi une copie.

CONSEIL D'INITIÉ

Gardez dans votre porte-documents une copie de votre index dans une chemise nommée «Classement», de même qu'un petit paquet de feuillets en éventail Post-it. À mesure que vous accumulez des documents et des articles dans le cadre de vos déplacements, vous pouvez consulter votre index et coller sur chacun des documents un feuillet indiquant l'endroit où il devrait être classé. Lorsque vous retournez à votre bureau, vous ou votre assistant pouvez classer rapidement et sans peine ces nouveaux documents.

4. Rangement dans des contenants

Voici l'étape où vous pouvez ajouter du style, de la fantaisie et de l'allure à votre système de classement. Mais prenez garde : le but des techniques suivantes n'est pas seulement d'ajouter un élément de plaisir à une activité autrement ennuyeuse (même si cela se produira sans aucun doute). Ces suggestions en matière de classement ajouteront énormément de clarté visuelle à votre système, ce qui accélérera le classement et la localisation des documents. Utilisez ces techniques pour créer un système de classement agréable qui vous inspirera confiance.

- **Un code de couleurs.** Au lieu d'utiliser des chemises de classement en manille, procurez-vous des chemises aux couleurs attrayantes. Vous pourrez ainsi assigner une couleur à chacune des catégories de votre système de classement. Par exemple, les dossiers financiers peuvent être verts (comme les billets de banque), les dossiers relatifs au personnel lavande (la couleur des sentiments) et les dossiers sur le marketing rouges (couleur voyante qui attire l'attention). Note : je préfère utiliser des chemises de couleur avec des étiquettes blanches, et non des chemises en manille avec des étiquettes de couleur. En effet, les chemises de couleur sont plus amusantes, agréables à l'œil et reconnaissables de loin.
- **Des chemises de bonne qualité.** Procurez-vous, pour seulement quelques cents de plus, des chemises à deux épaisseurs. Elles possèdent un rebord renforcé, ce qui les rend beaucoup plus durables que les chemises à une épaisseur. De plus, elles ne s'écornent pas ni ne s'affaissent dans le tiroir, elles sont fermes et consistantes en plus d'être agréables à utiliser – ce qui confère aux renseignements que vous y classez l'importance qu'ils méritent.
- **Un étiquetage clair.** Pour une raison ou pour une autre, une étiquette créée à l'aide d'une pince à étiqueter, un traitement de texte ou une dactylo a beaucoup plus d'autorité qu'une étiquette griffonnée à la hâte au crayon. Par conséquent, vous aurez plus tendance à tenir compte des titres de catégories lorsqu'ils ont belle apparence. Prenez le temps de confectionner de belles étiquettes, soit mécaniquement, soit en traçant soigneusement à la main des caractères d'imprimerie à l'aide d'un marqueur de grosseur moyenne. Vous ne manquerez

Les chemises suspendues à fond plat sont idéales pour les dossiers épais (*gracieuseté de EsseltePendaflex Corporation*).

pas de constater la différence. Pour plus de clarté, employez toujours les lettres en caractères gras à l'encre noire sur des étiquettes blanches.

- **Placez des chemises de couleur dans des chemises suspendues standard de couleur verte.** Les chemises de couleur ressortent agréablement sur l'arrière-plan foncé. De plus, lorsque vous prenez un dossier, la chemise suspendue demeure dans le tiroir, ce qui permet de retourner le dossier au même endroit. Lorsque vous ouvrez le tiroir, il vous est facile de voir quels sont les dossiers manquants et l'endroit exact où ils doivent être retournés.

- **Utilisez des chemises suspendues à fond plat pour regrouper des chemises apparentées.** Les chemises à fond plat ont un fond plus large que les traditionnelles chemises suspendues en «V». On peut donc y placer des groupes de documents plus épais sans qu'ils débordent vers le haut. Par exemple, je garde cinq dossiers apparentés (NAPO, NSA, Toastmasters, SBA et NAFE) dans une chemise à fond plat de deux pouces appelée «Associations». Ainsi, en un coup d'œil, je peux voir tous les groupes avec qui je travaille et évaluer si je leur accorde une attention équivalente.

- **Utilisez le classement en ligne droite.** La plupart d'entre nous avons appris à alterner la position des onglets – à gauche, au centre, à droite, à gauche, au centre, à droite. Or, cette méthode comporte deux inconvénients : premièrement, lorsque vous ajoutez ou enlevez un dossier, vous brisez la séquence. Vous craignez alors constamment que certaines chemises soient cachées par d'autres. Deuxièmement, les zigzags constants d'une chemise à l'autre rendent certaines personnes anxieuses, en leur donnant une sorte de vertige horizontal. Le classement en ligne droite (où les onglets sont tous dans la même position,

Le classement en ligne droite est plus pratique pour l'œil et pour l'esprit (*gracieuseté de Smead Manufacturing*)

alignés les uns derrière les autres) est plus facile pour l'œil. De plus, vous pouvez ajouter ou enlever des dossiers n'importe quand en étant certain que votre ordre de classement sera maintenu.

- **Établissez un code à l'aide des onglets.** Lorsque vous avez établi un modèle de classement en ligne droite, vous pouvez changer la position des onglets pour vous communiquer des informations importantes. Par exemple, je garde les clients actuels et les clients potentiels dans un même tiroir, classé par ordre alphabétique du nom de famille. Les clients actuels sont dans des chemises dont l'onglet est placé à gauche, et les clients potentiels dans des chemises dont l'onglet est placé à droite. En regardant dans le tiroir, je peux voir d'un seul coup d'œil ma situation professionnelle et faire de la prospection. Lorsqu'un client potentiel devient un client, je plie la chemise dans l'autre sens de façon à ce que l'onglet se trouve à droite. Vous pourriez appliquer ce même principe pour les placements actuels et les placements éventuels, les idées d'articles et les articles rédigés ou les documents de référence et les projets en cours.

Mes contenants de rangement favoris pour le bureau

- Les classeurs à clapets empilables et les armoires modulaires vous permettent d'accroître votre espace de rangement à mesure que vos besoins augmentent.
- Les chemises à deux épaisseurs avec onglets coupe 1/3 (formats lettre et légal) peuvent être utilisées dans des chemises suspendues standard vertes en « V » ; elles sont solides et offertes en format lettre ou légal. Je préfère celles qui sont de la même couleur à l'intérieur qu'à

l'extérieur, car elles sont facilement inversables (lorsque vous voulez qu'un onglet qui se trouvait à gauche se trouve à droite et vice-versa).

- Les chemises suspendues standard en « V » sont utiles pour ranger des dossiers ; elles sont offertes en papier renforcé et recyclé. Procurez-vous celles qui sont munies de pochettes pour les disquettes informatiques.

- Les chemises à fond plat sont idéales pour ranger les chemises épaisses ou un groupe de documents apparentés (comme dans le cas de mon dossier « Associations ») ; diverses épaisseurs sont offertes : un pouce, deux pouces et trois pouces.

- Vous pouvez installer sans peine un cadre métallique dans votre tiroir de classement afin de supporter les chemises en « V » si le meuble n'en possède pas déjà.

- Les languettes et les feuillets en éventail Post-it sont idéaux pour marquer l'endroit où un document a été temporairement retiré. Ils rendent le classement beaucoup plus facile.

- Les chemises de classement en plastique sont sûres et durables ; elles sont idéales pour transporter des dossiers dans votre porte-documents lorsque vous voyagez.

- Les chemises à pochettes sont idéales pour les dossiers financiers, les petits reçus et les échantillons.

- Les intercalaires (avec ou sans pochette) constituent un système judicieux qui permet de subdiviser et d'organiser des documents dans un même dossier (offert par la société Smead).

- Un plateau posé sur le bureau peut être utilisé pour les dossiers urgents ou les documents à faire circuler (dépôts bancaires, invitations à confirmer, notes de remerciements à écrire, données à saisir à l'ordinateur). Les entreprises Flex-sort et Fellowes offrent d'intéressants modèles.

- Les chemises de classement, placées sur un support, sont idéales pour les projets en cours ou les dossiers de clients que vous devez garder sur votre bureau. Elles sont offertes avec un intercalaire pour que vous puissiez aisément diviser les documents en sous-catégories.

- Les plateaux en maille ou à papeterie sont idéaux pour les systèmes entrée-sortie ou pour classer les documents selon les employés à qui ils sont destinés. Ils sont également utiles pour regrouper des piles de bulletins et de documents à lire sur les bibliothèques.

- Les serre-livres sont parfaits pour économiser de l'espace, garder les bibliothèques en ordre et les catégories distinctes.
- Les porte-revues sont parfaits pour regrouper les publications par catégorie ou par titre dans une bibliothèque.

5. Ajustement

Félicitations! Votre bureau est superbe et organisé de fond en comble. Voici comment garder les choses ainsi.

- **Tous les jours.** Triez votre courrier à proximité de la poubelle. Soyez ferme quant à ce que vous voulez garder. Prévoyez quinze minutes à la fin de chaque jour pour ranger ce qui traîne. Cela vous permettra de bien terminer la journée et de revenir dans un bureau propre le lendemain. Vous aurez donc l'esprit plus clair.
- **Continuellement.** Épurez votre fichier rotatif pendant que vous parlez au téléphone. Prenez le temps de regarder et de jeter les dossiers à mesure que vous les utilisez. Gardez une réserve de chemises de couleur à proximité ; lorsque vous ajoutez un nouveau dossier, créez une étiquette au crayon et intégrez le tout à votre système. Périodiquement, confectionnez des étiquettes soignées et d'apparence professionnelle pour toutes les nouvelles chemises ou demandez à votre assistant qui a la plus belle écriture de le faire pour vous.
- **Mise au point annuelle.** La maintenance vaut cher sur le marché du travail, où les emplois, les responsabilités et les projets changent continuellement. Attendez-vous au changement. Faites le test du « point ». Chaque fois que vous utilisez un dossier, faites un point au crayon dans le coin supérieur droit de la chemise. À la fin de l'année, prenez toutes les chemises qui n'ont pas de point et soit jetez-les, soit archivez-les si elles ont une utilité relativement à l'impôt ou d'ordre légal. Prenez toute une journée pour remettre à jour votre système de manière à ce qu'il soit à jour. Réévaluez vos catégories. Jetez ce qui n'est plus pertinent et archivez les vieux dossiers. Mettez à jour votre index en conséquence. Confectionnez de nouvelles étiquettes si les anciennes sont déformées par l'usure. Réarrangez les tiroirs au besoin. Et de temps en temps, achetez-vous un nouveau gadget pour garder votre système agréable et intéressant – mais réfléchissez avant à l'endroit où vous le mettrez !

7

Les entreprises à domicile

L'ANALYSE

1. Qu'est-ce qui fonctionne ?

Exemples :

« Je garde toujours en réserve une série de documents promotionnels déjà assemblés et prêts à envoyer. Lorsque je reçois une demande, je rédige une courte lettre d'accompagnement, je colle sur l'enveloppe une étiquette portant l'adresse du destinataire ainsi qu'un timbre et le tour est joué. »

— *Une consultante*

« Les catalogues de mes fournisseurs se trouvent tous sur une étagère à proximité du téléphone. De plus, je me débarrasse des vieux numéros à mesure que je reçois les nouveaux. J'aime bien savoir que je peux en une seconde mettre la main sur le catalogue le plus récent. »

— *Un décorateur d'intérieur*

2. Qu'est-ce qui ne fonctionne pas ?

Exemples :

« Mon bureau est installé dans ma chambre, dans un coin qui mesurait au départ à peine un mètre et demi sur un mètre et demi. Puis, à mesure que mon entreprise a pris de l'expansion, mon bureau en a fait autant – il a commencé par s'étaler jusqu'au plafond, puis dans toutes les directions. La plupart du temps, à la fin de la journée, mon lit est recouvert de papiers et je suis obligée de dormir sur le divan. Au secours ! Je veux retrouver ma chambre ! »

— Une conférencière professionnelle

« Je perds constamment des choses dans mon bureau. La semaine dernière, j'ai égaré une soumission extrêmement importante la veille de la présentation que je devais faire à un de mes principaux clients. J'ai passé toute la nuit à chercher les documents et à reconstituer le dossier. J'arrive toujours à me tirer d'affaire à la dernière minute, mais mon degré de stress est extrêmement élevé. »

— Un photographe-rédacteur-professeur

« Il m'arrive de ne pas envoyer de facture à mes clients parce que je n'arrive pas à trouver les documents dont j'ai besoin ; de plus, je n'ai aucun système me permettant de savoir où j'en suis en matière de rentrées de fonds. Je perds de l'argent ! »

— Une architecte

3. De quoi avez-vous le plus besoin ?

Exemples :

- **David T.**, conseiller financier, avait besoin d'espace pour ranger les dossiers actifs de ses clients et ceux de ses clients potentiels ainsi que pour ses dossiers clos, pour une série de publications financières quotidiennes et hebdomadaires de même que pour de l'information sur les divers produits de placement et entreprises à surveiller.
- **Mary B.**, motivatrice et mannequin, avait besoin d'espace pour son matériel de promotion, ses exposés et ses ébauches, pour l'équipement qu'elle utilisait pour ses présentations, pour ses soumissions, pour archiver ses cassettes vidéo et audio, ses ouvrages et articles de référence ainsi que pour l'information relative à la facturation et les reçus.
- **Marlene G.**, actrice et chanteuse, avait besoin de place pour ses photos et son curriculum vitæ d'actrice, ses photos et son curriculum vitæ de chanteuse, ses bandes de démonstration, deux fichiers (un

pour chaque carrière), ses documents financiers personnels, ses partitions de musique, ses monologues, ses scénarios ainsi que ses fournitures de bureau.

4. Pourquoi voulez-vous vous organiser ?

Exemples :

- « Nous pourrons de nouveau profiter de la salle de séjour parce que mon lieu de travail sera aménagé ailleurs. »
- « Pour éprouver un sentiment continu de paix et de tranquillité pendant les heures de travail. »
- « J'aurai plus de place pour travailler et j'accomplirai davantage. »
- « Comme j'aurai accès plus facilement aux notes, aux dossiers et aux idées touchant mes projets, je serai en mesure de faire prendre à mon entreprise l'expansion que je souhaite. »
- « Je cesserai de m'inquiéter constamment de peur d'avoir oublié quelque chose. »
- « Je me sentirai bien dans ma peau en arrivant au travail ! »

5. Quelles sont les sources du problème ?

Voici certaines causes courantes de désordre dans les bureaux aménagés à domicile :

- **Des priorités et des objectifs peu clairs.** Souvent, les gens omettent d'établir des priorités claires, ce qui les empêche de définir avec précision les limites de leur espace de travail. Ils finissent alors par choisir au hasard une partie d'une pièce ou d'une autre, avec pour résultat que tous les membres de leur famille ont de la difficulté à discerner la frontière entre ce qui appartient à l'espace de travail et ce qui appartient à la maison. Vous trouverez dans le présent chapitre de nombreuses suggestions pour mieux définir les limites de votre bureau, tant au regard de la disposition physique que des habitudes de travail et des objectifs.
- **L'espace de rangement est mal choisi.** Les gens installent souvent leur bureau sans avoir prévu suffisamment d'espace de rangement ou en faisant de mauvais choix à ce chapitre. Ainsi, ils choisissent

leurs contenants simplement parce qu'ils les trouvent attrayants ou se contentent de ceux qu'ils possèdent déjà. Un de mes clients travaillait sur un bureau d'avocat qui constituait une superbe antiquité, mais dont les tiroirs, qui ouvraient à peine, avaient une forme incompatible avec celle des chemises suspendues offertes aujourd'hui sur le marché.

- **L'aversion pour le lieu.** Souvent, les gens choisissent l'emplacement de leur bureau à partir de considérations strictement pratiques – sans même se demander si l'endroit leur sera agréable. Lorsque leur bureau s'avère trop proche ou trop loin de l'activité de la maison, trop ou insuffisamment éclairé, ou tout simplement inconfortable, il finit par devenir davantage un débarras pour des piles de documents non classés qu'un lieu de travail. Ce chapitre vous aidera à décider du meilleur emplacement possible pour votre bureau à domicile, de façon à ce que vous preniez plaisir à y passer du temps.

- **Un système compliqué et confus.** Les entrepreneurs ont habituellement de multiples champs d'intérêt, qui évoluent constamment, et gardent des choses qui peuvent avoir une utilité pour de nombreux domaines de leur travail. Dans ces circonstances, il peut s'avérer difficile de maintenir des catégories simples et vastes. Par conséquent, ils finissent souvent par mettre en place des systèmes exagérément complexes, comportant des centaines de chemises dont bien des titres se recoupent, qui sont impossibles à maintenir en ordre.

LA STRATÉGIE

Il n'est pas rare que les gens installent dans un premier temps leur bureau dans une pièce, pour ensuite l'aménager ailleurs lorsqu'ils en savent davantage sur leurs besoins, les habitudes de leur famille et leurs préférences personnelles. Décidez du meilleur emplacement pour votre bureau à partir des directives suivantes, adaptées du livre de Paul et Sarah Edwards, intitulé *Working from Home*.

- **À temps plein ou à temps partiel ?** Les bureaux à domicile utilisés à temps plein exigent plus de travail et d'espace de rangement, alors que ceux qui ne sont utilisés qu'à temps partiel peuvent habituellement être plus compacts et aménagés dans un petit coin (sous une cage d'escalier, par exemple).

- **Compact ou spacieux ?** L'espace dont vous aurez besoin dépend également du type d'activité que vous faites et des méthodes de travail que vous préférez. Par exemple, un écrivain qui exécute tout son travail à l'aide de l'ordinateur et du téléphone requiert moins d'espace qu'un artiste ou un artisan qui a besoin d'avoir les coudées franches et de déployer son matériel.

- **Éloigné ou central ?** Si le bruit et l'activité risquent de nuire à votre concentration, choisissez l'endroit le plus tranquille et isolé de la maison – le sous-sol ou la chambre d'amis à l'étage supérieur, par exemple. Par contre, si vous êtes capable de bloquer ces distractions ou que vous les recherchez car elles vous stimulent et vous font vous sentir au cœur de l'action, choisissez un endroit plus fréquenté – comme par exemple un recoin à proximité de la salle à manger.

- **Aurez-vous des visiteurs ?** Si vous prévoyez recevoir des employés ou des clients à votre bureau, peut-être devriez-vous le placer à proximité de la porte d'entrée, de façon à préserver l'intimité du reste de la maison.

- **Des usages multiples ?** Si la pièce choisie pour votre bureau a deux usages, comme par exemple un bureau le jour et une chambre à coucher, une cuisine, une chambre d'amis ou une salle commune le soir, cette situation aura un impact sur vos déductions d'impôt.

- **Avez-vous des partenaires ou des employés ?** Si vous comptez travailler avec plus d'une personne, vous devrez prévoir un espace pour chacune de ces personnes et pour vous-même, de même que pour le matériel de travail.

- **Avec ou sans fenêtres ?** Certaines personnes trouvent que la proximité d'une fenêtre nuit à leur concentration, alors que d'autres ont besoin de la lumière et d'un paysage naturels pour éviter de se sentir isolés et envahis par la claustrophobie.

Le choix du mobilier

Étant donné que nombre de bureaux à domicile sont aménagés dans de petits espaces, il importe, surtout si vous comptez y travailler à temps plein, de choisir des meubles confortables et adéquats du point de vue ergonomique.

- **Le bureau.** Assurez-vous qu'il correspond à vos besoins. Vous avez beau adorer votre vieux bureau à cylindre, mais est-il pratique ?

Méfiez-vous des tables d'ordinateur, qui souvent n'offrent aucun espace pour s'étendre et exécuter des tâches administratives. Un bureau d'au moins 150 cm sur 84 cm vous offrira une surface de travail suffisante.

- **La chaise.** Comme vous serez assis à votre bureau pendant de longues heures, n'hésitez pas à investir dans une bonne chaise. Si vous l'achetez usagée, vous pourrez payer moins cher et vous procurer la meilleure sur le marché. Prévoyez une distance d'un mètre entre le bureau et le meuble placé derrière la chaise de façon à pouvoir vous asseoir et vous lever avec facilité.

- **Les classeurs.** Procurez-vous la meilleure qualité de classeurs que vous pouvez vous permettre. Insistez pour qu'ils soient munis de tiroirs qui s'ouvrent jusqu'au bout pour éviter de vous égratigner les jointures en allant chercher les dossiers placés à l'arrière. Les classeurs de mauvaise qualité se déforment et rouillent rapidement, ce qui rend l'ouverture des tiroirs plutôt pénible. Prévoyez entre 92 cm et un mètre d'espace à l'avant du classeur de façon à pouvoir ouvrir aisément les tiroirs. (Pour plus de précisions sur les classeurs et les systèmes de classement, voir le chapitre 6.)

- **L'éclairage.** Que votre éclairage soit naturel ou électrique, assurez-vous qu'il est suffisant pour éviter de vous fatiguer les yeux. Les lampes halogènes sont excellentes pour augmenter la clarté d'une pièce au moyen d'un éclairage indirect.

- **Les fils électriques.** Demandez à un électricien d'inspecter vos circuits pour s'assurer que votre système électrique peut alimenter votre équipement en toute sécurité. Il est parfois essentiel d'ajouter des prises, d'installer des éliminateurs de surtension et de changer des circuits pour éviter toute surcharge.

Planifiez vos zones

Les gens qui travaillent à la maison doivent souvent concilier de nombreux rôles : ventes, marketing, rédaction de soumissions, service à la clientèle et autres. Vous pouvez aménager votre espace de façon à refléter ces divers rôles, pour que les zones de votre aire de travail deviennent en quelque sorte des «incitatifs» à vos différentes activités. Voici certaines zones d'activité courantes dans les bureaux à domicile, de même que les accessoires et les lieux de rangement correspondants :

Activité	Accessoires	Rangement
Zone de travail principale	Dossiers Fichier pour cartes professionnelles Bloc-notes pour messages Papier, stylos Fournitures de bureau	Classeur à cinq tiroirs Bureau Tiroirs à fournitures du bureau
Zone de dessin (pour les artistes, les designers et les architectes)	Nécessaire à dessin Nécessaire à bricolage Dessins	Armoire à fournitures Bacs placés par terre Tableaux d'affichage
Bibliothèque	Ouvrages de référence Livres et cassettes audio Guides de rédaction	Trois bibliothèques
Envois postaux/ documentation	Trousses promotionnelles Enveloppes, étiquettes Timbres, pèse-lettres Enveloppes express, formulaires	Armoire
Planification/emploi du temps	Calendrier et information sur l'emploi du temps	Mur
Informatique	Ordinateur et imprimante Manuels d'instruction Disquettes, cédéroms Cartouches de rechange Papier à imprimante	Chariot d'ordinateur
Rangement	Réserves de fournitures de bureau, archives	Placard de rangement

Veuillez noter que bien des entrepreneurs mènent souvent plusieurs carriè-res de front à partir de leur bureau à domicile. Cela fait partie de leur nature créative. Par exemple, un de mes clients est à la fois avocat et leader et directeur du marketing d'un groupe de jazz. Un autre enseigne les langues, écrit des romans et s'adonne à la photographie. Si vous menez une multi-plicité de carrières ou exploitez plusieurs entreprises dans le même bureau, je vous suggère de diviser votre espace en zones reflétant chaque activité. Cela vous permettra de vous concentrer pleinement sur une « carrière » à la fois, même si vous passez de l'une à l'autre à quelques reprises au cours de la journée. L'aménagement de zones complètes en elles-mêmes pour chacune de vos entreprises vous permettra d'avoir un meilleur souci du détail dans chaque domaine de votre vie et de diminuer le risque de per-dre de vue certaines aspects importants.

CONSEIL D'INITIÉ

Établir des frontières claires

Il importe tout particulièrement de diviser en zones les pièces à double usage, car en l'absence de frontières claires, le bureau envahira le reste de la pièce et la rendra invivable. De plus, cette absence de démarcation entraînera des problèmes pour vous-même et votre famille. Voici quel-ques moyens d'établir une ligne de démarcation entre le travail et la maison :

- Installez des cloisons.
- Servez-vous d'une bibliothèque, d'un classeur ou d'un bureau pour diviser la pièce.
- Aménagez votre bureau sous forme de module ; vous pourrez ainsi le fermer à la fin de la journée.
- Établissez des heures de travail et affichez-les à l'intention des mem-bres de votre famille.
- Informez vos clients (et vos amis) de vos disponibilités.
- Habillez-vous tous les jours pour travailler.
- Mettez vos fournitures dans une armoire de rangement située dans une autre pièce.
- Faites installer une ligne téléphonique distincte pour votre entreprise.

Conseils pour réaménager le mobilier

- **La position du bureau.** Placez votre bureau devant la fenêtre ou la porte de la pièce, selon vos goûts et ce qui vous rend le plus confortable. Installez le reste des meubles en conséquence.
- **Disposez les meubles en « U », en « L », en « J » ou en triangle pour arriver à ranger le maximum de choses dans le minimum d'espace.** Placez le bureau, la bibliothèque, le classeur ou le chariot d'ordinateur perpendiculaires au mur ou disposez-les dans la pièce de façon à délimiter l'espace. (Pour plus de détails à ce sujet, voir le chapitre 6).
- **Utilisez des bibliothèques.** Elles peuvent contenir des fournitures et même des dossiers, en plus de servir à délimiter l'espace dans les pièces à double usage.
- **Prévoyez suffisamment d'espace libre** à l'avant des armoires à fournitures pour pouvoir ouvrir complètement les portes et avoir aisément accès au contenu.

Idées pour accroître l'espace

- Installez votre écran sur un bras-support et placez l'ordinateur sous votre bureau pour profiter d'une plus grande surface de travail.
- Rangez vos fournitures dans une armoire ou un placard situé à proximité pour dégager votre surface de travail.
- Ajoutez de l'espace de rangement au-dessus de votre bureau en installant des tablettes.
- Tirez profit de l'espace vertical en installant des étagères pleine hauteur. (Prévoyez au moins 60 cm à l'avant des étagères pour pouvoir y accéder facilement.)
- Évitez de vous limiter en voulant à tout prix placer les meubles de rangement contre les murs. Par exemple, deux bibliothèques collées dos à dos créent de l'espace de rangement supplémentaire des deux côtés, et peuvent même servir à diviser une pièce – un côté pour les livres du bureau et l'autre pour ceux de la maison.
- Si votre bureau est doté d'une porte, installez derrière celle-ci des tablettes ou des crochets ainsi que des pochettes murales afin d'obtenir plus d'espace de rangement.

Les accessoires de bureau en mailles constituent un moyen attrayant de ranger vos documents (*gracieuseté de Reliable Home Office*).

- Faites ce que je recommande pour les cuisines (chapitre 16) : achetez un chariot mobile pour y ranger certains articles. Au besoin, vous n'avez qu'à approcher le chariot de votre bureau pour y avoir accès aisément, puis à le remettre à sa place quand vous avez terminé.

Estimation du temps

Voici le temps que prend en moyenne l'organisation d'un bureau à domicile :

COMBIEN DE TEMPS CELA PRENDRA-T-IL ?

Offensive

1.	Tri	16-18 heures
2.	Élimination	3 heures
3.	Assignation d'une place	1 heure
4.	Rangement dans des contenants	6-8 heures
5.	Ajustement	15 minutes par jour

COMMENT ÉVITER CERTAINS PIÈGES COURANTS

Trier et éliminer en quatrième vitesse. Les gens qui travaillent à la maison, en particulier les entrepreneurs, ont l'impression de perdre de l'argent s'ils ne passent pas tout leur temps à travailler. Par conséquent, ils deviennent nerveux dès qu'ils commencent à faire du rangement, puis laissent tomber avant la fin. Cette approche partielle mènera inévitablement à l'effondrement de n'importe quel système. Évitez d'expédier l'organisation de votre bureau. En réservant dès le départ tout le temps dont vous avez besoin pour effectuer cette tâche, vous en tirerez – presque immédiatement – d'immenses bénéfices en matière de temps, d'argent et de possibilités.

L'OFFENSIVE

1. Tri

Les entrepreneurs ont tendance à accumuler une grande quantité d'information potentiellement utile. Cependant, comme ils ne savent pas trop comment la classer, elle finit par se perdre et par disparaître dans des piles de documents. Classez vos documents selon les catégories suivantes et mettez en place un système permettant de les retrouver facilement :

- **Les dossiers des clients.** Chaque client doit bien sûr avoir son propre dossier. Si votre travail exige que vous conserviez une grande quantité de documents par client (ce qui est souvent le cas pour les conseillers financiers, les avocats et les designers), vous pourriez diviser chaque dossier en sous-catégories, comme par exemple «Contrats», «Factures», «Produits», «Antécédents» et «Correspondance». Utilisez des codes de couleurs ou la position des onglets pour marquer la différence entre les dossiers principaux et les sous-dossiers. (Pour plus de renseignements sur les techniques de classement, lisez le chapitre 6.)
- **Les dossiers des clients potentiels.** Pour ma part, je classe mes clients et mes clients potentiels ensemble. Dans mon esprit, ils exigent tous le même type de service à la clientèle, et ils ont besoin de la même attention et des mêmes précautions. Je différencie les clients actuels des clients potentiels par la position de l'onglet de la chemise : pour les premiers, il est placé à gauche, et pour les seconds, à droite. Lorsqu'un client potentiel devient un client, je renverse la chemise et remets l'étiquette, qui se trouve dorénavant de l'autre côté. Cette nouvelle position indique que cette personne a joint les rangs de mes nouveaux clients.

- **Les dossiers par sujet.** Ces dossiers contiennent des articles, des coupures de journaux, des notes et des observations qui vous aident à demeurer à jour dans votre champ d'expertise. Vous pouvez vous en servir pour rédiger un article, un exposé ou une soumission ou encore en faire part à des clients, des collègues ou des membres de votre famille.
- **Les dossiers « étincelle ».** C'est dans ces dossiers que vous rangez les brochures, envois publicitaires et formulaires en provenance d'autres entreprises que vous collectionnez afin de stimuler votre créativité et vous donner des idées.
- **Les reçus.** Mon ami Anthony, qui est fleuriste, a conçu la méthode la plus simple que je connaisse pour classer les charges ayant un effet sur la trésorerie. Prévoyez une enveloppe pour chaque semaine de l'année, où vous mettrez tous les reçus de la semaine. À la fin de chaque semaine, classez les reçus et faites-en le total, que vous inscrirez sur l'enveloppe, puis faites un chèque à ce montant. Cette somme servira de fonds de caisse pour la semaine suivante. Si vous prévoyez soumettre des reçus pour remboursement, classez-les dans des enveloppes par projet, voyage ou date.
- **Les notes de séminaires et de cours.** Vous pouvez conserver ces documents, en autant que vous les transformiez dans une forme utile. Essayez de résumer en une page au maximum l'idée principale de chaque cours auquel vous avez assisté, puis placez les pages ainsi obtenues dans une reliure à trois anneaux « Golden Nuggets », que vous garderez sur une tablette ou à proximité de votre téléphone pour pouvoir les consulter à loisir.
- **Les documents financiers.** Classez par mois et par entreprise les factures réglées dans des pochettes, que vous rangerez ensuite dans des boîtes – une par année. (Gardez l'équivalent de six ans aux fins de l'impôt.)
- **Les idées d'entreprises.** Si vous êtes le genre de personne dont l'esprit génère sans cesse des idées pour de nouvelles entreprises, créez une section intitulée « Nouvelles idées ». Prévoyez une chemise pour chaque idée et regroupez l'ensemble d'entre elles dans une grosse chemise à fond plat appelée « Nouvelles idées ». Ajoutez-y périodiquement des notes et relisez régulièrement vos idées pour voir si vous êtes prêt à les concrétiser.

- **Les idées de divertissement.** Classez les critiques gastronomiques ainsi que les articles sur les activités sportives, les loisirs et les activités culturelles dans une section intitulée « Mode de vie » ou « Annuaire de la ville ». Si vous voyagez souvent, prévoyez une chemise pour chaque ville que vous visitez régulièrement.
- **Classez les dossiers par zones selon le rôle ou la fonction.** Voici quelques exemples d'index de dossiers, histoire de vous donner quelques idées.

Écrivain

- Histoires :
  - En cours d'écriture
  - Déjà écrites
  - Idées d'histoires
- Matériel de référence et sources
- Finances :
  - Factures
  - Factures réglées
  - Documents relatifs à l'impôt

Consultant

- Clients
- Marketing
- Finances
- Administration

2. Élimination

Cette étape peut constituer un défi de taille, en particulier pour les entrepreneurs, qui ont tendance à vouloir garder tout ce qui atterrit sur leur bureau au cas où cela serait utile à la croissance de leur entreprise. Mais les choses qui « pourraient s'avérer utiles un jour » ou qui ont été utiles par le passé deviennent immanquablement des obstacles qui vous empêchent d'accéder à l'information vraiment importante qui, elle, pourrait vous faire gagner de l'argent. L'espace est important, alors évitez toute surcharge.

La liste de Julie de choses à jeter « simple comme bonjour »

- **L'information que vous possédez déjà.** Les articles qui confirment vos connaissances dans un domaine donné sont rassurants à lire, mais inutiles à garder. Ne gardez que l'information qui vous apprend quelque chose de nouveau.
- **Les brochures périmées.** Ne les gardez que si vous les consultez fréquemment et êtes dans l'impossibilité d'obtenir un exemplaire à jour. Souvenez-vous du mantra « Garde la source (dans le fichier), jette le papier ».
- **Le papier à lettres que vous n'utilisez plus.** Ne gardez qu'une ou deux feuilles dans un dossier spécial sur vos antécédents, et débarrassez-vous du reste.
- **Les vieux reçus, les relevés bancaires et les documents relatifs à votre voiture.** Ne les gardez que si cela est nécessaire aux fins de l'impôt. Vérifiez auprès de votre comptable pour savoir combien de temps vous devez garder ces documents (habituellement six ans).
- **Premières ébauches d'écrits créatifs.** Certains écrivains ont l'habitude de se reporter aux premières ébauches du projet sur lequel ils travaillent jusqu'à la toute fin, et même parfois après. Soyez honnête avec vous-même. Ne gardez vos premières ébauches que si vous vous en servez. Si c'est le cas, classez-les par ordre chronologique à partir de la version finale.

3. Assignation d'une place

- Utilisez une armoire profonde ou même la tablette supérieure d'une bibliothèque pour ranger les reliures volumineuses, les ouvrages de référence, la documentation et les enveloppes.
- Placez vos documents bancaires dans un tiroir et vos annuaires téléphoniques dans un autre. Idéalement, assignez un tiroir différent à chaque catégorie de dossiers, même si certaines d'entre elles n'occupent pas tout le tiroir. Cela vous permettra de les retrouver plus facilement et de pouvoir vous concentrer sur un sujet à la fois.
- Placez les documents dans un ordre qui correspond à votre propre logique. Par exemple, je classe mes dossiers clients et marketing côte à côte dans les deux tiroirs supérieurs de mon classeur parce qu'ils constituent deux éléments essentiels et interreliés de mon entreprise.

Les enveloppes et le papier devraient plutôt se trouver à proximité de l'imprimante (si vous en avez une) ou dans des plateaux sur votre bureau.

- Si vous achetez vos fournitures de bureau en grande quantité, gardez-en une réserve dans votre principal lieu de travail et rangez le reste dans un placard ou ailleurs. Si vous avez tendance à rester des heures à travailler à votre bureau sans prendre de pause, songez à placer intentionnellement certains articles hors de votre portée. Vous devrez alors vous lever si vous en avez besoin, ce qui vous permettra de bouger vos muscles et de stimuler votre circulation sanguine, en plus de constituer un agréable changement de rythme. Par exemple, pensez au nombre de fois que vous devez consulter votre bibliothèque pour faire certaines recherches. Si cela ne vous arrive pas souvent, placez-la ailleurs dans la pièce, loin de votre bureau et à proximité d'une chaise et d'une table. Je connais bien des gens qui placent délibérément leur télécopieur à l'autre bout de la pièce simplement pour avoir l'occasion de se dégourdir les jambes de temps en temps.

- Gardez le sol dégagé pour éviter de trébucher. Ne surchargez pas les prises de courant. Gardez l'ordinateur et l'équipement lourd (coupe-papier et machines) hors de la portée des enfants. Fixez solidement les tablettes au mur. Après avoir passé toute une journée à classer ses livres et ses dossiers sur des tablettes qu'il avait installées au mur, un de mes clients s'est réveillé en sursaut au beau milieu de la nuit au son d'un immense fracas : les tablettes s'étaient effondrées sous l'excès de poids. Il a alors passé les trois jours suivants à réparer le désastre.

4. Rangement dans des contenants

Les bureaux à domicile sont l'endroit idéal pour faire preuve de créativité et d'expressivité dans votre choix de contenants. Sans les restrictions qui sont en vigueur dans les entreprises, vous pouvez jouer avec la couleur, la texture et le style pour créer un lieu où vous adorerez travailler.

Mes contenants de rangement favoris pour les bureaux à domicile

- Grille murale recouverte de plastique ou en mailles ou panneau perforé – idéal pour ranger les fournitures et les dossiers, qui n'encombreront pas votre bureau tout en demeurant aisément accessibles.

Boîtes de projets ou casiers de rangement. Parfaits pour les gens créatifs. Permettent de garder les dossiers de projets accessibles et organisés (*gracieuseté de Levenger Catalog*).

- Caisson – excellent pour ranger les articles de dessin ou de bureau. Lorsque vous ne vous en servez pas, vous pouvez le ranger sous votre bureau (offert chez Reliable Home Office et Lillian Vernon).
- Boîtes de classement portatives – parfaites pour ranger des dossiers sur des étagères en plus des classeurs ordinaires ou en lieu et place de ceux-ci. Divisez vos documents par catégories, et prévoyez pour chacune d'entre elles une boîte distincte dûment étiquetée (par exemple « Réclamations d'assurance », « Règlement des factures », « Facturation »).
- Boîtes de projets ou caisers de rangement – une façon attrayante de ranger des documents par projet sur votre bureau, pour qu'ils soient à la fois accessibles et organisés.
- Classeurs à revues – idéaux pour classer de façon ordonnée des groupes de dossiers ou de périodiques sur des étagères.
- Corbeilles de sortie en fil métallique – indispensable pour ranger le courrier reçu et celui à poster, de même que les notes de service et les rapports quotidiens.
- « Pigeonnier » pour bureau – parfait pour créer un espace de rangement surélevé au-dessus du bureau afin de libérer la surface et de garder les articles à portée de la main.
- Étagères recouvertes de tissu – un lieu de rangement des plus attrayants pour les fournitures (offertes par Hold Everything).
- Plateaux pour papier à lettre – l'article idéal pour ranger votre papier à lettre et vos documents dans une bibliothèque ou une armoire.
- Cases murales pour documentation – un excellent moyen de séparer les articles promotionnels et la documentation afin de faciliter

l'assemblage de dossiers. Permet également de voir facilement quand une catégorie de documents est presque épuisée.

- Boîtiers en acier galvanisé – une façon attrayante de ranger les cédéroms et les disquettes.

5. Ajustement

Beau travail! Vous avez créé un bureau sur mesure qui reflète votre personnalité et qui sera à la fois confortable et stimulant. Voici comment faire durer ce plaisir :

- **Tous les jours.** Prévoyez quinze minutes à la fin de chaque journée de travail pour tout ranger, de façon à ce que votre bureau soit propre et fonctionnel lorsque vous reviendrez le lendemain matin. Si vous comptez exécuter cette tâche «quand vous aurez le temps», aussi bien dire que vous ne la ferez jamais.
- **Mises au point périodiques.** Les bureaux à domicile évoluent et changent, en particulier ceux des entrepreneurs. Assurez-vous que votre lieu de travail correspond toujours aux exigences de votre occupation en passant entre une demi-journée et une journée chaque année à réévaluer votre système (en particulier votre système de classement). Remettez-le à jour afin qu'il reflète tout changement dans vos buts et priorités. Ajoutez de nouveaux dossiers, enlevez ceux qui ne servent plus à rien et épurez les dossiers sur les voyages et les activités domestiques qui sont devenus trop volumineux.

8

Les postes
de travail modulaires

L'ANALYSE

1. Qu'est-ce qui fonctionne ?

Exemples :

> « J'empile les dossiers volumineux dans un range-tout au-dessus de mon bureau. Cela me permet de garder mon bureau dégagé jusqu'à ce que je puisse faire du classement. »
>
> — *Une reporter*

> « J'utilise une boîte différente fixée au mur pour chacun de mes trois patrons. Il m'est alors plus facile de savoir quelles sont les tâches que je dois accomplir pour chacun d'entre eux. »
>
> — *Un adjoint administratif*

2. Qu'est-ce qui ne fonctionne pas ?

Exemples :

> « J'ai tellement d'équipement sur mon bureau qu'il n'y a absolument pas de place pour mes papiers. Je finis par travailler sur mes genoux. »
>
> — *Un courtier*

> « Comme j'ai deux patrons, je reçois chaque jour de chacun d'entre eux une avalanche de courrier, de notes de service, de lettres à taper

et de directives sur le travail à accomplir. Tout ça finit par se mélanger, et je suis pris de panique chaque fois que je dois trouver un document. »

— Un adjoint administratif

« Je n'ai jamais une minute de tranquillité pour travailler ou même pour faire un peu de rangement. Je suis constamment interrompu, simplement parce que mon bureau n'a pas de porte. Et tout le monde laisse des documents et des notes de service pour moi un peu partout – sur mon bureau, ma chaise, le dossier sur lequel je travaille. Je perds constamment des choses importantes. »

— La directrice du service des assurances

3. De quoi avez-vous le plus besoin ?

Exemples :

- **Alessandra A.**, assistante de production pour deux éditeurs de revues de mode, avait besoin d'espace pour ranger des échantillons de produits de beauté, des albums et des dossiers de présentation d'agences de mannequins, des dossiers relatifs aux séances de photos, des formulaires et du papier à lettres ainsi qu'une corbeille de sortie pour chacun de ses deux patrons.
- **David R.**, journaliste d'enquête, avait besoin d'espace pour les articles en cours de rédaction (jusqu'à huit en même temps), les articles rédigés pendant l'année précédente, les dossiers relatifs à ses sources et les documents de référence ainsi qu'une bonne réserve de blocs-sténo, qu'il utilisait à un rythme démentiel.
- **Steve M.**, courtier en bourse, avait besoin d'espace pour son registre de clientèle, ses dossiers clients, ses dossiers sur les produits, deux semaines de rapports financiers, les journaux quotidiens et son fichier.

4. Pourquoi voulez-vous vous organiser ?

Exemples :

- « Pour apprécier davantage mon travail. »
- « Pour avoir de la place pour travailler ! »

- « Pour que mon patron ait confiance en moi. Pour gagner le respect de mes collègues. »
- « Pour avoir l'esprit clair. Pour être capable de me concentrer sur mon travail et non seulement sur mes piles de documents. »
- « Pour savoir où se trouve l'information dont j'ai besoin. »
- « Pour être en mesure de mieux soutenir le rythme effréné du bureau. »
- « Pour éprouver moins de stress et d'inquiétude à cause de renseignements égarés. »

5. Quelles sont les sources du problème ?

Voici certaines causes courantes de désordre dans les postes de travail modulaires :

- **Il y a plus de choses que d'espace.** Avouons-le, les postes de travail modulaires sont très exigus, ce qui laisse très peu de place pour l'excédent. Or, il est facile d'accumuler plus de choses qu'il n'y a d'espace de rangement.
- **L'espace de rangement est mal choisi.** Si les postes de travail modulaires sont de format standard, votre travail ne correspond pas nécessairement au prototype habituel. Conçues avant tout pour le travail à l'ordinateur, la plupart de ces aires de travail n'offrent pas beaucoup d'espace de rangement pour les documents. Si votre travail nécessite le traitement d'un grand nombre de documents ou l'usage de beaucoup de matériel, de fournitures ou de produits (par exemple si vous travaillez dans un service de soutien informatique), vous aurez de la difficulté à faire entrer tout ça dans votre bureau.
- **Des partenaires peu coopératifs.** Si vous travaillez dans un espace modulaire, cela signifie que vous travaillez avec et pour d'autres personnes. Malheureusement, il arrive souvent que notre patron, nos collègues et même la personne avec qui nous partageons un poste de travail soient désorganisés ou persistent à ignorer ou à défaire le système que nous avons mis en place.
- **Le rythme de vie accéléré et la technologie.** Le travail dans une aire ouverte d'une grande entreprise va souvent de pair avec le manque de personnel, un rythme de travail effréné et des interruptions constantes qui empêchent de prendre le temps de s'organiser et de le demeurer.

LA STRATÉGIE

Planifiez vos zones

Le grand avantage d'un poste de travail modulaire est sa configuration en « U » ; gage d'efficacité, celle-ci offre une surface de travail maximale et des espaces de rangement à portée de la main. Mais vous pouvez toujours diviser votre poste de travail en zones reflétant vos fonctions et responsabilités.

Voici certaines zones d'activités, accessoires et lieux de rangement que l'on trouve fréquemment dans les postes de travail modulaires :

Activité	Accessoires	Rangement
Téléphone	Fichier pour cartes professionnelles	Bureau
	Blocs-messages	
	Bottin de l'entreprise	Tiroir du bureau
	Annuaires téléphoniques	
Classement	Dossiers par projets	Tiroir de droite du classeur
	Dossiers par patrons	Tiroir de gauche du classeur
Fournitures	Stylos, crayons	Tiroir du bureau
	Agrafeuse, trombones	
	Ciseaux	
	Calculatrice	
Référence	Guides des politiques	Bac de rangement surélevé
	Manuels d'instruction informatiques	
	Dictionnaire	
	Thésaurus	
Articles personnels	Chaussures de rechange	Sous le bureau

Choses à emporter
à la maison
Brosse et pâte à dents   Tiroir du bureau
Sachets de thé,
sucre, tasse

Idées pour accroître l'espace

- Utilisez l'espace qui se trouve sous votre bureau ; dans la plupart des postes de travail modulaires, il y a à cet endroit beaucoup de place en plus de celle qu'occupent vos pieds. Ne négligez pas et ne gaspillez pas ce moyen inestimable et polyvalent d'accroître votre espace de rangement. Vous pourrez ranger vos choses de façon organisée dans des bacs grand format.

CONSEIL D'INITIÉ

Le partage d'un poste de travail modulaire

Si une autre personne travaille dans le même espace que vous, vous pourriez diviser le lieu en deux zones, une par personne, dotée chacune de tiroirs, de tablettes et de crochets. De cette façon, vous éviterez toute confusion et réduirez au minimum la possibilité qu'un des occupants perde les dossiers et les fournitures de l'autre. Si vous travaillez sur les mêmes dossiers, établissez une zone pour les messages dotée de corbeilles de sortie pour le travail en cours et les notes de service afin de simplifier la communication.

- Utilisez l'espace vertical en installant des tablettes et des plateaux au mur et sur les cloisons.
- Utilisez votre bureau pour le rangement ; en fait, cela est souvent inévitable. Si vous devez ranger des choses sur votre bureau, employez des produits (voir la partie sur mes contenants favoris, page 149) qui vous permettront de maintenir la surface propre et dégagée.

Estimation du temps

Voici le temps que prend en moyenne l'organisation d'un poste de travail modulaire :

COMBIEN DE TEMPS CELA PRENDRA-T-IL ?

Offensive

1.	Tri	4 heures
2.	Élimination	1 heure
3.	Assignation d'une place	15 minutes
4.	Rangement dans des contenants	2 heures
5.	Ajustement	10 minutes par jour

L'OFFENSIVE

1. Tri

L'avantage des postes de travail modulaires est que vous ne pouvez pas vous permettre d'y ranger trop de choses. Le caractère limité de l'espace de rangement vous force à faire preuve de sélectivité en ce qui a trait à ce que vous voulez conserver. Voilà une excellente motivation à apprendre comment « faire beaucoup avec peu » et à demeurer concentré sur l'essentiel.

Soyez ferme dans vos décisions. L'espace étant précieux, vous ne pouvez pas vous permettre de garder des choses qui ne sont pas essentielles et que vous n'utilisez pas.

Gardez certains objets personnels (photos des membres de votre famille et de vos amis, œuvres d'art, poèmes ou histoires écrites par vos enfants ; citations inspirantes ou petits trésors). Regroupez-les en un seul endroit – un petit « recoin de plaisir » – afin de personnaliser votre espace de travail.

Voici une liste de possibilités en matière de tri qui vous aidera à faire vos propres classifications.

Classement des documents

- Par fonction (ressources humaines, finances, formulaires)
- Par action (projets versus référence)
- Par superviseur ou personnel de soutien

Classement des fournitures

- Par catégorie (papier, ordinateur, téléphone)
- Par projet
- Travail versus objets personnels

COMMENT ÉVITER CERTAINS PIÈGES COURANTS

Accumuler. Les employés ont parfois tendance à garder dans leur poste de travail certains dossiers et documents pour être certains de pouvoir mettre la main dessus en cas de besoin. Ce comportement pourrait s'expliquer par une trop grande paresse à se rendre au fichier central. Mais très souvent, surtout dans les grandes entreprises, il est attribuable à un manque de confiance dans l'efficacité du système de classement et à la crainte de perdre des documents importants. Cherchez des façons de rebâtir votre confiance. Gardez un registre de tout ce que vous envoyez au classement central, et à quel moment, pour que vous puissiez ultérieurement retrouver les documents plus facilement.

Garder des réserves suffisantes. Gardez dans votre poste de travail suffisamment de fournitures pour deux semaines, et indiquez dans votre calendrier la date à laquelle vous devrez vous réapprovisionner. Ou faites une vérification hebdomadaire à l'entrepôt central pour voir où en sont les stocks. De cette façon, vous ne manquerez jamais de rien à un moment critique, et vous serez toujours en avance d'une semaine au cas où certains articles devraient être commandés.

---

2. Élimination

Pour faire de la place dans votre poste de travail pour les choses essentielles, vous devez vous débarrasser de ce dont vous n'avez pas besoin. Voici des idées sur ce que vous pouvez faire avec l'excédent.

- Emportez vos vieux dossiers à la maison et rangez-les dans un classeur. Par exemple, un journaliste d'enquête gardait tous les articles qu'il avait écrits à la maison au cas où il en aurait besoin de nouveau, et ne gardait dans son poste de travail modulaire que ses dossiers courants.

Maximisez l'espace grâce aux accessoires à suspendre (*gracieuseté de Details, division de Steelcase*).

- Pour les documents tels que les notes de service, les lettres et les rapports quotidiens que vous «pourriez» consulter de nouveau «un jour», prenez note du titre et de la source au lieu de garder le document lui-même. Rappelez-vous cette règle d'or : «Garde la source, jette le papier».
- Vérifiez quelles sont les politiques de votre entreprise en ce qui a trait aux documents que vous devez garder conformément aux lois de l'impôt ou pour des raisons d'ordre juridique et rangez ces documents essentiels au fichier central au lieu de les garder dans votre bureau.

La liste de Julie de choses à jeter « simple comme bonjour »

- **Les rapports périmés** – surtout si vous ne les consultez jamais. Demandez des mises à jour au besoin.
- **Les journaux.** S'ils datent de plus d'une semaine, c'est déjà de l'histoire ancienne. Faites de la place pour les éditions récentes et les dernières nouvelles, qui sont publiées chaque jour.
- **Les revues.** Jetez-les après un an ; ne gardez que l'équivalent d'un an de chaque publication, à moins qu'elles ne fassent partie d'une collection que vous consultez fréquemment pour affaires.

3. Assignation d'une place

- Dans un poste de travail modulaire, tout se trouve déjà à portée de la main. Mais rien ne vous empêche d'aller encore plus loin dans ce sens. Par exemple, si vous avez une imprimante, placez le papier à lettres, les enveloppes et les fournitures connexes à proximité pour plus de commodité.
- Utilisez le bac de rangement surélevé pour les gros articles comme les reliures, les ouvrages de référence ainsi que les cassettes audio et vidéo.
- Placez tous les dossiers actifs dans le tiroir supérieur de votre classeur et les documents de référence dans celui du bas. (Pour plus de renseignements sur le classement, voir le chapitre 6.)
- Gardez le sol dégagé pour éviter de trébucher. Ne surchargez pas les prises électriques.

4. Rangement dans des contenants

Mes contenants de rangement favoris pour les postes
de travail modulaires

- Les accessoires à suspendre et les slatboards – une façon pratique d'ajouter des plateaux, des tablettes et des crochets aux parois de votre module et aux cloisons.
- Les bacs placés sous le bureau – parfaits pour faire disparaître sous le bureau les dossiers volumineux, les fournitures et les articles personnels.
- Les casiers de rangement – une façon judicieuse de ranger proprement sur votre bureau les documents relatifs à plusieurs projets et d'y avoir accès aisément (voir illustration à la page 138).
- Classeurs étagés avec chemises de classement – idéaux pour garder les projets en cours bien en ordre et à la portée de la main.
- Cadre pour chemises sur pied – formidable pour ajouter sur votre bureau une grande quantité d'espace de rangement pour vos chemises.
- Pochettes murales – ajoutez de l'espace de rangement sans encombrer votre bureau de travail. Idéales pour la communication entre différents bureaux.

- Corbeilles de sortie pour le courrier – indispensables pour séparer le courrier reçu et celui à envoyer, les notes de service et les rapports quotidiens, surtout si vous avez plusieurs patrons.

L'étiquetage

Les étiquettes sont particulièrement importantes si vous partagez votre espace de travail avec une autre personne, car elles permettent aux *deux* occupants de savoir où les choses doivent être rangées. Bien des contenants peuvent être étiquetés sans que leur apparence ne s'en trouve gâchée ou sans créer dans votre poste de travail une impression de surcharge. Les gens s'attendent à voir beaucoup d'étiquettes dans un bureau. Cependant, vous pouvez procéder plus subtilement pour ce qui est des tablettes en plaçant l'étiquette sur la surface plutôt que sur le rebord. Pour ce qui est des tiroirs, du bureau et des armoires, collez l'étiquette à l'intérieur plutôt qu'à l'extérieur.

5. Ajustement

Je vous salue bien bas. Organisé de fond en comble, votre poste de travail modulaire est maintenant un modèle de confort, de charme, d'ordre et d'efficacité. Mais pour qu'il demeure ainsi, vous devez exercer une vigilance constante, parce que vous pourriez facilement vous remettre à accumuler plus de choses que votre petit espace ne peut en contenir. Grâce à ce simple programme de maintenance, vous prendrez toujours plaisir à vous trouver dans votre aire de travail. Vous ne vous y sentirez jamais misérable ou à l'étroit et n'y éprouverez jamais une sensation de claustrophobie. Vous jouirez d'une certaine intimité, serez plus détendu et augmenterez votre rendement.

- **Tous les jours.** Prévoyez dix minutes à la fin de chaque jour pour remettre les choses à leur place. Ainsi, à votre retour le lendemain matin, votre espace sera aussi prêt que vous pour commencer la journée.

CONSEIL D'INITIÉ

Intimité et cohabitation

L'intimité est un problème de taille dans les postes de travail modulaires, en particulier si plus d'une personne y travaillent. Voici certains trucs qui vous seront utiles à ce chapitre. Accrochez un écriteau NE PAS DÉRANGER à l'entrée de votre aire de travail de façon à éviter les interruptions. Si l'exécution d'un projet exige de la concentration, installez-vous dans la bibliothèque de l'entreprise, où vous jouirez de la tranquillité et de la solitude nécessaires. Parlez à voix basse lorsque vous êtes au téléphone pour inciter vos collègues à respecter votre besoin de tranquillité et pour respecter le leur. Si vous partagez votre bureau avec quelqu'un d'autre, utilisez une pochette murale ou un plateau appelé TRAVAUX EN COURS pour vous communiquer mutuellement l'information pertinente sur les projets. Choisissez une chaise facile à ajuster, pour que vous soyez tous deux confortables.

- **Continuellement.** Les gens qui réussissent le mieux à garder leur aire de travail bien organisée ont acquis l'habitude de se débarrasser des choses inutiles à la fin de chaque semaine. Prévoyez une trentaine de minutes le vendredi pour jeter tous les rapports et publications qui seront dépassés lundi. Rassemblez tous les dossiers que vous avez été chercher au fichier central et dont vous n'avez plus besoin et remettez-les immédiatement à leur place.

- **Mises au point périodiques.** Comme leur espace de travail exigu ne laisse aucune place à l'excès, les personnes qui travaillent dans des aires modulaires doivent contrôler et ajuster leur système plus fréquemment que les travailleurs à domicile, et ce, d'autant plus que les fonctions et responsabilités changent constamment dans les grandes entreprises. Tous les trois mois, prenez deux heures pour réévaluer l'utilisation que vous faites de votre lieu de travail et de l'espace de rangement dont vous avez besoin. Ainsi, si une fonction temporaire est devenue permanente, les accessoires et documents nécessaires à cette tâche doivent maintenant être rangés de façon permanente dans votre aire de travail. Demandez-vous quels autres changements dans l'entreprise rendent nécessaire une mise au point de votre système. Par exemple : y a-t-il eu un changement de personnel ? Avez-vous un nouveau patron ? Partagez-vous depuis peu votre poste de travail avec une autre personne ?

9

Les bureaux mobiles

L'ANALYSE

1. Qu'est-ce qui fonctionne ?

Exemples :

> « Avant de partir en voyage d'affaires, j'ouvre un dossier où je mets toute l'information qui touche ce voyage – itinéraire, billets d'avion, horaire des réunions et documents nécessaires. Cela m'évite les courses folles de dernière minute et la panique. »
> — *Une avocate d'entreprise*

> « Je saisis tous les noms et les adresses dont j'ai besoin dans un petit agenda électronique. Cet appareil léger et portatif m'aide à joindre mes collègues, mes clients et mes amis – même s'ils oublient de laisser leur numéro de téléphone dans ma boîte vocale ! »
> — *Un vendeur*

2. Qu'est-ce qui ne fonctionne pas ?

Exemples :

> « J'ai tellement peur de partir en voyage d'affaires en oubliant un dossier ou un document essentiel que je commence à rassembler

mes choses trois jours avant le départ pour ne rien oublier. Mon bureau est alors dans un désordre total. »

— Un directeur politique

« Comme je voyage chaque semaine, je ne suis à la maison qu'un ou deux jours à la fois. Lorsque j'y suis, je me sens toujours dépassée par la quantité de courrier que je dois trier et la liste des tâches qu'il me faut accomplir. Je n'ai jamais de temps à consacrer à ma famille ou à ma vie sociale. »

— Une productrice de télévision

« Le vrai défi, c'est de déterminer comment travailler dans des lieux si petits et exigus (voitures, aérogares, avions, chambres d'hôtel). Sans bureau ni classeur, je cherche toujours désespérément un endroit confortable où m'installer, tout en m'éparpillant le moins possible. »

— Un consultant

3. De quoi avez-vous le plus besoin ?

- **Mike M.**, directeur national des comptes pour un important fabricant, avait besoin d'espace pour ses documents de voyage (itinéraire et billets, passeport, pièces d'identité, argent, chèques, cartes de crédit, cartes professionnelles, enveloppes, registre des dépenses), son nécessaire pour faire des appels téléphoniques et prendre des rendez-vous (carte d'appel, téléphone cellulaire et téléavertisseur, numéros de téléphone importants, agenda) et ses fournitures (blocs-notes, papier à lettres, cartes de notes, enveloppes, timbres, étiquettes d'adressage, stylos, crayons, trombones, feuillets en éventail Post-it, mini-agrafeuse).
- **Sarah T.**, auteur et oratrice, avait besoin de place pour ses documents de travail (dossiers par client ou par projet, matériel de lecture, documents amassés en cours de route, cartes professionnelles des gens rencontrés) et les accessoires nécessaires pour ses présentations (documents, échantillons, reliures et livres de référence, tableau à feuilles, marqueurs et rétroprojecteurs).
- **Susan L.**, vendeuse dans une entreprise d'informatique, avait besoin de place pour son équipement pour diapositives, son ordinateur et ses câbles, son enregistreuse, son baladeur et ses casettes, son réveil, ses vêtements (vêtements et chaussures d'affaires, de soirée et de

loisirs, tenue de sport et baskets, robe de nuit, sous-vêtements, chaussettes, bas de nylon, maillot de bain, articles de toilette et médicaments) et sa trousse d'urgence (torche électrique et piles, câbles de démarrage, fusées éclairantes, pneu de secours et cric, bouteille d'eau, nourriture à grignoter en cas de panne automobile, sous-vêtements de rechange, chemise et bas de nylon).

4. Pourquoi voulez-vous vous organiser ?

Exemples :

- « Pour réduire mon degré de stress et de frustration lors de mes voyages d'affaires en sachant mieux ce que j'emporte et en étant certain de pouvoir trouver ce dont j'aurai besoin à mon arrivée. »
- « Pour gagner du temps lorsque je fais et défais mes bagages, opérations qui me prennent présentement beaucoup trop de temps. »
- « Pour améliorer la qualité du suivi que j'effectue après le voyage, qui laisse présentement à désirer ; en effet, j'oublie de défaire mes bagages et je perds les notes que j'ai prises sur les appels à faire et les lettres à écrire. »
- « Pour éviter l'embarras que procurent les vols et les rendez-vous manqués ainsi que les retards aux réunions parce que je ne sais jamais où je dois aller, quand je dois y être et comment m'y rendre. »

5. Quelles sont les sources du problème ?

Voici des causes fréquentes de désordre dans les bureaux mobiles :

- **Il y a plus de choses que d'espace.** De toute évidence, la cause la plus courante de désordre durant les voyages d'affaires est l'excès de bagages – c'est-à-dire que vous emportez beaucoup plus de choses que ne peuvent en contenir vos valises. Par conséquent, les pochettes et les valises, remplies à craquer, finissent par coincer.
- **Certains articles n'ont pas de place.** Souvent, les gens font leurs bagages un peu à l'aveuglette, et placent d'une fois à l'autre les choses dont ils ont besoin à un endroit différent de leur valise, de leur voiture ou de leur porte-documents. Il leur est alors très difficile de voir d'un seul coup d'œil s'ils ont tout ce dont ils ont besoin.

- **L'espace de rangement est mal choisi.** Souvent, les professionnels utilisant des bureaux mobiles achètent ou choisissent des valises ou des porte-documents avant de penser à ce qu'ils ont à emporter; ils se retrouvent alors avec un contenant de format et de conception inadéquats.

LA STRATÉGIE

Planifiez vos zones

Parce qu'ils se déplacent constamment, les gens qui travaillent à partir d'une valise doivent définir des zones plus compactes que les autres professionnels. Une fois dans les airs, dans un train ou à mi-chemin de votre destination en voiture, il est impossible de faire demi-tour pour aller chercher un article oublié. Examinons maintenant certaines zones, accessoires et moyens de rangement caractéristiques d'un bureau mobile, et les meilleures méthodes de rangement dans un avion, un train ou une voiture.

Déplacements en avion ou en train

Activité	Accessoires	Rangement
Travail	Dossiers par client ou par projet Ordinateur portatif Matériel de lecture Documentation recueillie Cartes professionnelles recueillies	Porte-documents
Téléphone	Téléphone cellulaire Téléavertisseur Carte d'appel Numéros de téléphone importants Agenda	Poches de manteau

Présentations et vente	Documentation publicitaire Échantillons Reliures de référence Tableau à feuilles et marqueurs Rétroprojecteur Diapositives	Sac fourre-tout
Habillement	Vêtements Articles de toilette Chaussures Manteaux	Valise à roulettes Sac pour articles de toilette

Déplacements en voiture

Activité	Accessoires	Rangement
Travail	Dossiers par client ou par projet Ordinateur portatif Matériel de lecture Documentation recueillie Cartes professionnelles recueillies	Boîte-classeur sur le siège avant Porte-documents
Téléphone	Téléphone cellulaire Téléavertisseur Carte d'appel Numéros de téléphone importants Agenda	Porte-documents
Présentations et vente	Documentation publicitaire Échantillons	Bac tout usage dans le coffre arrière

| Présentations et vente (suite) | Reliures de référence Tableau à feuilles et marqueurs Rétroprojecteur Diapositives | Bac tout usage dans le coffre arrière |
| Habillement | Vêtements Articles de toilette Chaussures Manteaux | Housse à vêtements Sac pour articles de toilette Siège arrière |

Idées pour accroître l'espace

La meilleure façon, pour les professionnels qui voyagent, d'accroître l'espace dont ils disposent est d'apprendre à voyager avec peu de bagages.

Trucs pour voyager avec peu de bagages

- Si vous avez un ordinateur portatif, emmagasinez le plus de données possible sur disquette ou sur disque dur, et n'emportez que les documents en papier dont vous avez absolument besoin (contrats, documents de vente).
- Envoyez le matériel de présentation particulièrement lourd directement à votre hôtel ou à l'endroit ou aura lieu votre réunion au lieu de le traîner avec vous.
- Emportez des étiquettes et des enveloppes pré-adressées pour envoyer à votre bureau les documents et le courrier une fois traités. Utilisez un magnétophone pour dicter les réponses à votre courrier, puis envoyez les cassettes audio à votre assistant pour qu'il en fasse la transcription.
- Limitez votre garde-robe de voyage à une ou deux couleurs de base (noir et blanc par exemple). Toutes les combinaisons seront alors possibles et vous pourrez utiliser vos vêtements pendant plusieurs jours, ce qui simplifiera la préparation de vos bagages. Ajoutez de temps en temps un vêtement ou un accessoire de couleur pour plus de variété.

- Emportez des petits formats de vos articles de toilette favoris et laissez les gros formats à la maison, sauf si vous prévoyez vous absenter pendant une longue période.
- Avant de décider d'emporter un sèche-cheveux, un fer à repasser ou une machine à vaporiser, téléphonez à l'hôtel où vous prévoyez séjourner pour savoir si ces appareils sont déjà offerts.
- N'emportez dans votre portefeuille que l'essentiel : votre permis de conduire, une seule carte de crédit, votre carte d'appel, une carte de guichet automatique et une fiche où sont inscrits tous vos numéros de grand voyageur. Voilà qui est à la fois pratique et sécuritaire !
- Dressez une liste de choses à emporter. Si vous voyagez beaucoup, élaborez-en plusieurs versions correspondant à vos différents types de voyages (une nuit versus de trois à sept jours, chaudes températures versus temps froid, etc.).

Estimation du temps

Voici la durée moyenne nécessaire pour organiser un bureau mobile :

COMBIEN DE TEMPS CELA PRENDRA-T-IL ?

Offensive

1.	Tri	3 heures
2.	Élimination	1 heure
3.	Assignation d'une place	1 heure
4.	Rangement dans des contenants	2 heures
5.	Ajustement	30 minutes au terme de chaque voyage

L'OFFENSIVE

1. Tri

Les bureaux mobiles vous forcent à faire preuve de plus de sélectivité dans votre façon de trier et de regrouper vos choses que dans toute autre situation exigeant une organisation. En effet, vous ne pouvez tout simplement pas vous permettre de traîner avec vous une caravane si vous voyagez en avion, en train ou en automobile. Voici une liste des diverses possibilités en matière de classement qui vous aidera à faire vos propres classifications.

Classement des documents

- Par compte client
- Par ordre chronologique des activités du voyage
- Par territoire ou lieu

Vous pouvez aussi diviser les documents comme suit :
- Travail lié au voyage
- Travail non lié au voyage
- Lecture
- Dossiers projets versus dossiers action
- Travail à effectuer dans l'avion
- Travail à effectuer dans les réunions

Classement de la documentation

- Par catégorie de produit
- Par format et grosseur
- Par ordre alphabétique
- Par type de client

Classement des vêtements

- Par activité
- Par ensemble
- Vêtements de loisirs versus vêtements de travail versus vêtements de sport
- Vêtements propres versus vêtements sales
- Vêtements versus sous-vêtements versus accessoires
- Vêtements à suspendre versus vêtements à plier versus vêtements libres

Classement des articles de toilette

- Par catégorie (soins dentaires, soins capillaires, bain et toilette, produits de beauté, parfums)

- Par format et poids
- Articles essentiels (dans le sac à main) versus articles ordinaires (dans la valise)
- Fragile versus solide

Classement de l'équipement

Par catégorie :
- Informatique
- Communication
- Présentations

Classement des documents de voyage

Par catégorie :
- Dossiers
- Billets et itinéraires
- Cartes de crédit
- Passeports
- Argent

Classement des fournitures

Par catégorie :
- Accessoires pour écrire
- Accessoires informatiques

COMMENT ÉVITER CERTAINS PIÈGES COURANTS

Organisez votre bureau à domicile. La solution pour demeurer organisé en voyage réside en partie dans la bonne organisation de votre bureau à domicile. Procédez au rangement de ce dernier après avoir préparé votre bureau mobile, de façon à ce qu'un système soutienne l'autre.

Attaquez-vous en premier à ce qui est visible. Un grand nombre de professionnels qui voyagent fréquemment possèdent une impressionnante collection de sacs et de valises enfouis un peu partout et encore remplis de choses qui datent de voyages précédents. Attaquez-vous à ces bagages

>>>

seulement après avoir fait de ménage de votre principale valise et de votre voiture. Il n'est pas question de les ignorer, mais il vous sera plus facile d'y mettre de l'ordre une fois que vous saurez mieux en quoi consistera votre système.

2. Élimination

Les professionnels utilisant un bureau mobile doivent éliminer les choses inutiles qui se sont accumulées dans leur voiture, leurs valises et leur porte-documents, en plus de déterminer ce qu'ils n'apporteront pas en voyage. Vous devez emporter le moins de bagages possible tout en visant le maximum de confort.

La liste de Julie de choses à jeter « simple comme bonjour »

- **La documentation publicitaire ou les livres de vente** – s'ils sont périmés, déchirés ou tachés.
- **Les fournitures, les échantillons et le matériel de présentation** – si vous ne les utilisez jamais.
- **Le vieux matériel de lecture** – si vous ne les avez pas lus au bout de six mois.
- **Les dossiers relatifs à des réunions antérieures** – si vous n'aviez pas encore défait vos bagages ou si vous avez laissé ces dossiers dans votre valise après les réunions.
- **Les articles de toilette** – s'ils traînent depuis quelque temps et que vous ne vous en servez pas, ils sont probablement devenus inutiles.

CONSEIL D'INITIÉ

Utilisez votre temps de façon productive en voyage

Les professionnels qui se déplacent fréquemment disent souvent accomplir leur meilleur travail lorsqu'ils voyagent, loin des interruptions constantes de la sonnerie du téléphone, des clients et des collègues. Choisissez la tâche la plus appropriée pour vous en voyage en tenant compte de vos habitudes, de votre style de travail et de votre état d'esprit quand vous voyagez. Quand il prend l'avion, Mike M. emporte du travail qui exige peu d'effort parce que les interruptions constantes des agents de bord et les annonces du pilote l'empêchent de se concentrer. Sherri G., quant à elle, est capable de faire abstraction du vacarme environnant et accomplit en avion son travail le plus exigeant; loin du téléphone, elle peut se concentrer, et elle se fixe l'heure de l'atterrissage comme échéance pour terminer son travail.

Voici d'autres idées pour travailler en voyage :

- Faites de l'ordre dans votre porte-documents (ou votre sac à main) lorsque vous devez attendre dans l'aérogare entre deux vols. Une de mes clientes profite de ce temps d'attente pour se placer à proximité d'une grosse poubelle et y jeter tous ses bloc-notes remplis, ses serviettes de table chiffonnées, ses stylos qui n'écrivent plus ainsi que les revues et les rapports qu'elle a déjà lus. Lorsqu'elle arrive à destination et ouvre son porte-documents, tout y est parfaitement organisé.
- Emportez de la documentation à lire pour vous renseigner sur les derniers développements dans votre domaine ou votre industrie.
- Vous pouvez vous perfectionner dans bien des domaines en écoutant des séminaires ou des ouvrages éducatifs sur cassette pendant que vous conduisez. Gardez un magnétophone à proximité afin de pouvoir faire vos commentaires verbalement à mesure que vous écoutez. Puis envoyez la cassette ainsi obtenue à votre assistant pour qu'il en fasse la transcription. De cette façon, vous pourrez poursuivre votre démarche dès votre retour au bureau.
- Gardez une chemise ou une grande enveloppe en manille remplie d'accessoires de rédaction (papier à lettres, cartes de notes, enveloppes, timbres, cartes de souhaits) et rattrapez votre retard au chapitre de la correspondance et des notes de remerciement dans l'avion ou dans le train. Postez le tout à votre arrivée.
- Utilisez votre calendrier ou votre agenda pour y inscrire tout ce que vous avez à faire ainsi que vos retours d'appels téléphoniques. Pour éviter d'avoir à réécrire ou à transférer de l'information, utilisez le même calendrier ou agenda à la maison et en voyage.

3. Assignation d'une place

On ne saurait trop insister sur l'importance, pour les professionnels qui voyagent, d'assigner dans leurs valises ou leur voiture une place permanente pour chacune des choses qu'ils emportent. Cette habitude aura les avantages suivants :

- Réduire grandement le temps nécessaire pour faire et défaire vos bagages.
- Vous permettre de vérifier en un coup d'œil si vous avez tout ce dont vous avez besoin, et de trouver en une seconde la chose dont vous avez besoin à tout moment pendant votre voyage.
- Créer chez vous un sentiment accru d'avoir les choses bien en main et augmenter votre confiance en vous-même lorsque vous voyagez.
- Augmenter votre sentiment de sécurité en voyage. Le fait d'avoir l'air distrait ou désorganisé peut faire de vous une cible de vol toute désignée. Pour ma part, je range toujours mon billet et mon itinéraire dans une pochette étroite de mon porte-documents, et je garde mes pièces d'identité dans un petit porte-cartes dans mon portefeuille. Lorsque je me dirige vers la porte d'embarquement, je peux sortir sans crainte mon billet et mes pièces d'identité rapidement et facilement.

Inspirez-vous des conseils suivants pour décider de l'endroit où vous allez ranger chacune de vos choses. Bien sûr, vous devez prendre ces décisions en tenant compte de vos propres habitudes, associations, besoins physiques et sens du confort.

Les voyages en avion et en train
- Poche de veston ou sac à main – pour les choses qui doivent être les plus accessibles et à l'endroit le plus sûr (par exemple l'argent, les pièces d'identité, les cartes professionnelles, les clés, le téléavertisseur et l'itinéraire).
- Porte-documents – les articles liées au travail que vous devez garder à portée de la main pendant tout le voyage (par exemple l'ordinateur portatif, les dossiers, le calendrier, le matériel de lecture, les indications et les cartes, le nécessaire pour écrire).
- Sac fourre-tout secondaire – pour les articles liés au travail ou personnels qui sont trop volumineux pour entrer dans votre porte-documents et que vous ne pouvez pas vous permettre de perdre si vos bagages enregistrés sont égarés en cours de route (par exemple le

matériel ou les accessoires de présentation, les livres, les baskets, la bouteille d'eau, la nourriture à grignoter, l'oreiller, les articles essentiels comme la brosse à dents, l'eau de Cologne, les sous-vêtements ou les bas de nylon de rechange). Alors qu'il allait rencontrer un client potentiel, un de mes clients, un vendeur, s'était arrêté pour faire le plein. Lorsqu'il a décroché le pistolet, de l'essence a giclé par accident sur ses pantalons et ses chaussures. Après s'être aéré pendant une vingtaine de minutes en courant dehors par une température glaciale, il a décidé d'aller rencontrer son client, en priant pour que l'odeur se soit dissipée. Après avoir reniflé l'air avec une expression étrange, la réceptionniste lui a demandé s'il percevait lui aussi une odeur d'essence à briquet. À ce moment-là, il aurait tout donné pour avoir des vêtements et des chaussures de rechange dans sa voiture !

• Bagages principaux (enregistrés ou à main) – pour les choses dont vous pourriez vous passer ou qui sont faciles à remplacer en cas de perte (par exemple les vêtements, les chaussures, les sous-vêtements, les chaussettes, les vêtements de sport, les articles de toilette, le sac fourre-tout pliable, le sac à lessive).

• Mallette pour produits de beauté et articles de toilette – pour les petits articles de soins personnels (eau de Cologne, nécessaire de rasage, produits de beauté, anti-sudorifique, shampooing, savons, articles de premiers soins). Assignez un compartiment de votre mallette d'articles de toilette ou de produits de beauté à chaque catégorie d'objets, plutôt que les mélanger tous ensemble. Préparez la mallette à l'avance pour éviter les courses de dernière minute. Achetez en double certains produits de toilette et de beauté courants et gardez-les à proximité de vos valises avec un inventaire du contenu, dont les objets «périssables» à ajouter à la dernière minute (médicaments sous ordonnance, vitamines, vernis à ongles). Si vous voyagez beaucoup, prévoyez deux versions : une avec des articles de toilette de petit format pour les déplacements de courte durée, et une autre avec des formats réguliers pour les voyages de plus longue durée.

Les voyages en voiture

Pour transformer votre voiture en un bureau mobile efficace, George Phirripidus, président de Mobile Outfitter, vous suggère de considérer l'intérieur de votre véhicule comme votre bureau et le coffre comme votre salle de dossiers et de fournitures.

- Siège du passager avant – pour les articles que vous placez habituellement sur le bureau et auxquels vous devez avoir accès rapidement et fréquemment (ordinateur portatif, magnétophone, calendrier ou agenda, dossiers clients).
- Boîte à gants – pour les documents relatifs au véhicule ainsi que les et articles liés à l'entretien (certificat d'immatriculation, carte d'assurance, dossiers d'entretien, caméra jetable et formulaires de rapport d'accident, torche électrique).
- Vide-poches – pour les articles de petit format ou plats que vous utilisez fréquemment (cartes routières, enveloppe de reçus, blocs-notes et stylos).
- Range-tout – pour les articles volumineux relatifs au travail ou personnels dont vous avez souvent besoin (cassettes de musique ou éducatives, téléphone cellulaire, débarbouillettes ou serviettes). Évitez de placer des choses lourdes sur le siège arrière si vous prévoyez en avoir besoin pendant que vous conduisez. En effet, le mouvement de torsion que vous devrez effectuer peut vous causer des problèmes de dos en plus de présenter un risque d'accident.
- Siège arrière – pour les articles fragiles ou délicats qui pourraient être endommagés dans le coffre de la voiture (matériel de présentations, vêtements suspendus à des cintres).
- Coffre – pour les choses dont vous n'avez pas besoin en conduisant (dossiers volumineux, échantillons et ouvrages de référence, documentation, matériel de promotion, accessoires, vêtements).

CONSEIL D'INITIÉ

Dès votre arrivée à votre chambre d'hôtel, prenez quinze minutes pour défaire vos bagages et pour assigner une place à toutes les choses que vous avez emportées. Vous pourrez ainsi garder votre chambre organisée pendant tout votre séjour. Voici comment :

- Déterminez des zones. Voici quelques suggestions : habillement, toilette, travail, fournitures, valises, alimentation.

- Habituez-vous à ranger la clé de votre chambre dans la même section de votre sac à main ou de votre porte-documents chaque fois que vous entrez et sortez. Vous pourrez ainsi la trouver en tout temps. Je la mets habituellement dans la même pochette de mon sac à main où je range également les clés de la maison, car c'est pour moi un endroit logique et naturel.

4. Rangement dans des contenants

Mes contenants de rangement favoris pour les bureaux mobiles

- Porte-documents extensible – l'outil qu'il vous faut si vous prévoyez revenir avec plus de documents qu'à l'aller.
- Range-DC et disquettes – des pochettes en cuir ou en plastique qui vous permettent de classer et de protéger vos précieuses données.
- Pochette de classement – parfaite pour classer vos documents par ordre chronologique ou par réunion, lorsque vous voyagez.
- Assistant numérique personnel – légers et minces, ces appareils constituent une intéressante solution de rechange aux gros agendas, qui sont peu pratiques pour les voyages. Ils vous permettent d'inscrire électroniquement vos rendez-vous, vos choses à faire et vos numéros de téléphone. Certains modèles vous permettent même de recevoir votre courriel. Toutefois, vous devez être familiarisé avec les outils électroniques.
- Enveloppe pré-imprimée pour reçus – un moyen facile de connaître le montant de vos dépenses au fur et à mesure et d'être prêt à soumettre votre rapport de dépenses dès votre retour à la maison (Day Runners offre d'intéressants modèles).
- Boîtes de classement portatives – idéales pour organiser des dossiers, des échantillons et des catalogues de produits dans le coffre de votre voiture. Placez des attaches de velcro sous chaque contenant pour les empêcher de glisser pendant que vous conduisez.
- Bureau pour automobile – transforme le siège avant de votre voiture en une surface de travail pratique où vous pouvez mettre documents, ordinateur portatif et fournitures (offert par Newell).

- Range-tout pour le coffre – une façon judicieuse de ranger une variété d'articles dans le coffre de votre voiture – particulièrement utile aux vendeurs itinérants.
- Chemises de classement en plastique – idéales pour empêcher les papiers classés dans votre porte-documents de plier, de déchirer ou de s'éparpiller; elles sont indestructibles.
- Porte-téléphone cellulaire – parfait pour avoir les mains libres en conduisant, pour une sécurité accrue.
- Lampe à pince et écran d'intimité pour ordinateur portatif – en avion, éclaire discrètement votre clavier pour que vous puissiez travailler sans déranger vos voisins qui désirent dormir.
- Pochette de cuir et sac fourre-tout repliable – le supplément idéal à votre porte-documents; vous évite d'avoir à l'emporter à toutes vos réunions.
- Protège-pare-chocs – une gaine de plastique qui recouvre le pare-chocs de votre voiture; idéale pour protéger vos vêtements lorsque vous remplissez le coffre ou en sortez quelque chose.
- Sac à dos pour portable – un sac sur mesure pour transporter votre ordinateur portatif; distribue le poids également et prévient les maux de dos.
- Sac pour articles de toilette à pochettes multiples – grâce à cet accessoire, que vous accrochez à la porte de la salle de bain de votre hôtel, vous n'aurez plus besoin de ranger ces articles dans un contenant et de les en sortir une fois à destination. Note : le catalogue Mobile Office se spécialise dans les produits pour les professionnels qui voyagent.

L'étiquetage

Attachez des porte-clés étiquetés aux fermetures éclair de vos valises pour en indiquer le contenu. Ou placez une note dans la pochette de chacune de vos valises indiquant ce qui va à l'intérieur.

5. Ajustement

Maintenant que vous avez magnifiquement bien organisé votre bureau mobile, voici comment faire en sorte qu'il demeure en ordre :

- **Tous les jours.** Comme pour n'importe quel bureau, il importe de prendre quinze minutes à la fin de chaque journée pour faire du rangement et vous préparer pour le lendemain. Lorsque vous voyagez, cette étape est doublement important parce que vous aurez probablement à traiter un volume important de documents, d'appels téléphoniques, de demandes d'information et de messages électroniques accumulés en cours de route. Par conséquent, prenez trente minutes chaque jour pour mettre de l'ordre dans tout ça et vous débarrasser de l'inutile.
- **Continuellement.** Vérifiez votre boîte vocale pour recueillir vos messages et répondez à ceux que vous pouvez pendant votre voyage. Servez-vous du courrier électronique pour demeurer en contact avec vos collègues et faire avancer vos projets pendant votre absence. Entendez-vous avec votre assistant pour qu'il s'occupe de votre courrier, afin que les piles de lettres soient moins intimidantes à votre retour. Soyez réaliste en ce qui a trait au temps dont vous avez besoin pour vous « réadapter » et prévoyez une ou deux heures pour vous remettre à jour. Mais si vous voyagez beaucoup, demandez à votre assistant de vous faire parvenir votre courrier et vos documents pour que vous puissiez demeurer à jour dans votre travail. En voyage, si vous vous rendez compte que vous avez oublié un article ou emporté quelque chose d'inutile, modifiez votre liste en conséquence. N'attendez pas le prochain voyage, car il vous sera alors presque impossible de vous rappeler des changements que vous vouliez faire. Dès votre retour à la maison, videz votre porte-documents et vos valises et remplacez tous les articles et produits que vous avez épuisés durant votre voyage. Cela vous permettra de continuer votre travail sans heurts et de réduire votre temps de préparation au moment du prochain voyage.
- **Mises au point périodiques.** Gardez un œil vigilant sur le désordre en faisant le ménage dans votre porte-documents et votre voiture (le coffre et l'habitacle) une fois par mois ; jetez les documents périmés ainsi que le matériel, les fournitures, les articles de toilette et les dossiers inutiles.

CONSEIL D'INITIÉ

Gardez les choses en main pendant les congrès

Vous arrive-t-il toujours de revenir d'un congrès avec des tonnes de notes et d'idées que vous oubliez dans votre valise et que vous n'utilisez jamais ?

Les congrès sont des endroits par excellence pour accumuler de la paperasse inutile, surtout si vous n'avez pas défini au préalable vos objectifs. Demeurez concentré en n'assistant qu'aux séminaires et aux réunions qui vous aideront à atteindre les objectifs que vous vous êtes fixés en allant à ce congrès – ils peuvent consister à élargir votre réseau, à rencontrer des gens qui partagent vos intérêts ou à en savoir plus sur certains sujets. Lorsque les gens vous remettent leur carte professionnelle, inscrivez au verso une note qui vous aidera à vous rappeler de qui il s'agit (par exemple : « Grand gars aux cheveux roux avec un drôle de rire ») et le suivi que vous voulez effectuer (par exemple téléphoner, envoyer un mot de remerciement, faire parvenir de la documentation). Mettez ces cartes dans un endroit désigné de votre porte-documents pour le retour à la maison. Profitez du temps du vol pour résumer sur une feuille de papier les bonnes idées que le congrès a fait germer en vous et que vous avez l'intention de concrétiser à votre retour ; placez cette feuille dans une reliure « Golden Nuggets » (voir chapitre 7) dès votre arrivée.

10

Les centres d'information domestique

L'ANALYSE

1. Qu'est-ce qui fonctionne ?

Exemples :

> « Je garde mes billets de spectacles et d'événements sportifs dans le tiroir supérieur de mon buffet parce qu'ainsi, je sais toujours où les trouver. »
>
> — *Bruce C.*

> « Je range tous mes reçus d'impôt dans une pochette parce que je n'en ai pas beaucoup et que ces chemises sont faciles à ranger. De plus, les côtés de la pochette empêchent les petits reçus de tomber. »
>
> — *Risa S.*

2. Qu'est-ce qui ne fonctionne pas ?

Exemples :

> « Que faire avec tout ce papier ! Mon comptoir de cuisine est couvert de documents provenant de l'école de mon enfant, d'invitations, de courrier, de factures et j'en passe. Pour faire de la place à l'heure des repas, je fourre tout ça dans des sacs que j'oublie dans un coin. »
>
> — *Alice L.*

«Je ne paie jamais mes factures à temps, et je ne sais même pas où elles sont la plupart du temps. Je dois constamment payer des frais de retard.»

— *Libby C.*

«C'est vraiment difficile de savoir quoi garder et quoi jeter, alors je garde tout. Le papier a envahi ma maison!»

— *Sharon L.*

«Je garde beaucoup d'articles et de recettes pour usage ultérieur, mais je suis incapable de les retrouver quand j'en ai besoin.»

— *Martha G.*

3. De quoi avez-vous le plus besoin?

Exemples :

- **Joan K.**, mère de trois enfants, avait besoin d'espace pour ranger les factures et les reçus concernant le ménage, les bulletins scolaires, les dossiers financiers, les documents importants pour la famille, les accessoires pour la correspondance avec les amis, l'information touristique et les dossiers sur l'éducation des enfants, les loisirs et la culture personnelle.
- **David P.**, retraité, avait besoin d'espace pour les factures et les reçus, les documents à conserver pour fins d'impôt, les relevés bancaires, les relevés de placements, les documents relatifs aux biens immobiliers, les dossiers médicaux, le papier à lettres, les timbres, les enveloppes ainsi que les idées de voyage et les documents touristiques.
- **Janice et John R.**, couple marié, avaient besoin de place pour l'information sur leurs comptes bancaires et leurs placements, les factures à payer et les reçus de paiements, la documentation et les garanties liées aux appareils ménagers, les preuves d'achat d'œuvres d'art, les numéros de téléphone et les menus de restaurants offrant un service de livraison.

4. Pourquoi voulez-vous vous organiser?

Exemples :

- « Pour régler mes factures à temps et cesser de payer des frais de retard. »
- « Pour pouvoir utiliser de nouveau ma table de salle à manger ! »
- « Pour réduire l'irritation causée par tous ces disgracieux amas de papiers qui traînent partout ! »
- « Pour sentir que j'ai les choses bien en main plutôt que de vivre constamment avec la crainte d'avoir oublié quelque chose ! »
- « Pour gagner du temps et éliminer le stress que suscitent les recherches constantes de documents et de papiers égarés ! »

5. Quelles sont les sources du problème ?

Voici certaines causes répandues de désordre dans les documents relatifs au ménage :

- **Certains articles n'ont pas de place.** Comme la plupart des gens détestent s'occuper de la paperasse domestique, ils songent rarement à y consacrer un endroit spécifique de leur foyer. Par conséquent, d'importants documents s'éparpillent un peu partout dans la maison : sur les comptoirs de la cuisine, sur la table de la salle à manger ou par terre à côté du lit.
- **L'aversion pour le lieu.** Il arrive tout aussi fréquemment, et en raison de la même aversion, que les gens consacrent à la paperasserie une pièce ou un coin qui leur répugne autant que la tâche elle-même. Par exemple, l'une de mes clientes avait installé un bureau consacré aux tâches administratives domestiques dans une pièce si sombre et si sinistre qu'elle finissait toujours par éplucher son courrier et régler ses factures au lit de façon à pouvoir regarder la télévision en même temps. Son bureau est donc peu à peu devenu un fourre-tout, et des piles de papiers se sont empilées sur sa table de chevet. La solution consistait à organiser et à décorer son bureau pour qu'il devienne aussi agréable à fréquenter que sa chambre à coucher.
- **Loin des yeux, loin de la mémoire.** Les gens qui ne savent pas comment mettre en place un système de classement fiable pour les documents relatifs au ménage ont tendance à laisser les factures et autres documents importants à la vue pour se rappeler de s'en occuper. Il s'agit là d'un bel effort, mais qui se solde habituellement par un échec parce que ces aide-mémoire visuels finissent par s'empiler les uns sur

les autres, par se perdre ou par sombrer dans l'oubli. La solution consiste à créer un système fiable où il y a une place pour tout.

LA STRATÉGIE

Que vous soyez marié ou célibataire, que vous viviez dans un appartement ou dans une maison, que vous travailliez à domicile ou à l'extérieur, votre foyer a besoin, comme tous les autres, de son petit centre d'information, c'est-à-dire d'un endroit où sont centralisés tous les documents relatifs au ménage, soit les messages téléphoniques, les listes d'épicerie, les dépliants en provenance de l'école et des organismes communautaires ainsi que les factures.

Choisissez un lieu central autour duquel tous les membres de la maisonnée gravitent naturellement, où ils passent beaucoup de temps, déposent le courrier, font des appels téléphoniques, etc. Quel que soit l'endroit que vous choisissez – la cuisine, la salle à manger où un lieu près de la porte d'entrée –, vous aurez besoin d'une surface de travail (pour rédiger des lettres, régler des factures, signer des formulaires), d'un système de classement (un tiroir de classeur ou une boîte de classement portative déposée sur une tablette) ainsi que d'un tiroir ou d'un panier à fournitures (pour les timbres, l'agrafeuse, les ciseaux, les trombones et le ruban adhésif).

Planifiez vos zones

Parfois, les gens aiment exécuter certaines tâches administratives dans un endroit de la maison et d'autres dans une pièce différente. Ainsi, vous préférez peut-être vous occuper des documents concernant votre famille et faire vos appels téléphoniques dans la cuisine, et régler les factures et exécuter les tâches relatives à l'impôt dans votre chambre à coucher, où vous avez davantage d'intimité. Il n'y a là aucun problème, en autant que vous assigniez une activité donnée à une pièce ou un endroit donné et que vous vous y teniez. Si vous persistez à laisser traîner toutes sortes de documents partout dans la maison au hasard et sans méthode aucune, vous aurez beaucoup de difficulté à retrouver ce que vous cherchez.

Voici certaines zones d'activité, accessoires et lieux de rangement types pour un centre d'information domestique situé dans la cuisine.

Activité	Accessoires	Rangement
Courrier et circula-tion des documents	Panier pour courrier reçu	Comptoir de cuisine (extrémité)
	Panier pour courrier à poster	
	Invitations	
	Documents scolaires à signer	
	Papier à lettres et cartes	Tiroir
Règlement des factures	Factures à payer	Placard de cuisine
	Cartes de crédit et relevés bancaires	
	Catalogues	
	Enveloppes, étiquettes et timbres	
	Calculatrice, stylos, feuillets et éventail	
	Post-it et agrafeuse	
Réclamations d'assurance	Factures médicales à soumettre	Placard de cuisine
	Formulaires de demande d'indemnité	
	Indemnités à recevoir	
	Indemnités reçues	
Messages et calendrier	Téléphone	Mur de la cuisine
	Bloc-messages ou tableau à messages	
	Listes d'épicerie	
	Annuaires téléphoniques	Tiroir
	Calendrier personnel ou familial	Mur de la cuisine
	Activités culturelles/ brochures	
	Calendrier scolaire	

Messages et calendrier (suite)	Billets de spectacles Indications et cartes	Mur de la cuisine
Classement et archives	Dossiers financiers Documents relatifs à l'impôt Dossiers médicaux Documents essentiels Information touristique Souvenirs Loisirs et intérêts	Classeur
Planification des repas	Livres de recettes Revues de cuisine Recettes collectionnées	Étagère de cuisine Fichier

Conseils pour réaménager le mobilier

- Si votre centre d'information domestique est situé dans la cuisine, il est peu probable qu'il y ait des meubles à déplacer. Toutefois, vous pourriez avoir besoin de vider une armoire ainsi qu'un tiroir ou deux pour pouvoir y ranger ce dont vous avez besoin.
- Songez à installer une étagère au mur pour y mettre les livres de recettes ou les corbeilles de sortie pour le courrier familial.
- Utilisez les tablettes ou les comptoirs qui se trouvent à proximité pour ranger certains documents (voir section sur mes contenants favoris) si la pièce ne peut contenir de classeur.
- Suspendez le calendrier familial et le tableau à messages à l'arrière de la porte de cuisine pour économiser l'espace.
- Si vous prévoyez faire vos tâches administratives dans la chambre à coucher, utilisez un classeur à deux tiroirs que vous recouvrirez d'un tissu attrayant, pour qu'il puisse également faire office de table de chevet.
- Si vous utilisez la salle à manger, songez à ranger vos papiers et vos fournitures dans les tiroirs et sur les tablettes de l'armoire à porcelaine ou du buffet.

- Prévoyez suffisamment d'espace devant les classeurs pour pouvoir ouvrir les tiroirs complètement et avoir accès à leur contenu (entre 90 cm et un mètre).
- Si vous consacrez une pièce à votre centre d'information, décorez-la de la façon la plus agréable possible en y installant des lampes, des plantes, des œuvres d'art et des photos, pour que vous preniez plaisir à vous y trouver. Sinon, vous pourriez oublier de payer vos factures !

Estimation du temps

Voici la durée moyenne nécessaire pour installer un centre d'information domestique :

COMBIEN DE TEMPS CELA PRENDRA-T-IL ?

Offensive

1.	Tri	4 heures
2.	Élimination	4 heures
3.	Assignation d'une place	2 heures
4.	Rangement dans des contenants	6 heures
5.	Ajustement	15 minutes

L'OFFENSIVE

1. Tri

COMMENT ÉVITER CERTAINS PIÈGES COURANTS

Il y a fort à parier que vos documents importants sont éparpillés à divers endroits de la maison. Évitez de commencer par ranger tous les papiers qui se trouvent dans ces endroits, car vous pourriez vous épuiser rapidement. Commencez plutôt par organiser le lieu où vous avez décidé d'installer votre centre d'information domestique ; après une ou deux séances de rangement, votre centre sera fonctionnel, et vous serez prêt à y transférer les documents qui se trouvent dans les autres pièces après en avoir fait le tri et avoir jeté l'inutile.

Classement des documents

- Par catégorie (finance, documents essentiels, voyages, etc.)
- Par personne (dossier médical – John ; dossier médical – Mary)
- Par lieu de rangement (maison, archives, coffre-fort)

Classement des recettes

- Par catégorie (entrées, soupes, mets faibles en gras, repas d'entreprise, etc.)
- Recettes déjà faites versus recettes à essayer

Classement des photos

- Par année
- Par activité ou voyage
- Par personne

Voici comment une de mes clientes a catégorisé ses dossiers relatifs au ménage (et ce que chacun d'entre eux contient). Évitez la catégorie «Divers», car vous serez trop tenté de l'utiliser et il vous deviendra quasi impossible de retrouver les documents qui s'y trouveront. En effet, au bout de quelque temps, *personne* ne se souvient à quoi cette catégorie est censée correspondre.

Documents financiers	Documents essentiels	Mode de vie
Comptabilité	Dossiers d'adoption	Listes d'adresses
Relevés bancaires	Dossiers automobiles	Livres et cassettes audio
(par compte)	Actes de naissance	Église ou synagogue
Factures à payer	Rapport de solvabilité	Cours
Relevés de comptes	Acte de décès	Correspondance
de cartes de crédit	Jugement de divorce	Idées de décoration
Conseils et information	Dossiers scolaires	Indications et cartes
financiers	(par personne)	Divertissement
États financiers	Curriculum vitæ	Calendrier des activités
Dossiers de placements	Information sur	Exercice physique
Contrats de prêts et	l'emploi (par personne)	Idées de cadeaux
registre des paiements	Inventaire de la maison	Loisirs
Talons de chèques	Dossiers d'assurance	Humour
de paie	(par type)	Souvenirs

Dossiers relatifs aux
régimes de retraite
Biens immobiliers
(par emplacement)
Reçus
   – Appareils ménagers
   – Œuvres d'art
     et antiquités
   – Pièces de collection
   – Vêtements
   – Meubles
   – Rénovations
   – Réparations
Assurance sociale
Dossiers relatifs à
l'impôt et reçus
Déclarations
Garanties et contrats
de service

Dossiers juridiques
Acte de mariage
Dossiers médicaux
(par personne)
Dossiers militaires
(par personne)
Procurations
Dossiers religieux
Inventaire des objets
en coffre-fort
Documents essentiels
Inventaire des objets
en entreposage
Plan des documents
essentiels (voir conseil
d'initié en page 185)
Testament

(par personne)
Calendriers des années
précédentes
Animaux
Recettes
Restaurants
Culture personnelle
Voyages – excursions
d'un jour
Week-ends
Vacances
Grand voyageur
Travail bénévole

2. Élimination

La grande question que tous mes clients me posent immanquablement est « Combien de temps dois-je garder ces documents ? ». Avant de jeter tout document à teneur financière ou juridique, il est essentiel de vérifier auprès de votre comptable ou de votre avocat, parce que ce sont eux qui en savent le plus sur votre situation personnelle. Cela dit, voici quelques indications générales sur la période de temps pendant laquelle il faut garder certains documents, adaptées du livre de Barbara Hemphill intitulé *Taming the Paper Tiger*.

- **Dossiers automobiles** (titres, certificat d'immatriculation, réparations) – tant que vous êtes propriétaire du véhicule.
- **Agendas** (des années passées) – de un à dix ans, selon ce qui vous convient le mieux et selon que vous les utilisez aux fins de l'impôt ou à titre de référence ou encore que vous les gardez en souvenir.

- **Bordereaux de guichet automatique** – au maximum six ans si vous en avez besoin pour vos déclarations de revenus.
- **Relevés bancaires** – au maximum six ans si vous en avez besoin pour vos déclarations de revenus.
- **Relevés de comptes de cartes de crédit** – au maximum six ans pour ceux qui portent sur des achats déclarés à l'impôt; sinon, jusqu'à ce que le relevé annuel des intérêts soit émis par la société de crédit.
- **Catalogues et revues** – jusqu'à la sortie du numéro suivant.
- **Attestations de paiement de dividendes** – jusqu'à ce que l'état annuel soit émis par l'entreprise; ensuite, ne gardez que les états annuels.
- **Inventaire et estimation des biens de la maison** – tant que l'estimation demeure valide.
- **Contrats d'assurance** (automobile, habitation, responsabilité civile) – jusqu'à la fin de la période de prescription, en cas de réclamation tardive.
- **Contrats d'assurance** (invalidité, maladie, vie, biens personnels, responsabilité civile excédentaire) aussi longtemps que l'assurance est en vigueur.
- **Investissements** (registres des achats) – aussi longtemps que vous êtes propriétaire.
- **Investissements** (registres des ventes) – au maximum six ans pour fins d'impôt.
- **Hypothèque ou quittance de prêt** – aussi longtemps que vous êtes propriétaire, ou six ans après l'émission de la quittance.
- **Acte d'achat de biens** – aussi longtemps que vous êtes propriétaire desdits biens.
- **Reçus** :
  - Appareils ménagers – aussi longtemps que vous les possédez.
  - Œuvres d'art, antiquités, pièces de collection – aussi longtemps que vous en êtes propriétaire.
  - Vêtements – jusqu'à la fin de la période de retour, à moins que vous les gardiez pour faire votre budget.
  - Factures de règlement par carte de crédit – jusqu'à ce que vous receviez votre relevé et que vous puissiez vérifier si tout y est inscrit.
  - Meubles – aussi longtemps que vous les avez, au cas où des réparations seraient nécessaires.

- Rénovations de la maison – aussi longtemps que vous êtes propriétaire de la maison, ou six ans après la vente de la maison.
- Réparations de la maison – pour toute la durée de la garantie, ou plus longtemps, pour vérifier la fiabilité du service et les tarifs.
- Achats importants – pendant toute la durée de vie de l'article en question.
- Dossiers relatifs aux services médicaux et à l'impôt – au maximum six ans.
- Loyer – votre chèque oblitéré suffit.
- Factures d'électricité – la facture courante et une de l'année précédente pour vérifier l'évolution des prix.
- Garanties et instructions – pendant la durée de la garantie ou de l'objet. Collez sous l'appareil une étiquette indiquant la date d'expiration de la garantie et le numéro du service des réparations. Advenant un bris, vous pourrez vérifier facilement si l'article est encore couvert sans avoir à fouiller dans votre classeur.

- **Curriculum vitæ** – aussi longtemps qu'il est valide.
- **Clé et inventaire du coffre-fort** – aussi longtemps que vos possessions s'y trouvent.
- **Dossiers relatifs à l'impôt** (relevés bancaires et chèques oblitérés, certificats de dépôt, contrats, dons de charité, dossier de crédit, déclaration de revenus, bail et contrats de prêt, registre de remboursement de prêts, documents relatifs au régime de retraite, talons de chèque de paie) – ceux de l'année courante et ceux des six années précédentes.
- **Documents essentiels** (dossier d'adoption, actes de naissance et de décès, documents de citoyenneté, droits d'auteur et brevets, actes de mariage, jugement de divorce, « dernières instructions » aux exécuteurs testamentaires ou aux héritiers, dossiers médical et de vaccination, passeports, procurations, dossiers d'assurance sociale, testaments) – en permanence.

La liste de Julie de choses à jeter « simple comme bonjour »

- **Courrier importun.**
- **Coupons périmés.**
- **Emplois du temps périmés.**

- **Vieilles cartes de souhaits** – à moins qu'elles ne contiennent un message très spécial.
- **Vieux reçus d'épicerie.**
- **Invitations** à des événements passés.
- **Garanties et contrats de services expirés.**
- **Instructions** se rapportant à des articles que vous ne possédez plus.
- **Contrats d'assurance expirés.**
- **Revues que vous n'avez pas lues** – si elles remontent à plus de trois mois.
- **Vieux catalogues** – ne gardez que le numéro courant.
- **Brochures que vous n'avez jamais lues sur les placements et les opérations bancaires.**
- **Chèques oblitérés** – à moins que vous n'en ayez besoin pour votre déclaration de revenus.
- **Carnet de chèques** – s'ils remontent à plus de six ans, ou si le compte auquel ils se rapportent a été fermé.
- **Reçus pour des articles non déductibles.**
- **Cartes professionnelles** des personnes dont le nom ne vous dit plus rien.
- **Vieilles brochures touristiques** remontant à des vacances antérieures.
- **Cartes routières** que vous n'avez pas utilisées depuis dix ans.
- **Sollicitations** d'organismes de bienfaisance auxquels vous n'avez pas l'intention de faire de don.
- **Recettes** que vous n'avez pas essayées depuis cinq ans.
- **Photographies de mauvaise qualité** ou qui ne vous plaisent tout simplement pas.
- **Articles ou coupures de journaux** que vous n'avez pas relus depuis plus de cinq ans.

CONSEIL D'INITIÉ

Vous vous sentez coupable de jeter toutes ces lettres de sollicitation en provenance d'organismes de bienfaisance auxquels vous n'avez pas toujours les moyens de faire un don, même si vous le souhaiteriez? Une participante à l'un de mes ateliers avait trouvé une merveilleuse méthode pour régler ce problème. Elle gardait les lettres des organismes qui l'intéressaient dans un dossier appelé «Don annuel». Puis, une fois par année, le jour de son anniversaire, elle ouvrait le dossier, choisissait trois organismes et leur envoyait un chèque. Elle s'offrait ainsi à elle-même un présent qui réglait du même coup son problème de conscience.

3. Assignation d'une place

- Si vous comptez faire usage d'un classeur, assignez à chaque catégorie de documents un tiroir ou une section de tiroir. Placez les documents que vous utilisez le plus fréquemment (par exemple, les « Documents financiers ») dans le tiroir du dessus pour plus de commodité.
- Il n'y a pas de place pour un classeur dans la pièce où vous comptez faire vos tâches administratives ? Donnez-vous la possibilité d'exécuter ces tâches où vous voulez, de rendre le rangement des documents plus facile et de mieux vous concentrer sur une tâche à la fois : classez vos documents dans une série de boîtes de classement portatives (voir la section sur mes contenants favoris) que vous placerez sur une tablette. Prévoyez une catégorie de documents par boîte.
- Donnez un sens à la position des onglets des chemises, de manière à connaître en tout temps le statut de vos documents. (Pour de plus amples renseignements sur l'utilisation des onglets comme repères visuels, voir le chapitre 6.) Voici quelques exemples :

Boîte de factures à payer

- Factures à payer entre le 1er et le 15 du mois (onglet à gauche)
- Factures à payer entre le 16 et le 31 du mois
  - Comptes de cartes de crédit (une pour chacun) (onglet au centre)
  - Comptes bancaires (une pour chacun)
    - Reçus : (onglet à droite)
      - Appareils ménagers
      - Voiture
      - Vêtements
      - Nourriture
      - Loyer

Boîte de réclamations d'assurance

- Formulaires de demande d'indemnité (onglet à gauche)

- Factures à soumettre
  - Soumises, en attente, assureur principal (onglet au centre)
  - Soumises, en attente, assureur secondaire
    - Demandes d'indemnité traitées, solde dû au médecin (onglet à droite)
    - Demandes d'indemnité réglées (cette chemise devrait être transférée sous peu dans vos documents d'impöt)

Boîte de projets de vacances

- Grand voyageur (avion) (onglet à gauche)
- Coupons de voyage
  - Idées de voyage : (onglet au centre)
  - Excursions d'une journée
  - Excursions de week-end
  - Tourisme d'aventure
  - Vacances dans une station thermale
    - Voyages entrepris : (onglet à droite)
      - France
      - Californie

Si vous utilisez un coffre-fort, voici ce que vous pouvez y mettre. Sauf indication contraire, tous les documents devraient être des originaux ; gardez en dossier une copie de chacun d'entre eux dans votre centre d'information domestique.

- Documents d'adoption
- Titres de propriété de votre voiture
- Actes de naissance
- Documents de citoyenneté
- Copies des testaments (laissez l'original au registraire de la région)
- Liste de comptes et de numéros de cartes de crédit
- Actes de décès
- Actes notariés et documents d'hypothèque
- Actes de divorce
- Information historique sur la famille et négatifs des photos importantes

- Inventaire et estimations des objets de la maison (accompagnés de négatifs de photos ou de vidéocassettes)
- Contrats importants
- Certificats de placement
- Baux
- Contrats d'assurance vie
- Liste de numéros de comptes en banque
- Listes de titres et de numéros de polices d'assurance
- Acte de mariage
- Dossiers militaires
- Passeports
- Brevets et droits d'auteur
- Information sur le régime de retraite
- Certificats d'actions et d'obligations
- « Plan » des documents essentiels (voir le conseil d'initié qui suit)

CONSEIL D'INITIÉ

Comment dresser un « plan » des documents essentiels

Un « plan » des documents essentiels est un index de tous vos dossiers les plus importants, qui vous permet de les rassembler aisément en cas d'urgence – si vous perdez votre portefeuille; si vos dossiers sont détruits dans un incendie ou lors d'une catastrophe naturelle; s'il vous arrive quelque chose et que votre famille a besoin de savoir où sont tous ces documents. Faites une photocopie de chaque pièce d'identité importante qui se trouve dans votre portefeuille, que vous garderez dans votre dossier « Plan des documents essentiels ». De plus, dressez une liste de tous vos documents essentiels et vos dossiers financiers, en indiquant l'endroit où ils sont rangés ainsi que le nom et le numéro de téléphone des organismes avec lesquels il faut communiquer pour les remplacer en cas de catastrophe, et rangez le tout dans votre coffre-fort. Gardez une copie de cette liste dans une chemise de plastique que vous rangerez à la maison dans votre dossier « Plan des documents essentiels » et envoyez une autre copie à votre avocat, à un ami ou un membre de votre famille habitant loin. En effet, en cas d'incendie, de tremblement de terre ou d'inondation, les dossiers que vous gardez à la maison ainsi qu'à la banque où se trouve votre coffre-fort pourraient être détruits.

LES TRUCS SECRETS DE L'ORGANISATEUR PROFESSIONNEL

**Créez un dossier d'impôt rotatif contenant l'équivalent
de six ans de documents**

Pour archiver convenablement tous les documents relatifs à l'impôt, installez dans une boîte de rangement six chemises à fond plat étiquetées année 1 à année 6 (évitez de préciser les années) afin d'éviter d'avoir à changer les étiquettes chaque année. Gardez les documents de l'année dernière et les reçus correspondants dans la chemise de l'année 1, les documents de l'année précédente dans la chemise 2, et ainsi de suite. À la fin de chaque année, jetez le contenu de la dernière chemise (année 6), placez le contenu de chaque chemise dans la suivante, et rangez les documents de l'année écoulée dans la chemise 1. Puis, rangez la boîte dans le fond d'un placard ou dans le grenier. Si un vérificateur de l'impôt vous rend un jour visite, vous serez prêt.

4. Rangement dans des contenants

Mes contenants de rangement favoris
pour les documents du ménage

- Classeurs en bois à deux tiroirs – ils sont habituellement de la grosseur parfaite pour les documents du ménage. Recherchez des motifs en bois attrayants ; les classeurs en métal bon marché se déforment et rouillent facilement, ce qui rend le classement difficile.
- Boîtes de classement portatives – la solution idéale si vous n'avez pas de place pour un classeur. Ces boîtes sont offertes en plastique, en rotin, en osier et en acier galvanisé, et s'installent aisément sur n'importe quelle tablette.
- Pochette de classement murale – excellente pour être utilisée au mur comme classeur aide-mémoire, particulièrement pour les personnes de type visuel qui souffrent du syndrome « loin des yeux, loin de la mémoire » (E-Z Pocket en offre un modèle populaire).
- Paniers en bois ou en osier – un moyen efficace de ranger les fournitures de bureau sur un comptoir ou un bureau sans créer une impression de désordre.

- Plateaux à lettres – un moyen attrayant de classer le courrier et les messages par personne dans une entrée, sur un bureau ou un comptoir; ils sont offerts en rotin, en bois, en osier, en mailles et en acier.
- Support pour téléphone et répondeur en osier ou en fil métallique – une merveilleuse façon d'économiser l'espace.
- Boîtes recouvertes de papier – un moyen attrayant de classer et de ranger sur une tablette les reçus, les dessins des enfants et les documents bancaires.
- Commode de classement en bois et en rotin – un excellent lieu de rangement pour les dossiers et les fournitures de bureau, déguisé en table de chevet (offert par Hold Everything).
- Coffre pour dossiers et couvertures – parfait pour les centres d'information se trouvant dans les chambres à coucher ou les salles de séjour parce qu'ils offrent un excellent camouflage.
- Classeur mobile – un moyen pratique de déplacer vos dossiers de leur lieu de rangement à l'endroit où vous préférez travailler (comme par exemple sur la table de la salle à manger); ils sont offerts en bois, en métal et tapissés.
- Calendrier mural/centre des messages – idéal pour garder tous les membres de votre famille au courant des événements; vous aide à centraliser tous les renseignements importants en un seul endroit.

L'étiquetage

L'étiquetage est aussi important pour un centre d'information domestique que pour n'importe quel autre endroit de votre bureau ou de votre maison. Il vous permet de ranger aisément vos dossiers à l'endroit approprié, les retrouver en un rien de temps et voir en un coup d'œil s'il manque des dossiers ou si certains se trouvent au mauvais endroit. Pour des trucs sur l'étiquetage des dossiers et des contenants, voir les chapitres 6 et 9. Ce qui fonctionne pour les bureaux peut également s'appliquer aux centre d'information domestiques.

5. Ajustement

Si d'autres membres de votre famille utilisent votre système, assurez-vous qu'ils le comprennent bien. Expliquez-leur votre méthode de classement, l'endroit où vont les factures, etc., pour qu'ils soient en mesure de trouver ce qu'ils cherchent et de remettre les choses à la bonne place.

Le Home Manager centralise l'information utile à toute la famille (*gracieuseté de DayRunner, Inc.*).

Encouragez les membres de votre famille à participer en leur assignant certaines tâches relatives à l'administration du ménage. Confiez à l'un de vos enfants la tâche de trier tous les jours le courrier et de le placer dans les plateaux où ils appartiennent. Donnez à un autre la responsabilité de garder la collection de catalogues à jour en jetant les exemplaires périmés. Une fois les documents classés, demandez à votre conjoint de payer les factures s'il s'agit d'une tâche qui vous déplaît particulièrement.

Surtout, si vous ne voulez pas être dépassé par l'afflux constant de documents relatifs à votre foyer, prévoyez un moment pour les ranger à intervalles réguliers, comme vous le feriez dans un bureau.

- **Tous les jours.** Prévoyez entre quinze et trente minutes pour trier le courrier, faire vos appels téléphoniques et vous occuper de votre correspondance. En procédant ainsi tous les jours, vous éviterez toute accumulation.
- **Continuellement.** Selon le volume, prévoyez trente minutes chaque semaine ou à toutes les deux semaines pour payer vos factures. Pour plus de commodité, assurez-vous d'avoir suffisamment de timbres et d'enveloppes en réserve. Si vous payez vos factures deux fois par mois, rangez-les, selon leur date d'échéance, soit dans le dossier des « Factures à payer entre le 1er et le 15 », soit dans celui des « Factures à payer entre le 16 et le 31 ». Ce classement préliminaire accélérera le paiement.
- **Mises au point annuelles.** Prévoyez une demi-journée pour épurer vos dossiers, c'est-à-dire pour jeter les garanties et les instructions se rapportant à des articles que vous ne possédez plus, pour ranger les relevés bancaires, les reçus et les documents relatifs à l'impôt de

l'année dans votre dossier rotatif ainsi que pour confectionner des étiquettes pour tout nouveau dossier que vous aurez créé durant l'année. Portez une attention particulière à votre dossier «Mode de vie», surtout s'il commence à déborder de choses – recettes, articles d'intérêt, coupures de journaux portant sur des livres et des cassettes audio – que vous croyiez utiliser ou pensiez acheter, mais qui n'ont fait qu'amasser la poussière. Débarrassez-vous-en!

11

Greniers, sous-sols et garages

CONSEIL D'INITIÉ

Travailler ensemble

Organiser un grenier, un sous-sol ou un garage est une activité idéale à faire en famille. Non seulement le travail ira plus vite et sera plus agréable, mais tous en bénéficieront. Au départ, pour exécuter les étapes de l'analyse et de la stratégie, convoquez une réunion de famille pour que tous et toutes donnent leur point de vue sur l'importance d'organiser le lieu en question. Assurez-vous que tous les membres de votre famille y trouvent leur compte, y compris les enfants, pour que l'adhésion au projet soit unanime. Pour l'étape de l'offensive, choisissez un beau jour du printemps, de l'été ou de l'automne. Achetez de la nourriture à grignoter et assignez une tâche à chaque personne. Sortir les choses du garage, les diviser en catégories logiques, mettre dans un tas à part tout ce qui est inutile, balayer et nettoyer des étagères et y ranger des choses, voilà quelques-unes des nombreuses tâches que vous pouvez distribuer aux membres de votre équipe.

L'ANALYSE

1. Qu'est-ce qui fonctionne ?

Exemples :

« Nous gardons les boîtes de conserve et les contenants à recycler près de la porte du garage, car il est facile de les jeter à cet endroit à partir de la cuisine. Par la suite, il suffit de les mettre sur le trottoir une fois par semaine. »

— *Stan et Sally B.*

« J'ai deux supports dans le grenier, où je garde tous mes vêtements hors saison. C'est très pratique parce que je n'ai pas besoin de les enlever de leurs cintres pour les ranger. »

— *Bella G.*

2. Qu'est-ce qui ne fonctionne pas ?

Exemples :

« Il y a tellement de choses dans mon grenier, que je crains que cela constitue un risque d'incendie. Je n'ai plus aucune idée de ce qui s'y trouve. »

— *Ron U.*

« Notre garage, qui est assez grand pour contenir deux voitures, est tellement rempli de toutes sortes de bricoles que nous n'avons pu y garer nos voitures depuis plusieurs années. Par conséquent, elles souffrent davantage de l'usure des saisons. Cette dépréciation de nos véhicules nous coûte énormément cher ! »

— *Les Benson*

« J'ai installé des étagères et des panneaux perforés dans le but de créer un peu plus d'ordre. Mais il y a tellement de choses empilées par terre qu'il est impossible de s'y rendre pour y placer quoi que ce soit. Je n'ai pas pu travailler dans mon atelier depuis plus d'un an. »

— *Bob V.*

« Je n'arrive jamais à trouver mon gant de base-ball, mes patins à roues alignées ou mes bâtons de hockey. Et je ruine un tas de choses. La semaine dernière, mon père a écrasé ma bicyclette en stationnant la voiture. »

— *Tommy C. (10 ans)*

3. De quoi avez-vous le plus besoin?

Exemples :

- **Roberta et Rich P.**, dont la famille active comprend cinq enfants, avaient besoin d'espace pour sept bicyclettes et casques de cyclisme, une grande quantité d'équipement de sport, des accessoires de jardinage, un atelier et des outils, de l'équipement de camping et de plage, des accessoires pour bébé ainsi que des bacs à recyclage.
- **Myra et Alberto R.**, respectivement professeur et ingénieur et parents de trois jeunes enfants, avaient besoin d'espace dans leur grenier pour ranger la literie, les décorations de Noël, les accessoires et les fournitures d'enseignement, les souvenirs de famille et l'ameublement non utilisé.
- **Marianne et Ron W.**, tous deux sur le marché du travail et parents de deux enfants, devaient ranger dans leur sous-sol rénové les jouets et les jeux des enfants, les vêtements hors saison, une machine à coudre, une table à découper et du tissu, en plus d'aménager un endroit pour la lessive.

4. Pourquoi voulez-vous vous organiser?

Exemples :

- « Pour faire un meilleur usage de l'espace dont je dispose. »
- « Pour avoir un endroit où ranger les choses qui traînent dans le reste de la maison. »
- « Pour redécouvrir mes souvenirs de famille et en profiter. »
- « Pour pouvoir aménager une salle de jeu pour les enfants. »
- « Pour pouvoir aménager un atelier afin de pratiquer mon violon d'Ingres. »
- « Pour avoir un endroit où garer ma voiture – afin de la protéger des durs hivers. »
- « Pour avoir accès à toutes ces choses de valeur que nous possédons. »

5. Quelles sont les sources du problème?

Voici certaines causes courantes de désordre dans ces trois espaces :

- **Certains articles n'ont pas de place.** Bien des gens ont l'habitude de « jeter » à l'aveuglette des choses dans leur grenier, leur sous-sol et leur garage, sans suivre aucun système. Avant longtemps, toutes ces choses s'accumulent et s'empilent, et il leur devient impossible de trouver ce dont ils ont besoin ni même de se rappeler ce qu'ils possèdent.
- **L'attachement sentimental.** Les greniers, les sous-sols et les garages sont souvent des endroits où aboutissent ces choses dont vous ne pouvez vous résoudre à vous débarrasser, même si vous n'y jetez plus jamais les yeux et ne vous rappelez même pas leur existence. Il est bon de garder les objets qui ont pour vous une valeur sentimentale ou monétaire, en autant que vous pouvez y avoir accès en les rangeant de façon efficace. Mais garder de vieux journaux jamais lus ou des meubles qui pourrissent à ne rien faire constitue un gaspillage de ces précieux espaces.

LA STRATÉGIE

Planifiez vos zones

Voici quelles sont les zones d'activité courantes, de même que les accessoires et les lieux de rangement correspondants :

Activité	Accessoires	Rangement
Sports	Bicyclettes	
	Patins	
	Bâtons de hockey	Étagère utilitaire
	Balles de sport	
	Casques, protège-genou et protège-coude	
	Équipement de pêche	Panneau perforé
	Matériel de camping	
Automobile	Cirage et vernis à automobile	Étagère de métal
	Torchons à nettoyer	
	Huile, antigel, lave-vitres	
	Pièces de rechange	
	Outils	

Jardinage	Graines	Armoire verrouillable
	Pots	
	Tuteurs	
	Outils à main	
	Outils de jardinage, râteaux	
	Produits fertilisants, produits chimiques	
Souvenirs	Photos de famille	Vieille armoire
	Albums	
	Bijoux de famille, dessins des enfants et dossiers scolaires	
	Souvenirs de vacances	
	Vidéocassettes	
Ameublement de maison non utilisé	Mobilier non utilisé	Au fond du grenier
	Lampes	
	Ventilateurs, humidificateurs	
	Rideaux, tentures	
	Literie de rechange	Coffre en cèdre
	Accessoires pour bébé	
Dépense	Nourriture en conserve et en boîte	Étagère utilitaire
	Papier hygiénique	
	Ampoules électriques	
	Congélateur	
Fêtes	Décorations	Rangement
	Papier d'emballage	
	Cadeaux	
Recyclage	Poubelles	
	Bacs de recyclage	

Recyclage (suite)	Ficelle, broyeur de boîtes de conserves	
Lessive	Détergents Détachants Nécessaire de raccommodage Paniers à lessive Cintres Grille de séchage	Étagères
Vêtements hors saison	Enfants et adultes, par saison et par grandeur	Placard de rangement Bacs de plastique

Conseils pour réaménager le mobilier

Au moment où vous vous décidez enfin à y mettre de l'ordre, la plupart des greniers, sous-sols et garages sont déjà si encombrés que vous ne pouvez déplacer quoi que ce soit ; il vous faut donc d'abord vider les lieux. Pour les greniers et les sous-sols, mettez temporairement un certain nombre de choses dans des boîtes pour libérer les lieux afin de pouvoir travailler. Pour les garages, la meilleure méthode consiste à sortir toutes les choses sur la pelouse ou dans l'allée en les divisant en plusieurs catégories. De cette façon, vous pourrez balayer et nettoyer le garage avant de déterminer vos zones et de replacer les choses à l'intérieur.

CONSEIL D'INITIÉ

Lorsque vous planifiez la division de votre espace, gardez à l'esprit certains facteurs tels que l'humidité ambiante et celle du sol ainsi que la poussière, afin de parer à tout dommage potentiel que pourraient subir vos possessions lorsque vous leur assignerez une place. Par exemple, dans le sous-sol d'un de mes clients, nous avons décidé que la zone consacrée aux meubles devrait se trouver loin de la fenêtre, au cas où de la pluie s'infiltrerait à l'intérieur lors d'une tempête. Dans une autre situation, nous avons placé la zone de l'équipement de sport tout près de l'entrée du garage, pour que les enfants puissent facilement prendre et replacer leurs bicyclettes, leurs planches à roulettes, leurs balles et leurs casques.

Idées pour accroître l'espace

Pensez vertical

- Installez au mur des étagères utilitaires.
- Installez près du plafond une grande tablette ou plate-forme, comme on en trouve dans les lofts, pour les articles hors saison ou rarement utilisés.
- Installez des crochets et des panneaux perforés aux murs pour y ranger les outils, les accessoires de jardinage, les vêtements, etc.
- Installez aux murs ou au plafond des supports pour les bicyclettes, l'équipement de pêche et de sport.
- Empilez des tiroirs escamotables en plastique ou en carton ondulé.

Divisez l'espace

(Les suggestions qui suivent ne seront peut-être pas appropriées pour votre garage si vous y garez votre voiture.)

- Placez des étagères, des bibliothèques et des commodes perpendiculairement au mur pour mieux définir les zones et accroître la capacité de rangement.
- Alignez les meubles et les étagères au centre de la pièce, de façon à créer des allées de chaque côté, comme dans une librairie ou une bibliothèque.

Utilisez les coins et recoins

- Les ouvertures sous les escaliers et les niches murales sont d'excellents endroits pour installer des étagères.
- Utilisez les commodes, les classeurs et les armoires que vous gardez dans le grenier, le sous-sol ou le garage pour y ranger les vêtements hors saison, les documents et les souvenirs.

Estimation du temps

Voici le temps que prend en moyenne l'organisation des greniers, des sous-sols et des garages :

COMBIEN DE TEMPS CELA PRENDRA-T-IL ?

Offensive

1.	Tri	16 heures
2.	Élimination	3 heures
3.	Assignation d'une place	2 heures
4.	Rangement dans des contenants	3 heures
5.	Ajustement	5 minutes

L'OFFENSIVE

1. Tri

Nos greniers, nos sous-sols et nos garages sont habituellement remplis d'un rare mélange constitué de choses dont nous nous servons couramment, de choses dont nous nous servions jadis et de choses dont nous pensons nous servir un jour. Réfléchissez bien et ne gardez que les objets qui sont en bonne condition et qui ont pour vous beaucoup de valeur sur le plan pratique, monétaire ou sentimental. N'en conservez qu'un nombre limité, de façon à pouvoir bien gérer le tout et en jouir au maximum.

Triez vos possessions et divisez-les en des groupes qui sont les plus logiques pour vous. Voici certaines suggestions qui vous aideront à amorcer votre réflexion :

- Jardinage (par catégorie – outils, graines, terre, fertilisants)
- Outils (par catégorie – électricité, plomberie, carrelage, peinture, ruban adhésif, clous et vis, outils électriques, outils à main)
- Vêtements (par personne, par saison, par taille)
- Sports (par sport, par personne, par âge)
- Souvenirs (par personne, par année, par activité)

Je crois fermement en l'importance de garder des souvenirs, des lettres, des photographies et certains objets, qui nous rappellent des moments heureux et nous font réfléchir sur qui nous sommes. L'important est d'éviter de trop en accumuler. Soyez sélectif et ne gardez que les souvenirs qui ont une grande valeur émotionnelle ou financière pour vous. Puis rangez-les de façon à y avoir accès facilement, pour qu'ils soient source de plaisir et non de tracas. Pour ne garder que le meilleur de chaque chose, songez à créer un centre de souvenirs de famille. Protégez les photographies, les lettres et les dossiers importants dans des boîtes d'archivage ou des albums. Gardez les souvenirs des voyages en famille dans des boîtes de rangement décoratives plates, une par voyage. Procurez-vous une malle et mettez-y un nombre limité d'images et d'autres objets qui gardent le souvenir de votre famille bien vivant. Créez une boîte de souvenirs personnelle pour chacun de vos enfants (et pour vous-même !), remplie de choses soigneusement sélectionnées qui pourront satisfaire vos besoins périodiques de faire un voyage dans le temps. Par exemple, je garde une boîte à chaussures décorative remplie de trésors triés sur le volet qui remontent à mon enfance. Ce qui m'importe, c'est que même si toutes ces choses sont contenues dans une simple petite boîte à chaussures, facile à ranger et à ressortir, elles arrivent à ressusciter tous les souvenirs dont j'ai besoin. Voici les objets qui s'y trouvent :

La boîte à souvenirs d'enfance de Julie

- Deux albums de signatures datant de l'école élémentaire.
- Un album de photos du camp Galil, que j'ai fréquenté à l'été de l'année 1972.
- Une sculpture faite de bois et de clous que j'ai créée en quatrième année.
- Un reçu pour l'achat d'un phonographe Victrola, en 1975, la première «antiquité» que j'aie acquise, et qui a inauguré des années de collection d'objets anciens.
- Des photos d'école de troisième et quatrième années avec mes deux professeurs préférés, Mme Singer et M. Cohen.
- Un reçu d'une étrange auberge, à Londres, où j'ai séjourné avec mon amie Gina lorsque nous avions seize ans.
- Les lettres favorites que mes amis m'ont envoyées au fil des ans.

- Une photo de moi avec mon idole de jeunesse, Bette Midler, alors que j'avais été la voir en coulisses à la suite de la revue *Clams on the Half Shell*.
- Un programme autographié par une autre de mes idoles, Katharine Hepburn.
- Une lettre de ma première propriétaire, qui se plaignait du fait que j'avais laissé l'appartement dans un fouillis total (vous voyez, je n'exagérais pas lorsque je vous disais au chapitre 1 que j'ai déjà été une souillon!).

2. Élimination

Vous n'aurez aucune hésitation à vous débarrasser de certaines choses se trouvant dans votre grenier, sous-sol ou garage. En effet, plusieurs articles auront été détruits en raison de mauvaises conditions d'entreposage et d'une température inadéquate.

La liste de Julie de choses à jeter « simple comme bonjour »

- Les clous, les outils et l'équipement rouillés.
- Les vêtements, les rideaux, les tapis, la literie et les meubles rembourrés envahis par la moisissure ou rongés par les mites.

COMMENT ÉVITER CERTAINS PIÈGES COURANTS

Les greniers, les sous-sols et les garages sont remplis d'un mélange unique de choses que nous utilisons couramment, de choses que nous avons déjà utilisées et de choses que nous pensons utiliser un jour. Concentrez-vous sur les avantages afin de faciliter votre prise de décision :

Plus d'espace. Pensez à tout l'espace dont vous disposerez ici et ailleurs dans la maison pour mettre toutes ces choses que vous utilisez et aimez vraiment et auxquelles vous avez besoin d'avoir accès.

Plus d'argent. Pensez aux dollars que vous économiserez en n'ayant plus à remplacer des articles perdus ou brisés, aux profits que vous réaliserez en vendant certaines choses, ou à la déduction d'impôt dont vous pourrez bénéficier en faisant un don. Vous pourrez alors utiliser cet argent pour vous adonner à des activités ou acheter des choses que vous ne pouviez pas vous permettre auparavant. Encouragez-vous en décidant à l'avance ce que vous ferez de cet argent, comme par exemple prendre des vacances.

Un geste responsable sur le plan social et environnemental. Imaginez une vue aérienne du monde où vous pourriez apercevoir toutes les possessions inutilisées empilées dans les greniers, les sous-sol et les garages et qui y dorment depuis des années. Quel gaspillage des ressources terrestres ! En remettant ces articles «dormants» en circulation pour qu'ils profitent à d'autres qui en ont besoin, vous accomplissez une bonne action.

- **Accessoires pour bébé qui ne servent plus.**
- **Petits appareils ménagers et appareils électroniques vieux et brisés.**
- **Vieilles cartes d'anniversaire, papier d'emballage usagé et boîtes de cadeaux.**
- **Boîtes de reçus qui remontent à sept ans et plus** (vérifiez au préalable auprès de votre comptable).
- **Vieux journaux et revues.**
- **Meubles brisés sans valeur.**
- **Tuyaux d'arrosage, pots et outils brisés.**
- **Peinture desséchée.**
- **Cahiers et manuels scolaires.** (Voilà une décision difficile à prendre pour bien des gens, y compris pour moi. Essayez d'être réaliste : pensez-vous vraiment vous en servir un jour ? Ne sont-ils pas complètement périmés ? Si vous êtes tout simplement incapable de vous séparer de tous les vestiges de vos années d'école, gardez une boîte remplie de vos documents et bulletins préférés, et débarrassez-vous du reste. Vous verrez, c'est très libérateur !)

Bon, voilà pour la partie facile. Mais lorsque vous ferez le ménage de votre grenier, de votre sous-sol ou de votre garage, vous découvrirez sûrement un tas d'objets dont vous ne vous servez plus et dont vous ne voulez plus, mais dont vous hésitez quand même à vous débarrasser. Voici certaines idées pour vous aider à réduire l'encombrement de la pièce :

- **Mettez certaines choses en entreposage.** Il s'agit-là d'une solution particulièrement avantageuse si vous voulez garder des meubles pour une deuxième maison ou pour les donner un jour à vos enfants, ou encore si vous possédez une entreprise à domicile et que vous avez besoin d'un endroit à l'extérieur de la maison pour garder d'importants documents ou dossiers. Assurez-vous de recouvrir les meubles pour les protéger et de bien étiqueter toutes les boîtes, en en indiquant le contenu. Dressez une liste détaillée de toutes les choses que vous mettez en entreposage et rangez-la sous la rubrique « Entreposage » dans le classeur où vous gardez vos dossiers courants. Certaines entreprises offrent maintenant des services de ramassage et de livraison, ce qui rend les choses plus faciles que jamais. Ils emportent un conteneur à votre porte, vous le remplissez, et ils emportent le tout.

- **Faites un don à des organismes de bienfaisance** – une maison pour les sans-abri, une bibliothèque ou un hôpital. Ce geste constituera une importante leçon pour vos enfants. De plus, en faisant don de ce dont vous ne vous servez plus pour une bonne cause, vous bénéficierez d'une importante déduction d'impôt qui pourrait vous rapporter autant que si vous les vendiez, de façon beaucoup plus facile. Par exemple, ma fille donne les choses qu'elle n'utilise plus à des foyers pour femmes et enfants battus ; je partage alors avec elle le montant obtenu grâce à la déduction d'impôt, pour lui enseigner les avantages supplémentaires de la générosité.

- **Organisez une vente de garage.** Si vous avez le temps et si vous possédez une importante quantité d'articles vendables en bonne condition, l'organisation d'une vente de garage peut constituer une activité amusante pour toute la famille. Chaque personne peur gagner de l'argent en vendant quelques-unes de ses possessions, ou les recettes totales de la vente peuvent être mises en commun et investies dans une activité pour toute la famille comme l'achat d'un ordinateur perfectionné, d'une nouvelle chaîne stéréo ou d'une nouvelle télévision, ou encore l'organisation d'une fête de vacances. Souvenez-vous, toutefois, que vos recettes seront d'autant meilleures si vous vivez dans un quartier où les ventes de garage abondent. De plus, ce genre d'entreprise exige beaucoup de travail. Vous devez faire preuve de réalisme en ce qui a trait au temps que vous devrez y consacrer. Voici le nombre d'heures qui sont habituellement nécessaires à l'organisation et la tenue d'une vente de garage :

- Évaluation et nettoyage des   1-2 jours
  articles et attribution des prix
- Confection et diffusion des   2 heures
  affiches et de la publicité
- Arrangement et présentation   4 heures
  des articles à vendre
- Visite à la banque pour se   1 heure
  procurer de la monnaie
- Vente de garage   2 jours
- Transport des articles invendus   3 heures
  à des organismes de bienfaisance

DURÉE TOTALE :   de quatre à cinq jours et demi

- **Vendez à un détaillant.** Si vous avez un grand nombre de vieux objets de valeur, vous pourriez les vendre directement à un antiquaire ; la plupart d'entre eux font des estimations honnêtes et vous offriront un prix équitable. Vous pouvez aussi demander à un estimateur professionnel de déterminer la valeur de vos objets, puis les vendre en faisant paraître une annonce dans le journal local ou dans une revue s'adressant aux collectionneurs.

3. Assignation d'une place

- **Des séquences logiques.** Le regroupement des articles connexes est particulièrement important dans les greniers, les sous-sols et les garages. En effet, comme il s'agit de pièces très vastes, les membres de votre famille doivent être en mesure de comprendre la logique de rangement pour pouvoir adhérer à votre système. Par exemple, vous pouvez ranger dans la moitié avant de la pièce tous les articles que vous utilisez couramment, de l'équipement de sport aux outils en passant par les accessoires de jardinage. La moitié arrière peut servir à ranger des articles utilisés moins souvent (vêtements hors saison, dossiers relatifs à l'impôt, meubles de maison).
- **L'accessibilité.** Pour pouvoir tenir le coup, votre système doit à tout prix être pratique. Assurez-vous de ne pas empiler des boîtes et des contenants trop haut ou trop profondément. Lorsque vous ne pouvez distinguer les objets qui se trouvent derrière une pile ou que vous devez travailler d'arrache-pied pour accéder à la boîte du dessous, cela

dénote une mauvaise méthode de rangement. Disposez le tout de façon à pouvoir distinguer à partir de tous les angles ce que vous possédez et y accéder avec un minimum d'efforts.

CONSEILS D'INITIÉ

Une vente de garage réussie

Faites les meilleurs prix possible. Soyez honnête en ce qui a trait à la condition des articles, et assurez-vous qu'ils sont propres et réparés. Pour les articles presque neufs et en excellente condition que vous avez à peine utilisés, essayez de demander les deux tiers du prix original, en particulier si vous possédez toujours le reçu de garantie et les instructions. Vous pourrez toujours négocier à la baisse ou réduire le prix à un tiers si vous n'avez pas encore vendu l'article lorsque la journée touche à sa fin. Visez de 25 à 30 % du prix original pour les articles plus vieux, selon leur condition.

Utilisez des étiquettes de prix. Indiquez clairement le prix de chaque article sur des étiquettes préparées à l'avance ; de cette façon, vous éviterez d'avoir à improviser à la dernière minute ou de fouiller votre mémoire lorsque vos clients essaieront de marchander. Si votre vente de garage est organisée par plusieurs ménages, ou si chaque membre de la famille empoche les recettes de la vente de ses possessions, utilisez des étiquettes de différentes couleurs pour indiquer à qui appartient chacun des articles et prévenir toute confusion. Pour ajouter une touche de plaisir, chaque vendeur peut même porter une chemise de la couleur de ses étiquettes.

Prévoyez suffisamment de monnaie. Commencez avec environ 25 $ de monnaie, répartie comme suit : 20 $ en pièces d'un dollar, 4 $ en pièces de vingt-cinq cents et 1 $ en pièces de 10 et de 5 cents. Gardez votre argent dans une sacoche de ceinture pour plus de sûreté et de commodité.

Demandez de l'aide. Si vous avez besoin d'aide pour vous assurer que votre vente de garage se déroule harmonieusement et se solde par d'intéressants profits, engagez un organisateur professionnel pour vous conseiller. Communiquez avec la National Association of Professional Organizers (NAPO), au (512) 454-1226. On vous indiquera comment joindre les ressources de votre région.

4. Rangement dans des contenants

Les contenants utilisés dans les greniers, les sous-sols et les garages exigent une attention particulière. Comme les conditions qui règnent dans ces endroits ont tendance à être plus extrêmes que dans les autres pièces de la maison (plus humides, plus froids, plus chauds, plus poussiéreux), vous devez choisir des contenants qui sont extrêmement durables et qui protégeront adéquatement vos possessions. Bien sûr, leur format doit correspondre à ce que vous voulez y ranger. Enfin, comme ces lieux de rangement ont un caractère plus utilitaire, l'aspect pratique importe davantage que l'esthétique.

Mes contenants de rangement favoris pour le grenier, le sous-sol et le garage

Usages multiples

- Les étagères utilitaires et les bacs en métal – un moyen simple et classique de classer et de ranger tout vos objets, des jouets et de l'équipement de sport à la quincaillerie, en passant par les vêtements, les accessoires de jardinage et les documents.

Sports

- Support tension-mount – protège les bicyclettes et les skis en offrant un rangement surélevé.
- Support à bicyclette en acier galvanisé – muni d'une grille qui peut aisément faire tenir verticalement jusqu'à six bicyclettes ; particulièrement pratique pour les bicyclettes qui ne sont pas munies de béquille.
- Range-tout et banc pour équipement de sport – pour rassembler et ranger les balles, les battes, les planches à roulettes, les casques, les patins et même les bâtons de golf de façon à ce qu'ils soient aisément accessibles aux adultes et aux enfants.
- Pinces à linge – idéales pour accrocher au mur de façon sécuritaire les cannes à pêche.
- Poubelle grand format – un moyen judicieux de ranger les balles, les battes et les bâtons de hockey.

Jardinage et quincaillerie

- Armoire verrouillable – pour ranger en lieu sûr les produits chimiques pour la pelouse et les solvants à nettoyage.
- Panneau perforé – pour garder les outils à main en ordre et aisément accessibles. Pour un nettoyage rapide, indiquez la place de chaque outil.
- Range-outils vertical – on peut y mettre les râteaux, les pelles et les bêches s'il est impossible de les accrocher au mur.
- Casiers articulés – pour ranger les petites pièces, les clous et les boulons.
- Support à piles – ce support mural permet de ranger, de tester et de recharger jusqu'à 40 piles.
- Boîte à outils et tabouret – une boîte à outils qui peut également servir de tabouret.
- Râtelier mural – pour classer les sachets de graines.

Articles domestiques

- Support à vêtement portatif – parfait pour ranger et protéger les vêtements qui doivent être suspendus.
- Bacs de rangement grand format – pour ranger et protéger de la moisissure et de l'humidité les vêtements pliés et la literie.
- Support à bagages – offre un espace de rangement mural pour les bagages.

Souvenirs et documents

- Boîtes de rangement Banker's Boxes – idéales pour les dossiers relatifs à l'impôt, les dessins des enfants et les travaux scolaires, en autant qu'elles ne soient pas en contact avec le sol (voir illustration en page 96).
- Malle en cèdre – protège votre coffre au trésor de souvenirs divers, dont les vêtements, les documents et les objets.
- Boîtes à chaussures pour photos d'archives – pour classer et protéger les photos. Facilite le classement par année, par activité ou par personne.

Le panier à recyclage pour journaux simplifie grandement l'empilage du papier (*gracieuseté de Lillian Vernon Catalogs*).

Centre de recyclage

- Caisse avec distributeur de ficelle – facilite l'empilage et le ficelage des journaux et des revues.
- Broyeur de boîtes de conserve – vous permet d'écraser les boîtes de conserve avant le recyclage, de façon à économiser de l'espace.
- Distributeur de sacs à ordures – permet d'avoir des sacs à ordures au mur à portée de la main.

Note : Les magasins qui offrent des catalogues pour ces produits sont Hold Everything, Lillian Vernon, Exposures, Get Organized et Frontgate. Voir la section sur les ressources.

5. Ajustement

Merveille des merveilles, vous n'avez plus à craindre que le plafond s'effondre parce que vous gardiez trop de choses dans le grenier. Vous n'avez plus besoin d'utiliser un dragueur de mines pour vous orienter dans votre sous-sol. Et pas seulement une seule, mais vos *deux* voitures peuvent entrer dans le garage !

Faites en sorte que tout ce dur labeur n'ait pas été en vain. Pour maintenir chaque zone comme elle est maintenant, procédez comme suit :

- **Tous les jours.** Le rangement ne devrait prendre que de trois à cinq minutes si vous le faites tous les jours. Si des enfants ont accès à l'endroit, ne les laissez pas remettre le ménage à plus tard (ce dont se rendent aussi parfois coupables les conjoints paresseux!), car le désordre reviendra en un rien de temps.

- **Mises au point annuelles.** Comme vous accumulerez sans doute au cours de l'année d'autres articles à ranger dans ces endroits, attendez-vous à devoir remettre votre système à jour et à y apporter des changements. Vous pourriez avoir à procéder à une autre séance de tri et d'élimination, mais ce processus sera beaucoup plus facile et rapide si vous avez assuré l'entretien quotidien pendant toute l'année. Faites coïncider votre mise au point avec une période spéciale de l'année, comme par exemple juste avant ou après les vacances. Voilà un bon moment pour évaluer la quantité de décorations que vous avez accumulée.

Soyez indulgent avec vous-même et avec les autres lorsque vous essayez d'organiser ces endroits difficiles. Pour tous les membres de votre famille, il s'agit d'un apprentissage nouveau et utile, qui exige du temps.

12

La salle de bain

L'ANALYSE

1. Qu'est-ce qui fonctionne ?

Exemples :

> « J'ai installé un crochet au mur près du lavabo pour mon sèche-cheveux. C'est très pratique parce que je m'en sers tous les jours. »
> — *Zoe A.*

> « Pour éviter toute confusion, chacun de mes enfants a choisi une couleur pour sa brosse à dents et sa serviette : bleu pour John, vert pour Mike et jaune pour Sara. »
> — *Debbie B.*

2. Qu'est-ce qui ne fonctionne pas ?

Exemples :

> « Cette salle de bain est si petite qu'il n'y a pas de place pour quoi que ce soit, qu'il s'agisse des serviettes, des sorties de bain, du maquillage ou du nécessaire de rasage ! Elle est si peu pratique ! »
> — *Jane S.*

> « Je dépense une fortune car j'achète deux fois et même trois fois les mêmes articles de toilette parce que je ne trouve jamais ce dont j'ai

besoin. J'ai honte de vous montrer le désordre qui règne sous le lavabo!»

— *Laurie B.*

« Il y a tant de choses empilées dans le lavabo, sur le dessus du réservoir et autour du bain que je ne peux même pas nettoyer ma salle de bain comme il faut!»

— *Audrey K.*

3. De quoi avez-vous le plus besoin?

Exemples :

- **Shirley F.** et son mari avaient besoin d'espace pour ranger le shampooing et le savon ainsi que le bain moussant, les éponges végétales Loofah, les brosses à massage, le bonnet de douche, le nécessaire à rasage et les serviettes.
- **Valerie S.** et sa famille avaient besoin d'espace pour leurs sorties de bain, leurs brosses à cheveux et leurs accessoires, le gel et la laque pour cheveux, le papier hygiénique, les articles de soins dentaires et les produits de beauté.
- **Raymond G.** avait besoin d'espace pour ses médicaments sous prescription, ses remèdes contre la grippe, ses onguents, ses pommades et ses articles de premier soin.

4. Pourquoi voulez-vous vous organiser?

Exemples :

- « Pour gagner du temps le matin lorsque je me prépare à partir au travail et éviter que ce moment ne soit source d'irritation! »
- « Pour ne plus avoir honte lorsque des amis me rendent visite! »
- « Pour cesser de gaspiller de l'argent sur des achats en double! »
- « Pour réduire les frictions familiales causées par le désordre et les choses qui traînent. »
- « Pour créer une impression d'espace; je veux me sentir à l'aise lorsque je fais mes ablutions matinales. »

5. Quelles sont les sources du problème ?

Voici certaines causes courantes du désordre qui envahit souvent les salles de bain :

- **Il y a plus de choses que d'espace.** Les salles de bain font partie des endroits où nous avons tendance à perdre de vue ce que nous accumulons. Les multiples contenants de shampooing et de lotion pour les mains, de rince-bouche, de pâte à dents, de maquillage et de crèmes pour les cheveux s'accumulent parce que souvent, nous ne savons pas ce que nous avons et nous achetons toujours plus. En organisant les produits de votre salle de bain de façon à ce que vous puissiez en faire l'inventaire rapidement, vous arriverez à limiter vos achats.
- **Certains articles n'ont pas de place.** Comme la plupart des salles de bain comportent un espace de rangement limité, les gens empilent souvent leurs articles de toilette et autres produits là où ils peuvent – et n'ont aucune idée de l'endroit où ils se trouvent. La solution consiste à assigner un endroit spécifique à chaque catégorie d'articles, pour que vous les retrouviez à la même place chaque fois que vous en avez besoin.
- **De l'espace insuffisant.** La plupart des gens ne savent pas comment tirer le maximum de l'espace de rangement limité et curieusement aménagé qui caractérise habituellement les salles de bain. Les idées proposées dans le présent chapitre sur l'accroissement de l'espace et le rangement dans les contenants vous aideront à surmonter ce problème.
- **Des partenaires non coopératifs.** Si plus d'une personne utilisent la salle de bain, il est probable que chaque fois que vous mettrez un système sur pied, quelqu'un d'autre le défasse. Suivez les directives en ce qui à trait aux contenants et à l'étiquetage qui figurent plus loin dans le présent chapitre pour faire en sorte que tout le monde comprenne votre système et y adhère.

LA STRATÉGIE

Planifiez vos zones

La salle de bain est le « laboratoire » par excellence pour perfectionner vos techniques d'organisation, parce qu'il s'agit d'une des pièces les plus utilisées de la maison ainsi que de l'une des plus exiguës et des plus fréquentées par mètre carré. Voilà qui constitue un véritable défi en ce qui a trait à votre capacité de garder à la portée de la main tout ce dont vous avez besoin.

Dans une salle de bain commune, vous pouvez diviser les zones d'activité par personne – selon, bien sûr, le nombre de personnes en cause et l'espace dont vous disposez. De cette façon, si vous, votre conjoint, vos enfants ou votre colocataire ont une conception différente de ce qu'est la «propreté» (est-ce que je vous entends rire?), ils pourront maintenir leur zone comme ils l'entendent.

Voici certaines zones d'activité typiques, ainsi que les accessoires et les lieux de rangement correspondants :

Activité	Accessoires	Rangement
Bain	Shampooing	Serviteur de douche
	Savon et bain moussant	
	Éponge végétale Loofah	
	Bonnet de douche	
	Serviettes	Grande armoire près
	Sorties de bain	de la baignoire
Soins personnels	Soins dentaires	
	Nécessaire à rasage	Armoire à pharmacie
	Produits capillaires	Armoire murale
	Soins des ongles	
	Produits de beauté	
Médicaments	Premiers soins	Lingerie
	Onguents	
	Remèdes contre	
	le rhume	
	Ordonnances	
Nettoyage	Nettoyant	Sous le lavabo
	Éponges	
	Nettoyeur pour les tuiles	
	Papier hygiénique	
Lessive		Panier

Conseils pour réaménager le mobilier

Même si le mobilier de la plupart des salles de bain (baignoire, meuble-lavabo, etc.) ne peut être déplacé sans effectuer d'importants travaux de construction, certains articles comme les paniers à linge, les corbeilles, les petites tables ou les tabourets où sont déposées des revues peuvent l'être facilement (ou peuvent être complètement enlevés).

Idées pour accroître l'espace

- Utilisez des contenants et des paniers de rangement que vous placerez sous le lavabo, ce qui peut multiplier *par trois* votre capacité de rangement.
- Utilisez des armoires, murales ou non, ou encore des chariots dans la zone du lavabo.
- Ajoutez des tablettes ou des armoires hautes dans l'espace se trouvant au-dessus des toilettes.
- Installez des crochets ou des tablettes autour de la baignoire pour que tout le monde puisse y poser leur serviette et leurs accessoires. Gardez des serviettes propres dans une lingerie située à proximité, ou même dans un tiroir de la commode.
- Installez des étagères hautes autour du périmètre de la salle de bain pour y mettre des serviettes ou des objets décoratifs; de cette façon, vous économiserez de l'espace tout en rendant la pièce attrayante.
- Si le lavabo est n'est pas encastré dans un meuble, faites-y pendre un morceau de tissu, derrière lequel vous pourrez ranger des accessoires et même un panier à lessive.

Estimation du temps

Voici le temps que prend habituellement l'organisation d'une salle de bain :

COMBIEN DE TEMPS CELA PRENDRA-T-IL ?

Offensive

1.	Tri	3 heures
2.	Élimination	30 minutes
3.	Assignation d'une place	15 minutes

>>>

4. Rangement dans des contenants	3 heures
5. Ajustement	5 minutes par jour

L'OFFENSIVE

1. Tri

Nous avons tous tendance à accumuler dans la salle de bain un nombre démesuré de petits articles, dont la plupart demeurent inutilisés, ou à peine. J'ai un jour aidé un client à faire le ménage de la grande maison de ses parents, qui était remplie à craquer de possessions accumulées pendant toute une vie. Dans le salle de bain du troisième étage, nous avons trouvé une armoire à pharmacie remplie de remèdes, de poudre de talc et de produits de beauté remontant aux années 50. Pour la plupart de ces produits, la date de péremption était depuis longtemps dépassée, et beaucoup ne se trouvaient même plus sur le marché. Du point de vue anthropologique, il s'agissait-là d'une trouvaille fascinante. Par contre, rien dans ce cabinet n'avait de valeur pratique ni, malheureusement, de valeur de revente à titre d'antiquité – parce que toutes les boîtes étaient déjà ouvertes et les produits partiellement utilisés. Souvenez-vous que pour constituer une pièce de collection ayant de la valeur, un contenant ne doit pas avoir été entamé.

Ne gardez que les choses dont vous vous servez régulièrement, ou dont vous auriez besoin en cas d'urgence au beau milieu de la nuit. Si vous achetez en grande quantité, ne gardez que la quantité dont vous avez besoin dans la salle de bain et rangez le reste dans un placard ou une armoire à proximité.

LES TRUCS SECRETS DE L'ORGANISATEUR PROFESSIONNEL

Les doubles que vous voulez garder. Rangez les produits de beauté et les articles de toilette que vous avez en double et que vous ne pouvez vous résoudre à jeter dans un sac de voyage que vous placerez avec vos valises, prêt à partir. Cela diminuera le désordre, vous permettra d'utiliser à bon escient les produits que vous possédez en double et réduira le temps qu'il vous faudra pour faire vos bagages. Par la suite, remplacez ce qui manque dans le sac chaque fois que vous revenez de voyage.

La trousse de premiers soins familiale. Bien des gens me demandent quelles sont les choses qui doivent faire partie d'une trousse de premiers soins, en particulier dans les foyers comprenant des enfants. Voici les produits de base recommandés par la American Academy of Pediatrics, et qui vous permettront de faire face à la plupart des urgences domestiques. Ne gardez qu'un contenant de chaque produit !

- Acétaminophène pour le soulagement de la douleur (ou de l'aspirine, avec l'approbation du médecin)
- Antihistaminique pour les allergies et les piqûres d'abeilles
- Sirop d'ipéca pour induire le vomissement (à remplacer chaque année)
- Bandage triangulaire pour envelopper une blessure ou confectionner une écharpe
- Bandages élastiques pour les entorses
- Compresses froides jetables à action immédiate
- Pansements assortis de formats multiples, y compris des doigtiers
- Diachylon
- Ciseaux à bouts arrondis
- Épingles de sûreté
- Pinces à épiler
- Savon antibactérien doux
- Gelée de pétrole
- Onguent antibactérien
- Alcool à friction
- Cotons-tiges ou tampons de coton
- Thermomètres, oral et rectal
- Rouleau de gaze et compresses de gaze de cinq et de dix centimètres pour panser les blessures
- Un tableau de premiers soins ou un guide facile de premiers soins pour vous aider à soigner les blessures

Modes de classement

Par catégorie
- Soins dentaires (brosses à dents, pâte à dents, rince-bouche, soie dentaire)

- Soins capillaires (gels coiffants, laques, peignes, brosses, sèche-cheveux, fers à friser, shampooings, conditionneurs)
- Accessoires pour cheveux (bandeau, barrettes, pinces à boucles de cheveux)
- Produits de beauté (maquillage des yeux, rouges à lèvres, fond de teint, fard à joues)
- Nettoyage du visage (éponges, masques, hydratants)
- Soins des ongles (accessoires de manucure, limes-émeri, vernis à ongles, dissolvant, brosse à ongles)
- Soins personnels (pinces à épiler, coupe-ongles, petits ciseaux)
- Médicaments (ordonnances, médicaments sans ordonnance, onguents et pommades, pansements)
- Savons pour le corps (bains moussants, savons, brosses)
- Nécessaire de rasage (rasoirs, crème à raser, lotions après-rasage)

2. Élimination

Donnez tous les produits de beauté et de toilette que vous avez achetés mais qui se sont avérés ne pas vous convenir. Ainsi, mon amie Zoe, qui tient fermement à vivre avec l'essentiel, arrive souvent à la maison avec de petits « sacs à surprises » remplis de produits de beauté pour ma fille Jessi, qui adore les essayer. Zoe aime avoir quelqu'un à qui elle peut faire profiter de ses « excès », et elle évite du même coup le gaspillage et toute accumulation dans sa salle de bain.

La liste de Julie de choses à jeter « simple comme bonjour »

- **Médicaments périmés** – ou toute quantité excédentaire de médicaments que vous utilisez rarement ou jamais.
- **Bouteilles à demi pleines** – de shampooing, de produits capillaires ou de tout autre produit qui ont été ouvertes puis abandonnées.
- **Coupe-ongles, pinces à épiler et ciseaux rouillés** – ou tout autre instrument qui n'a plus aucune utilité.
- **Vernis à ongles démodé** – ou tout autre produit de beauté dont la couleur ne vous plaît plus.
- **Vieilles brosses à dents** – remplacez-les tous les trois à six mois pour une efficacité maximale.

- **Tubes bouchés, tordus, pliés** – de pâte à dents ou d'onguent ; ou tout tube qui a été pressé et tordu tant de fois qu'il n'est plus bon à rien, en plus de donner une impression de malpropreté.
- **Serviettes en loques** – ou tout autre article trop usé ou taché.
- **Bandages hors d'usage** – comme les bandages en tissu élastique Ace qui se sont étirés ou ont perdu leur forme.
- **Sèche-cheveux, bigoudis, fers à friser, accessoires de coiffure en double.** Un seul suffit, non ?

COMMENT ÉVITER CERTAINS PIÈGES COURANTS

Je sais que vous aurez un mal fou à vous séparer de tous ces produits de beauté, shampooings, toniques et médicaments pour lesquels vous avez dépensé une petite fortune, même si vous ne les utilisez jamais. Mais c'est précisément la raison pour laquelle ils doivent disparaître. Concentrez-vous sur les avantages :

Je vais économiser de l'argent. Le fait de vous débarrasser des flacons que vous avez en double ou en triple d'aspirine, de sirop pour la toux, de produits capillaires, etc., vous aidera à mieux voir ce que vous avez déjà et vous empêchera de faire des achats superflus dans l'avenir.

Je vais réduire le temps consacré au nettoyage. Si vous avez une quantité moindre de tout, votre salle de bain sera dégagée et beaucoup plus facile à garder propre.

J'aurai la sensation d'avoir « les choses bien en main ». Si, par exemple, vous avez facilement accès à tous vos produits de toilette, il ne vous arrivera plus jamais de chercher frénétiquement à la dernière minute pour trouver une pince à épiler, du gel coiffant ou un peigne égarés, et d'être en retard après vous être précipité hors de chez vous en courant comme si vous étiez pris de panique.

Je me sentirai plus détendu. Si vous transformez votre salle de bain en un endroit fonctionnel et attrayant où vous pouvez vous détendre, vous vivifier et prendre bien soin de vous, songez à quel point votre pression sanguine diminuera.

3. Assignation d'une place

- Dans l'armoire à pharmacie, décidez quelles catégories de médicaments vont sur la tablette du haut, la tablette du milieu et celle du bas. Autour du lavabo et de la baignoire, décidez de quelle façon vous comptez séparer les jouets des savons et des gants de toilette, et les bouteilles de shampooing et de conditionneur du nécessaire à rasage.

- Songez à ranger les médicaments dans la lingerie plutôt que dans l'armoire à pharmacie. À moins que vous ne preniez des médicaments régulièrement, pourquoi gaspiller cet important espace de rangement situé au-dessus de l'évier en y mettant des articles rarement utilisés ? Il est beaucoup plus commode et pratique de réserver l'armoire à pharmacie à des articles utilisés tous les jours, comme les produits de toilette.

- Selon la taille de votre famille et vos préférences personnelles, mettez un panier à linge sale dans la chambre à coucher de chaque personne (car c'est là où on se dévêtit habituellement) ou placez-en un seul dans un endroit central de la salle de bain, à la portée de tous. Dans un cas comme dans l'autre, prévoyez des paniers ou des sacs distincts pour les vêtements pâles et les vêtements foncés. Vous pouvez aussi garder dans la salle de bain un panier et une bouteille de détergent liquide pour les vêtements qui doivent être lavés à la main. Chaque fois que vous prenez une douche, vous pouvez nettoyer en même temps quelques morceaux. (Un panier placé près de la porte peut aussi servir à recueillir les vêtement qui nécessitent un nettoyage à sec.)

- Assignez à chaque membre de votre famille une serviette, une brosse à dents et une tasse d'une même couleur pour éviter toute confusion. Assignez également à chacun d'entre eux un sac d'articles de toilette ou un sac fourre-tout pour qu'ils puissent emporter matin et soir leur nécessaire de toilette dans la salle de bain et le rapporter dans leur chambre, de façon à éviter confusion et désordre.

- Les tiroirs escamotables, les bacs à couvercle à charnière et le recycleur de sacs Rubbermaid permettent d'accroître l'espace de rangement sous le lavabo.

4. Rangement dans des contenants

Lorsque vous choisissez des contenants pour la salle de bain, qui constitue une pièce à part, gardez à l'esprit les aspects suivants :

- **Transportabilité.** Pour économiser l'espace et pour réduire les risques d'encombrement, il vaut souvent mieux que toutes les personnes qui utilisent la salle de bain transportent leurs accessoires de toilette (produits de beauté, médicaments, etc.) d'une pièce à l'autre dans des contenants ; cette méthode est également plus pratique.
- **Aspect pratique.** Souvenez-vous que l'humidité qui règne dans les salles de bain peut faire travailler le bois. Les contenants en osier et en tissu sont tout à fait appropriés en autant qu'ils ne sont pas placés dans un endroit mouillé. Sinon, optez pour le plastique, le chrome, le verre ou autres.

Mes contenants de rangement favoris pour la salle de bain

- Les boîtes en chrome ou en verre – parfaites pour les tampons de coton et les cotons-tiges, placées sur le réservoir des W.C. ou sur une tablette de l'armoire à pharmacie.
- Range-tout en acrylique – idéaux dans l'armoire à pharmacie pour ranger le maquillage et les articles de toilette.
- Diviseurs rectangulaires pour tiroirs – pratiques pour diviser les objets rangés sur les tablettes de l'armoire à pharmacie.
- Diviseurs rectangulaires sur mesure – parfaits pour organiser le maquillage ou les produits de beauté dans le tiroir du meuble-lavabo (offerts par Neat Way et le Container Store).
- Contenants à couvercle à charnière – s'empilent parfaitement sous le lavabo et peuvent servir à transporter les produits qui s'y trouvent.
- Contenants empilables de type boîte à chaussures – formidables pour classer les médicaments sur les tablettes d'une armoire.
- Paniers coulissants à deux niveaux – parfaits pour le rangement sous le lavabo.
- Plateau pivotant – sans pareil sous le lavabo, dans une armoire ou dans un placard pour ranger les médicaments, le vernis à ongles et le maquillage.

Tiroirs escamotables en caoutchouc, coffre à couvercle à charnière et grand sac à recyclage pour le rangement sous le lavabo.

- Support pour sèche-cheveux – s'installe facilement au mur ou à l'intérieur d'une porte d'armoire.
- Tiroirs escamotables en plastique – parfaits pour le rangement sous le lavabo.
- Porte-revues mural – parfait pour les personnes qui se servent de la salle de bain comme d'une bibliothèque ; peut être installé au mur à proximité des toilettes pour que le matériel de lecture soit toujours à portée de la main, sans encombrer l'espace.

L'étiquetage

Pour des raisons esthétiques, vous ne devriez peut-être pas coller d'étiquettes à l'extérieur de l'armoire à pharmacie, ni sur les rebords des tablettes ou sur les contenants, car vos invités pourraient les voir. Trouvez des endroits plus discrets mais efficaces pour vos étiquettes, comme l'intérieur de l'armoire à pharmacie ou la surface de la tablette sur laquelle l'article sera posé.

5. Ajustement

Vous y voilà enfin : une salle de bain en ordre ! Et cet exploit n'a pas exigé beaucoup de temps, n'est-ce pas ? Mais comment faire pour garder cette pièce en ordre pendant toute l'année, surtout si vous n'êtes pas la seule personne à en faire usage ?

- **Tous les jours.** Même s'il les choses s'accumulent de temps en temps dans votre salle de bain, vous ne devriez pas mettre plus que trois à cinq minutes pour la remettre en ordre, en autant que le nettoyage quotidien soit une routine plutôt qu'une exception.

- **Continuellement.** Vous pouvez éviter les problèmes en adoptant comme règle de base de ne pas acheter de produits ou d'accessoires pour la salle de bain avant d'avoir terminé ceux que vous avez déjà.
- **Mises au point périodiques.** Tous les deux mois, prévoyez une demi-heure à votre calendrier pour une mini séance de tri et d'élimination. Débarrassez-vous de tous les produits de beauté ou autres dont vous ne vous servez plus, de même que de tous les médicaments qui sont devenus périmés depuis votre dernière mise au point.

13

La chambre
à coucher

L'ANALYSE

1. Qu'est-ce qui fonctionne ?

Exemples :

« Comme j'ai souvent froid pendant mon sommeil, je garde des couvertures dans un coffre placé au pied de mon lit. C'est agréable de pouvoir allonger le bras et sortir une chaude couverture au beau milieu de la nuit. »

— *Bonnie N.*

« Je garde un bloc-notes et des stylos sur ma table de chevet de façon à pouvoir y noter mes idées ou même mes rêves pendant la nuit. »

— *Isaac S.*

2. Qu'est-ce qui ne fonctionne pas ?

Exemples :

« Je ne peux jamais me détendre dans ma chambre, parce que j'y laisse toutes les tâches domestiques non terminées en attendant de pouvoir les mener à bien. C'est pratique de pouvoir dégager le reste de la maison lorsque j'ai des visiteurs, mais je frémis à l'idée de retourner dans ma chambre le soir. »

— *Amy B.*

« Il y a un désordre terrible à côté de mon lit. C'est à peine si je peux déposer un verre d'eau sur ma table de chevet, et le sol est jonché de piles de journaux, de livres, de chaussettes, de baskets, de papiers et de chéquiers. Ce bric-à-brac m'irrite au plus haut point. Je crois même qu'il m'empêche de bien dormir la nuit ! »

— *Frank S.*

« Une énorme pagaille règne sur ma commode. Cravates, reçus, boutons de manchettes, monnaie... je mets tout à cet endroit, et j'y égare tout également. Je perds une demi-heure par jour à chercher ce dont j'ai besoin. »

— *Chris M.*

3. De quoi avez-vous le plus besoin ?

Exemples :

- **Sharon D.** aimait plier ses vêtements propres et faire du raccommodage pendant qu'elle regardait la télévision ; elle avait donc besoin de place pour mettre ses vêtements et son nécessaire de raccommodage, de même que des vidéocassettes et l'horaire télé.
- **Cathy M.** avait besoin d'espace à côté de son lit pour y placer des livres, des bougies, ses lunettes, de la lotion pour les mains, le réveil, le téléphone et un verre d'eau.
- **Carl M.** préparait ses factures dans la chambre à coucher en écoutant de la musique ; il avait donc besoin de place pour ses documents bancaires, des enveloppes et de quoi écrire de même que des cassettes audio.

NOTE : *Reportez-vous au chapitre 14 pour des conseils sur la façon d'organiser les vêtements et les accessoires dans les placards de votre chambre à coucher.*

---

4. Pourquoi voulez-vous vous organiser ?

Exemples :

- « Pour avoir un endroit paisible où me retirer ! »
- « Pour mieux dormir la nuit ! »

- «Pour avoir le sentiment de maîtriser mon environnement!»
- «Pour pouvoir lire davantage!»

5. Quelles sont les sources du problème?

Voici certaines causes courantes de désordre dans les chambres à coucher :

- **L'espace de rangement est mal choisi.** Les chambres à coucher sont devenues des pièces où on s'adonne à de multiples activités. Non plus simplement un endroit pour dormir et se vêtir, elles servent aussi à regarder la télévision, à exécuter certaines tâches et même à faire de l'exercice. Cependant, elles sont souvent aménagées comme s'il s'agissait encore de chambres à coucher traditionnelles. La solution consiste à faire l'inventaire de ce que vous désirez garder dans votre chambre, puis à trouver des contenants et des lieux de rangement conçus spécialement pour ces choses.
- **Des priorités et des objectifs peu clairs.** Les gens ont parfois l'impression que comme la chambre à coucher n'est pas une pièce «publique», elle ne mérite pas qu'on apporte la même attention aux détails et à la conception que les autres pièces de la maison. Elle demeure donc négligée, en plus d'être un endroit plutôt inconfortable. Suivez les directives figurant dans le présent chapitre afin de transformer votre chambre à coucher en une oasis de détente et de plaisir.

LA STRATÉGIE

Planifiez vos zones

Voici certaines zones d'activité typiques d'une chambre à coucher, avec les accessoires et les lieux de rangement correspondants :

Activité	Accessoires	Rangement
Lecture	Revues	Table de chevet
	Livres	
	Lunettes	
Soins personnels	Brosse à cheveux	Coiffeuse
	Bijoux	
	Accessoires	

Télévision/musique	Vidéocassettes	Meuble pour télévision
	Disques compacts	
	Cassettes audio	
	Horaire télé	
	Télécommande	Table de chevet
Sommeil	Couvertures	Tablette de placard
	Oreillers	
	Masques	Table de chevet
Tâches administratives	Papier à lettres	Table de chevet
	Factures	
	Crayons, stylos	
	Timbres	
	Documents bancaires	
	Cartes de souhaits	

Conseils pour réaménager le mobilier

- Si vous avez l'habitude de lire, d'écrire ou de regarder la télévision au lit, tenez compte de ces préférences et disposez vos meubles de façon à avoir tout ce dont vous avez besoin à portée de la main.
- Si la première chose que vous aimeriez voir en entrant dans votre chambre à coucher est votre commode, votre chaise favorite ou votre lit, disposez les meubles en conséquence.
- Videz les commodes et les bureaux au préalable afin de vous faciliter la tâche. Posez-en le contenu sur le lit, de même que tout ce qui traîne par terre, de façon à avoir de la place pour bouger les meubles.

Idées pour accroître l'espace

- Rangez sous le lit la literie d'appoint, les vêtements hors saison et même le matériel de lecture.
- Achetez des meubles de chevet qui ont une capacité de rangement. Par exemple, j'ai d'un côté de mon lit une petite bibliothèque où je mets des livres et des revues, et une armoire fermée de l'autre côté

pour mon journal, mes accessoires d'écriture, ma lotion pour les mains, mes stylos, etc.

- Enveloppez votre table de chevet d'un tissu attrayant pour que vous puissiez ranger discrètement des choses en dessous.
- Rangez la literie et le linge de maison au pied de votre lit dans un coffre ou une malle pour économiser de l'espace.
- Installez des tablettes au dessus ou à côté du lit pour y poser vos livres, votre matériel de lecture et votre réveil.
- Si vous avez plusieurs commodes, utilisez-les de façon plus créative. Par exemple, prévoyez de l'espace dans l'une d'entre elles pour y ranger, à la place des vêtements, des vidéocassettes, des documents, un nécessaire de raccommodage et des accessoires de bricolage.
- Utilisez des espaces de rangement souvent négligés et installant de chaque côté des entrées et des fenêtres des bibliothèques ou des armoires ouvertes ou fermées. Les appuis de fenêtres peuvent également servir d'espace de rangement, ce qui ajoute à la pièce une touche d'élégance.

COMMENT ÉVITER CERTAINS PIÈGES COURANTS

Disperser les meubles. Bien des gens dispersent leurs bureaux et leurs commodes dans toute la pièce parce qu'ils veulent absolument que leurs meubles soient placés contre le mur. Or, cela est très peu pratique. Qu'y a-t-il de mal à ce que certaines portions du mur soient laissées à nu ? Gardez les bureaux et les commodes à proximité les uns des autres, de préférence près de votre placard, pour éviter d'avoir de trop grandes distances à parcourir pour vous vêtir et ranger vos vêtements.

Les chambres communes. Si votre partenaire n'est pas aussi ordonné que vous (ce qui n'est pas rare), définissez clairement vos zones respectives. Aménagez la vôtre comme il vous plaît, et laissez votre partenaire faire ce qu'il veut de la sienne. Un de mes clients a réussi cet exploit en aménageant la chambre de façon à ce que son côté ordonné se trouve face à l'entrée et le côté désordonné de son conjoint (documents, revues, baskets et vêtements éparpillés sur le sol) à l'abri des regards.

Estimation du temps

Voici le temps que prend en moyenne l'organisation d'une chambre à coucher :

COMBIEN DE TEMPS CELA PRENDRA-T-IL ?

Offensive

1.	Tri	4 heures
2.	Élimination	1 heure
3.	Assignation d'une place	1 heure
4.	Rangement dans des contenants	3 heures
5.	Ajustement	10 minutes par jour

L'OFFENSIVE

1. Tri

Si, comme Sharon D., vous utilisez votre chambre à coucher comme un fourre-tout afin de garder le reste de la maison propre et accueillant pour les invités, vous ne faites que creuser un trou pour en boucher un autre. Souvenez-vous que même si votre chambre à coucher est la pièce la moins publique de la maison, c'est la qualité de votre intimité qui compte.

Vous pouvez très bien utiliser votre chambre à coucher comme salle de rangement pour les articles de ménage, mais assurez-vous de diviser ces articles en catégories et d'assigner une place à chacune d'elles.

Si vous comptez garder des vidéocassettes, des disques compacts et des livres dans votre chambre à coucher ainsi que dans d'autres endroits de la maison, il vaut mieux ne garder dans la chambre que certaines catégories de ces articles. Par exemple, comme Rebecca C. lisait des romans à l'eau de rose avant d'aller dormir, elle ne gardait que ce type de livres dans sa chambre et rangeait les ouvrages généraux et la littérature classique dans la bibliothèque de la salle de séjour.

Modes de classement

- Vidéocassettes – par catégorie : comédies, action, romances, drames, science-fiction, classiques

- Matériel de lecture – par type : magazines, livres, coupures de journaux
- Accessoires – par catégorie : ceintures, cravates, bijoux, sacs à main, portefeuilles et clés, foulards
- Nécessités – par catégorie : lotion pour les mains, lunettes pour lire, verre d'eau
- Tâches – paperasse, lessive, achats à retourner, raccommodage, bricolage

2. Élimination

Si vous gardez trop de choses dans votre chambre à coucher, vous en diminuerez l'utilité. En effet, vous serez incapables de trouver la plupart d'entre elles, encore moins de les utiliser. Limitez la quantité de choses dont vous avez besoin et rangez le reste ailleurs ou débarrassez-vous-en.

Peut-être pourriez-vous ranger certains des articles qui se trouvent présentement dans votre chambre à coucher, comme les vêtements hors saison et les valises de voyage, dans un placard d'entrée ou dans une autre pièce, de façon à libérer de l'espace dans votre chambre pour les nécessités plus immédiates.

Vous ne devriez ranger des documents dans votre chambre à coucher que si vous y effectuez vos tâches administratives. Par exemple, une de mes clientes avait dans sa chambre un bureau qui prenait inutilement de l'espace, même si elle effectuait toutes ses tâches administratives dans la cuisine. En tenant compte de ses habitudes, nous avons aménagé dans la cuisine un lieu de rangement pour ses tâches administratives et retiré tous les documents qui se trouvaient dans le bureau de la chambre, que nous avons transformé en une merveilleuse coiffeuse où elle a pu placer ses bijoux, son maquillage et ses produits capillaires.

La liste de Julie de choses à jeter « simple comme bonjour »

- **Les ceintures, les sacs, les chaussures, les cravates et les écharpes** que vous n'avez pas portés depuis deux ans ou plus.
- **La literie** vieille et trop usée pour pouvoir être raccommodée, ou que vous n'utilisez plus.
- **Les livres et les revues que vous ne lirez jamais.**

3. Assignation d'une place

- Ne rangez pas les bijoux ou les ceintures dans un tiroir profond, car cela constitue un gaspillage d'espace ; mettez-y plutôt des chandails ou même des sacs à main. Rangez les plus petits accessoires dans les tiroirs peu profonds de façon à éviter d'avoir à fouiller pour les trouver.
- Rangez vos sous-vêtements dans le tiroir supérieur de votre commode ; assignez un tiroir aux chaussettes et aux bas, un aux chaussettes de sport, un autre aux vêtements de sport et celui du bas aux pyjamas.
- Si vous avez deux commodes, songez à en utiliser une pour les vêtements que vous portez à longueur d'année (chaussettes, sous-vêtements, vêtements de sport, etc.) et l'autre pour les vêtements de saison (chandails, pantalons, T-shirts, shorts). Autre possibilité : utilisez une commode pour les vêtements de travail, et l'autre pour les vêtements de loisirs.
- Réservez les tablettes supérieures des armoires de votre chambre à coucher aux vêtements hors saison, aux souvenirs ou aux objets précieux dont vous ne vous servez pas tous les jours. Une de mes clientes utilisait l'arrière du profond placard de sa chambre pour ranger l'argenterie et les vieilles boîtes à chapeaux qui prenaient auparavant de l'espace dans la pièce (pour en savoir plus sur les placards, reportez-vous au chapitre 14).
- Empêchez vos bijoux de s'emmêler en les rangeant dans un coffret à compartiments au lieu de les empiler. Ne placez pas les vidéocassettes, les cassettes audio ou les disques compacts trop près d'une source de chaleur. Les télévisions, les magnétoscopes et les chaînes stéréo placés à l'intérieur d'une armoire devraient être bien aérés. Si de jeunes enfants viennent parfois dans votre chambre, assurez-vous que les produits de beauté, les parfums en atomiseur et les articles de toilette sont rangés hors de leur portée.

4. Rangement dans des contenants

Mes contenants de rangement favoris pour la chambre à coucher

---

- Coffrets à bijoux – leurs compartiments recouverts de velours protègent les bijoux et permettent de les garder bien en ordre dans des tiroirs peu profonds (offerts par Lillian Vernon).

Le présentoir carré en carrousel permet d'accrocher et de ranger vos boucles d'oreilles dans un
espace restreint (*gracieuseté de Ginny's Ear Nest*).

- Plateaux à bijoux placés sur le dessus du bureau – permettent de ranger soigneusement les boucles d'oreilles, les bracelets et les colliers sur le dessus de la commode ; c'est comme si vous aviez votre propre présentoir à bijoux.
- Coffre en osier à trois tiroirs – idéal comme table de chevet ou pour ranger des vidéocassettes, des articles de toilette, etc.
- Paniers et malles en osier – parfaits pour ranger les couvertures.
- Bacs placés sous le lit – pratiques pour ranger des choses sous le lit ; permettent de retrouver facilement ce que vous cherchez.
- Boîtes en tissu, en cuir ou en métal – sans pareilles pour la monnaie et autres menus articles que vous déposez sur votre commode.
- Paravents recouverts de photos ou de tissu – parfaits pour camoufler de façon attrayante l'équipement de sport, les accessoires de loisirs ou ce bureau que vous avez décidé de garder dans votre chambre même si vous ne vous en servez pas, et pour dissimuler les tâches non terminées.
- Grands bacs de plastique – excellents pour ranger les vêtements hors saison par catégorie ailleurs dans votre chambre comme dans un placard profond ou sur une tablette ; vous permettent de libérer vos tiroirs et facilitent la rotation saisonnière.
- Tente pour vêtements – l'accessoire parfait pour dissimuler de façon attrayante les vêtements rangés à découvert dans la pièce en raison d'une insuffisance d'espace dans les placards (offerte par Hold Everything).

L'étiquetage

De toute évidence, vous ne deviez pas forcer la note en ce qui a trait aux étiquettes, en particulier celles qui sont visibles, pour ne pas gâcher l'apparence de votre chambre. Mais vous auriez tout de même avantage à étiqueter certaines choses pour vous aider, vous et la personne avec qui vous partagez la chambre, à roder votre système jusqu'à ce que vous l'ayez bien intégré.

Étiquetez l'intérieur des tiroirs et la surface des tablettes. Les coffrets à bijoux font partie des objets que vous devriez étiqueter à l'extérieur ; en effet, vous gagnerez du temps si vous affichez sur la boîte une liste du contenu.

5. Ajustement

Vous pouvez être fier. Vous avez complètement épuré votre chambre à coucher et rangé de façon attrayante et pratique toutes les choses que vous utilisez et aimez. Pour qu'il en demeure ainsi, procédez comme suit :

- **Tous les jours.** Une chambre à coucher bien organisée ne devrait pas exiger quotidiennement plus de cinq minutes de remise en ordre, peu importe le désordre accumulé au cours de la journée ou de la soirée. Comme le lit constitue le centre de la plupart des chambres à coucher, prenez l'habitude de le faire chaque matin. Ainsi, la première chose que vous verrez en pénétrant dans votre refuge après une dure journée ne sera pas une tâche inachevée, mais un symbole de vos compétences nouvellement acquises en matière d'organisation.
- **Continuellement.** Gardez une boîte dans une autre pièce (par exemple dans un placard du couloir) pour y mettre les vêtements, les bijoux, les livres et les revues dont vous ne voulez plus et que vous souhaitez donner. Lorsque la boîte est pleine, remettez-la au destinataire de votre choix, puis commencez à remplir une autre boîte.
- **Mises au point périodiques.** Il est certain que vous accumulerez au fil des mois d'autres accessoires, articles de toilette, livres, cassettes audio et autres dans votre chambre à coucher. Faites-en l'inventaire une fois par année et décidez quoi jeter. En fait, peut-être devriez-vous le faire deux fois par année, aux changements de saisons, au moment où il faut sortir la nouvelle garde-robe.

14

Les placards

L'ANALYSE

1. Qu'est-ce qui fonctionne ?

Exemples :

> « Je garde tous mes vêtements de soirée dans un placard distinct à l'étage supérieur parce que je les porte rarement, et que ce petit désagrément ne me dérange pas. »
>
> — *Becky M.*

> « Je suspens mes pyjamas et mes sweat-shirts à l'intérieur de la porte du placard. Comme je les porte souvent, ils sont plus accessibles à cet endroit que dans un tiroir. »
>
> — *Gwen T.*

> « Je garde mon équipement de jogging et d'exercice dans une caisse qui se trouve par terre dans mon placard à manteaux. J'aime garder ces choses à proximité de la porte d'entrée. »
>
> — *Bill M.*

2. Qu'est-ce qui ne fonctionne pas ?

Exemples :

« J'égare toujours quelque chose dans mes placards. Je suis incapable de retrouver des choses dont j'ai un besoin urgent et je perds énormément de temps à chercher. J'entreprends chaque journée à la hâte, en retard et à bout de nerfs. »

— Dolores R.

« J'ai peur d'ouvrir les portes de mes placards, car il y a toujours quelque chose qui me dégringole sur la tête. C'est dangereux ! »

— Fred S.

« Mes placards sont dans un tel état de chaos que je n'ai aucune idée de ce qui s'y trouve. Cela me coûte cher car je dois acheter de nouvelles choses afin d'éviter l'odieux d'avoir à fouiller à l'intérieur pour voir ce que je possède ».

— Perry M.

« Je n'ai pas suffisamment de place pour tous mes manteaux. J'en garde quelques-uns à l'étage supérieur, d'autres en bas, et je ne sais jamais où se trouve celui que je cherche. »

— Agnes D.

3. De quoi avez-vous le plus besoin ?

Avant d'organiser quelque placard que ce soit, je vous suggère de faire un plan détaillé de rangement en tenant compte de toutes les choses pour lesquelles vous avez besoin d'espace dans l'ensemble des placards de votre maison.

Comment établir un plan détaillé de rangement

Comme il existe habituellement quatre différents types de placards dans une maison – pour les vêtements, pour le linge de maison, pour les objets utilitaires et le placard de l'entrée –, il faut éviter d'en organiser un sans penser aux autres. Il est essentiel d'avoir une vision d'ensemble pour que toutes vos possessions soient rangées dans un endroit logique. Comme pour un casse-tête, toutes les pièces doivent s'imbriquer les unes aux autres.

Au moyen de la fiche technique ci-dessous, évaluez globalement vos besoins en matière de rangement et l'espace dont vous disposez dans vos placards. Vous serez ainsi mieux préparé à faire le meilleur usage possible de tous les placards lorsque viendra le moment de les mettre en ordre un à un.

- Sur votre fiche technique, cochez toutes les catégories d'articles (vêtements, lingerie, souvenirs, valises, etc.) pour lesquels vous avez besoin d'espace de rangement dans votre maison.
- Faites pour chaque pièce un inventaire du nombre de placards où vous pouvez ranger des choses ainsi que du nombre de tablettes, de tringles et de contenants qu'ils contiennent.
- Assignez à chaque placard une catégorie d'objets selon leur fonction plutôt que leur format. Soyez précis. Vous pouvez combiner des catégories dans un même placard (par exemple les vêtements, les souvenirs et les valises), mais des fonctions telles que «rangement général» et «divers» ne sont d'absolument d'aucune utilité. En effet, comme vous aurez de la difficulté à vous rappeler à quoi elles correspondent et à trouver ce que vous cherchez, le chaos et la confusion s'installeront de nouveau au bout de quelques semaines.

Ce plan détaillé de rangement est souple. Vous devrez probablement y apporter de petits changements lorsque vous commencerez à faire de l'ordre dans chacun des placards. Par exemple, vous pourriez découvrir que vous avez plus de choses dans une catégorie et moins dans une autre que vous ne l'auriez cru, ou avoir à créer une toute nouvelle catégorie à laquelle vous n'aviez jamais songé. Il n'y a donc aucun problème à ce que vous ajustiez votre plan en cours de route, car son objectif premier est de vous procurer une base à partir de laquelle vous pourrez travailler.

4. Pourquoi voulez-vous vous organiser?

Exemples :

- «Pour que ma garde-robe redevienne fonctionnelle.»
- «Pour pouvoir trouver ce dont j'ai besoin.»
- «Pour dépenser moins d'argent à acheter des choses en double.»
- «Pour mieux utiliser mon espace de rangement, et pour faire de la place aux choses qui s'empilent partout dans la maison.»
- «Pour avoir un meilleur accès à mes possessions.»
- «Pour avoir de la place pour mettre les manteaux de mes invités.»

1 Dressez la liste des choses pour lesquelles vous avez besoin d'espace :

☐ Vêtements suspendus
☐ Vêtements pliés
☐ Manteaux/vêtements d'extérieur
☐ Chaussures et sacs
☐ Bijoux
☐ Articles de toilette
☐ Linge de maison, couvertures
☐ Valises
☐ Décorations de Noël
☐ Dossiers
☐ Courrier (reçu)
☐ _____
☐ _____

☐ Livres
☐ Collections
☐ Souvenirs
☐ Albums de photos
☐ Disques, cassettes audio et disques compacts
☐ Équipement de sport
☐ Jouets et jeux
☐ Accessoires pour loisirs/bricolage
☐ Centre de cadeaux
☐ Atelier de réparations
☐ Articles utilitaires/ quincaillerie
☐ _____

☐ Vaisselle, verres, vaisselle plate
☐ Batterie de cuisine
☐ Service de vaisselle
☐ Provisions
☐ Nécessaire de lessive
☐ Accessoires pour animaux
☐ Articles destinés à l'extérieur
☐ Nettoyage à sec
☐ Lessive
☐ Courrier, paquets
☐ Matières recyclables
☐ _____

2 Procédez à un inventaire pour chaque pièce :

Pièce	Lieu de rangement	Fonction	(Liste d'emplettes) Sous-divisions nécessaires

3 Dressez votre plan

Fiche technique du plan détaillé de rangement

5. Quelles sont les sources du problème ?

Voici quelques causes courantes de désordre dans les placards :

- **De l'espace insuffisant.** Les gens ont souvent tendance à ne pas savoir comment tirer le maximum de leurs placards. Ils jettent leur choses un peu partout à l'aveuglette et gaspillent énormément d'espace en laissant beaucoup de coins et recoins inutilisés. Or, il faut beaucoup d'adresse pour exploiter au maximum chaque centimètre d'espace dans un placard. Vous trouverez une multitude d'idées pour y arriver dans le présent chapitre.
- **Un système compliqué et confus.** Une autre erreur courante consiste à ne pas assigner de fonction précise à chaque placard. Vous risquez alors de vous retrouver avec de nombreux placards du type «tout usage» et de vous poser plus souvent qu'à votre tour cette pénible question : «Je sais que j'ai mis cette chose dans un endroit spécial pour ne pas le perdre, mais où ?»
- **L'espace de rangement est mal choisi.** La conception déficiente de certains placards est un autre problème qui cause désordre et désorganisation dans ces endroits. Gardez cette réalité externe à l'esprit lorsque vous évaluez ce qui ne fonctionne pas. Sauf le respect que nous devons à tous les architectes et les entrepreneurs de la terre, force est de constater qu'ils songent rarement à la façon dont les gens vivent lorsqu'ils conçoivent ce type de pièce de rangement. La tablette et la tringle uniques qui caractérisent la plupart des placards à vêtements ne conviennent pas à la plupart des garde-robes et entraîne un incroyable gaspillage d'espace de rangement. Certains placards à «double profondeur» sont munis d'une deuxième tringle, placée derrière la première. Or, pour la plupart des gens, les vêtements suspendus sur la tringle arrière sont si difficiles à atteindre qu'ils finissent par se faire oublier. De plus, de nombreux grands placards ont des portes si étroites qu'il est impossible de voir ou d'atteindre la moitié de ce qui se trouve à l'intérieur. Enfin, les tablettes sont souvent trop éloignées les unes des autres, trop profondes ou trop hautes, ce qui est peu pratique. Je vous donnerai bientôt quelques suggestions sur les façons de compenser les inconvénients d'un placard mal conçu et de tirer de maximum de chaque centimètre carré.

LA STRATÉGIE

Planifiez vos zones

S'il n'y a pas vraiment d'«activités» dans un placard, le fait est que vous possédez de vastes catégories de choses, comme vous l'avez indiqué dans votre plan détaillé de rangement. Déterminez ce qui ira dans chaque placard à partir de la fonction que vous lui avez assignée. Lorsque vous évaluez l'espace de rangement disponible, comptez toutes les tablettes et les tringles qui s'y trouvent. Évaluez s'il y a un meuble à proximité qui pourrait contenir l'excédent.

Voici un exemple :

Activité	Accessoires	Rangement
Placard à vêtements	Vêtements courts suspendus	Tringle double - 2 m
	Vêtements longs suspendus	Tringle simple - 1 m
	Jeans pliés	Commode à six tiroirs
	Chandails	
	Robes de nuit et pyjamas	Intérieur de la porte
	Chaussures	Plancher du placard
	Cravates et ceintures	Intérieur de la porte
Placard à linge de maison	Draps	Armoire
	Serviettes	
	Literie de rechange	
	Réserves d'articles de toilette	
Placard de l'entrée	Manteaux longs	Côté droit de la tringle
	Vestons courts	Côté gauche de la tringle
	Manteaux des invités	
	Gants, chapeaux et foulards	Tablettes
	Bottes	
	Équipement de sport	

Placard de l'entrée (suite)	Sacs à dos et sacs fourre-tout	Tablettes
Placard d'articles utilitaires	Outils Rallonges électriques Piles Produits nettoyants Articles de papier Ruban, colle, ficelle Papier d'emballage	Crochet sur la porte

Idées pour accroître l'espace

1. Changez les tringles de place

- Si vous avez un grand nombre de vêtements courts (vestons, pantalons, tailleurs) à suspendre, vous pouvez littéralement doubler votre espace de rangement en installant deux tringles superposées.
- Si l'endroit où vous gardez vos chaussures et vos accessoires est sombre et difficile d'accès, mesurez votre vêtement suspendu le plus long, puis descendez la tringle de façon à ce que le bas dudit vêtement arrive à trois centimètres du sol. Placez ensuite par terre un tapis pour protéger les vêtements de la poussière, puis ajoutez au dessus de la tringle une ou deux tablettes à la hauteur des yeux pour y ranger vos chaussures.
- Si les portes de votre placard sont si étroites qu'un grand nombre de vos vêtements sont impossibles à distinguer, vous pouvez les faire élargir, bien sûr, mais il existe une solution plus simple : installer vos tringles d'avant en arrière. De cette façon, non seulement vos vêtements seront-ils entièrement visibles, mais vous quadruplerez votre espace de rangement.

2. Enlevez des tringles

- Si vous avez plus besoin d'espace pour des vêtements pliés plutôt que suspendus, remplacez la tringle par des tablettes ou installez une commode dans l'espace situé sous la tringle.

- Si vous avez plusieurs tringles placées l'une derrière l'autre, utilisez celle de derrière pour les vêtements hors saison et celle de devant pour ceux que vous utilisez couramment. Vous pouvez aussi enlever complètement celle de devant, la remplacer des tablettes pour les chandails, les chaussures, les vêtements pliés, les sacs à main et les accessoires et réserver la tringle arrière restante aux vêtements à suspendre.

- Si certains de vos placards sont si étroits que vos vêtements longs pendent de travers, et sont par conséquent difficiles à distinguer et à manipuler, réservez la tringle aux chemises ou enlevez-la et remplacez-la par des tablettes où vous rangerez des vêtements pliés.

3. Remontez ou abaissez des tablettes

- S'il y a plus d'espace que nécessaire entre les tablettes, vous privant ainsi d'énormes possibilités en matière de rangement, vous pourriez peut-être en fixer un certain nombre entre les deux ou installer celles-ci plus près l'une de l'autre. S'il est impossible de les déplacer, il existe des contenants (voir étape 5) qui peuvent doubler l'espace offert.

4. Utilisez les portes et les murs

- En installant des crochets, des tablettes, des casiers et des tringles aux murs et aux portes de vos placards, vous pouvez créer de l'espace de rangement insoupçonné. Utilisez ces accessoires pour éviter que votre sortie de bain, votre pyjama, etc., n'occupent de l'espace qui pourrait servir à autre chose. Vous pouvez aussi y suspendre le nettoyage à sec ou vos vêtements du lendemain, ou encore les manteaux de vos enfants dans leur chambre ou dans le placard de l'entrée.

5. Réarrangez vos vêtements

- Si vos vêtements hors saison occupent la place dont vous auriez besoin pour ranger ceux que vous portez couramment, transférez-les dans un autre lieu de rangement comme le grenier, le sous-sol ou le garage (voir chapitre 11). Les vêtements de soirée que vous ne mettez que rarement peuvent également être relégués ailleurs. Une de mes clientes mettait ses vêtements de soirée, qu'elle ne portait qu'en de rares occasions, dans un placard en cèdre situé dans son grenier.

- Si vous regroupez les vêtements longs à une extrémité de la tringle et les vêtements courts à l'autre, vous créerez beaucoup d'espace en dessous de ces derniers. Placez dans cet espace une petite commode ou un grand porte-chaussures pour maximiser les possibilités de rangement.
- Les cintres non utilisés prennent beaucoup de place sur les tringles. Pour plus de commodité, enlevez-les et rangez-les par terre dans un panier.

Estimation du temps

Voici le temps que prend en moyenne l'organisation d'un placard :

COMBIEN DE TEMPS CELA PRENDRA-T-IL ?

Offensive

1.	Tri	3 heures
2.	Élimination	1 heure
3.	Assignation d'une place	30 minutes
4.	Rangement dans des contenants	3 heures
5.	Ajustement	5 minutes par jour

L'OFFENSIVE

Ce qui est bien avec les placards, c'est que leur rangement prend peu de temps. Le sentiment de satisfaction que vous tirez d'un effort d'aussi courte durée peut vous stimuler à vous attaquer à d'autres endroits de votre maison. Par exemple, une de mes clientes habitait une énorme maison qui avait tellement besoin d'organisation qu'il nous a fallu presque un an pour faire tout le travail. Nous avons commencé par le placard de l'entrée, parce que je voulais faire en sorte que ma cliente obtienne des résultats immédiatement. En moins d'une journée, nous avons transformé ce placard, un véritable capharnaüm, en modèle d'organisation, en assignant une place à chaque veston, manteau, moufle, gant, chapeau et parapluie. Ma cliente s'est alors sentie soulagée et inspirée. En dépit du caractère titanesque du reste de la tâche à accomplir, elle n'avait qu'à regarder ce placard propre, ordonné et dorénavant fonctionnel pour se convaincre que si elle avait pu réaliser cet exploit, elle arriverait également à transformer le reste de sa maison. Et c'est ce qu'elle a fait.

1. Tri

Lorsque vous videz un placard, divisez tout ce que vous y trouvez, par terre ou sur votre lit, en différents groupes selon votre logique personnelle.

Modes de classement

- Vêtements
  - par type (pantalons, chemises, vestons, tailleurs)
  - par couleur, saison, utilité (travail, soirée, loisirs, sports)
  - par personne (dans les placards communs)

- Accessoires
  - par catégorie (ceintures, foulards, chaussures)
  - par saison (été, hiver)

- Articles utilitaires
  - par catégorie (ampoules électriques, outils, ruban adhésif, papier hygiénique, articles de toilette)

- Lingerie
  - par format
  - ensemble
  - couleur ou motif

COMMENT ÉVITER CERTAINS PIÈGES COURANTS

Même si les placards sont petits comparativement à bien d'autres pièces où règne le désordre, ils peuvent prendre des allures de Grand Canyon lorsque vous vous mettez à les vider. Il est alors facile de tomber dans toutes sortes de pièges qui ralentissent vos progrès ou réduisent vos efforts à néant. Voici certains des plus courants, et le moyen de les contourner.

Abandonner à mi-chemin. Trier le contenu d'un placard et éliminer le superflu est un travail ardu tant physiquement que mentalement : il vous faut grimper, vous étirer, étendre les bras dans tous les sens et prendre de difficiles décisions. Bien des gens abandonnent après avoir accompli 80 % du travail parce qu'ils n'en peuvent tout simplement plus. Or, si vous évitez de vous précipiter, les choses iront plus vite, vous aurez moins tendance à négliger les coins difficiles et vous accomplirez un travail plus soigné.

Garder plus de choses que l'espace ne peut en contenir. Même s'il est possible d'accroître l'espace disponible, bien des gens ne sont pas réalistes en ce qui a trait à la quantité de choses qu'ils peuvent mettre dans leur placard ; ils continuent donc à accumuler, croyant naïvement pouvoir tout y faire entrer. Voilà une recette qui mène infailliblement au désordre. Si vous achetez en gros, divisez les coûts et partagez avec un ami.

Garder des choses que vous n'utilisez pas sous prétexte qu'elles ont coûté très cher. Que faire de ce coûteux veston que vous ne portez jamais ou de cette machine à coudre dont vous ne vous êtes servi qu'une seule fois ? Voilà de difficiles questions. Vous avez l'impression de jeter l'argent par les fenêtres si vous vous en débarrassez. Mais songez plutôt à ce qu'il vous en coûte de les garder : gaspillage d'espace, frustration de ne jamais trouver ce dont vous avez *vraiment* besoin parce que votre placard déborde de choses qui vous sont *inutiles*, malaise face à vous-même chaque fois que vous jetez les yeux sur ces « mauvais » achats. Rendez-vous service et faites-les disparaître de votre placard *et* de votre esprit.

2. Élimination

Vous trouverez inévitablement bien des surprises dans vos placards – et parmi elles, de la camelote si inutile que vous n'hésiterez pas une seconde à vous en débarrasser.

Les articles suivants devraient prendre immédiatement le chemin de la boîte de dons ou de la poubelle :

La liste de Julie de choses à jeter « simple comme bonjour »

- **Les vêtements qui ne vous font plus.** (Les placards de bien des gens regorgent de vêtements de différentes tailles en raison de fréquentes fluctuations de poids. Si vous voulez garder ces vêtements « juste en cas », ne laissez dans le placard que ceux qui sont présentement à votre taille ; mettez les autres dans une boîte que vous rangerez sous le lit, au grenier ou au sous-sol, ou que vous mettrez en entreposage.

- **Les vêtements, serviettes et linges tachés** – ou les choses déchirées impossibles à recoudre.
- **Les chaussures qui vous font mal aux pieds.**
- **Les bas et les chaussettes qui ont des mailles qui filent** ou des trous.
- **Tout article ayant perdu son élasticité.**
- **Tout article brisé** qui n'a pas été réparé ou raccommodé depuis plus de deux ans.
- **Le papier d'emballage, les rubans et les boîtes à cadeaux froissés et déformés.**
- **Les appareils ménagers trop vieux ou qui ne fonctionnent plus.**
- Toute choses non consommable que vous possédez **en double ou en triple.**
- **Les produits nettoyants** que vous n'avez pas utilisés depuis un an.
- **Les outils, clous, crochets et boulons rouillés.**
- **Les piles acides.**
- **La peinture vieille et desséchée.**

Lorsque vous regrouperez ensemble des articles similaires, vous pourriez être surpris de constater le nombre d'exemplaires vous possédez d'un même article. Une de mes clientes n'en revenait pas quand nous avons déniché seize cardigans noirs pratiquement identiques éparpillés dans ses placards. Comment avait-elle pu en accumuler tant ? Chaque fois qu'elle se trouvait dans un grand magasin ou dans une boutique à se demander ce dont elle avait besoin et que rien ne l'attirait, elle se disait : « Un cardigan noir est toujours utile », et l'achetait. Elle ignorait totalement en posséder tant.

Comme elle, vous redécouvrirez des choses que vous aviez perdues de vue depuis des années et dont vous aurez de la difficulté à vous séparer même si elles ne vous ont pas manqué, simplement parce qu'elles sont en parfaite condition. Considérez votre placard comme un endroit où vous « prenez » des choses plutôt qu'un endroit où vous les rangez. Ce petit changement de perspective peut faire toute la différence au monde lorsque vous déciderez quoi garder (les choses que vous utilisez) et quoi jeter (celles dont vous ne vous servez pas).

Voici des moyens de vous sentir à l'aise lorsque vous décidez de vous débarrasser des ces choses en parfaite condition dont vous ne vous servez pas.

- **Un don à un ami.** Donnez-les à une personne qui vous est chère et à qui elles feront plaisir. Par exemple, mon amie Judy, qui adore acheter des vêtements, fait régulièrement de la place dans ses placards pour ses nouvelles acquisitions en apportant à ses amies, notamment à moi, des sacs remplis de superbes chaussures et tailleurs griffés dont elle ne veut plus. Quant à moi, j'épure régulièrement mes placards en donnant les choses dont je ne me sers plus à mon amie Eneida et à ses deux filles. C'est un plaisir pour nous toutes : pour ma part, je suis heureuse que les choses pour lesquelles j'ai dépensé de l'argent continuent à être utilisées ; quant à mes amies, elles profitent de ces nombreuses surprises. De plus, mes placards sont toujours en ordre.
- **Faites un échange de vêtements annuel.** Mon amie Valerie a institué une excellente tradition qui consiste à inviter un groupe d'amies chez elle chaque année pour un brunch matinal et un échange de vêtements, où le plaisir est au rendez-vous. Chaque invitée apporte les vêtements qu'elle ne porte plus, ne veut plus ou n'a plus la taille pour porter, et après s'être régalées de bagels et de café, toutes se mettent à fouiller dans le tas de vêtements qui trône au milieu de la pièce. Les gens essaient des choses et gardent ce qui leur plaît. Il n'y a jamais de disputes, et tout se déroule harmonieusement. À la fin de la rencontre, tous les vêtements qui restent sont remis à un organisme de bienfaisance. Essayez cela avec vos vêtements inutilisés ou ceux de votre famille.

3. Assignation d'une place

- Souvenez-vous que pour pouvoir utiliser un article, deux choses sont essentielles : vous devez pouvoir le voir et pouvoir l'atteindre. À moins que vous ne prévoyiez les entreposer à long terme (comme les documents relatifs à l'impôt), les articles qui sont cachés dans les recoins sombres de vos placards sont destinés à l'oubli.
- Dans un placard utilitaire, songez à mettre ensemble tous les produits « collants » (rubans adhésifs, colles, ficelles, etc.). Dans un placard à vêtements, vous pouvez ranger les vêtements de travail dans un

coin, et les vêtements de loisir dans un autre. Dans une lingerie, réservez un endroit précis sur chaque tablette pour les oreillers, les draps de dessus et les draps-housses. Vous pouvez aussi regrouper votre literie en ensembles selon la chambre où elle est destinée.

CONSEIL D'INITIÉ

Partager les placards

- *Les placards à vêtements.* Assignez à chaque personne un côté du placard pour tous ses vêtements suspendus ou pliés et ses accessoires. Appliquez ce même modèle aux commodes.

- *Les placards d'entrée.* Tenez compte des habitudes de votre famille au lieu de vouloir les changer. Déterminez où les choses aboutissent – courrier, clés, manteaux, sacs à dos, équipement de sport – et assurez-vous que chacune d'entre elles a une place clairement définie et accessible.

---

4. Rangement dans des contenants

Mes contenants de rangement favoris pour les placards

Les placards à vêtements

- Petite commode en bois, en tôle ondulée ou en plastique – pour placer dans l'espace se trouvant sous les vêtements courts suspendus à la tringle.
- Lampe de placard à batterie – se fixe aisément sur le mur intérieur et vous aide à mieux y voir.
- Diviseurs pour tablettes – essentiels pour séparer les piles de chandails, de jeans ou de sacs à main et d'éviter qu'elles n'empiètent les unes sur les autres (offerts par Lillian Vernon Catalog).
- Boîtes recouvertes de tissu – excellentes pour placer les accessoires, les maillots de bain et les chapeaux sur les tablettes de façon ordonnée et attrayante.
- Paniers pour tablette – parfaits pour ranger les sous-vêtements, les chaussettes et les bas.

- Porte-chaussures et sacs à chaussures – pour ranger les chaussures proprement par terre, au mur ou sur la porte.
- Support à foulards – agréable à l'œil et semblable à un portemanteau, permet un accès facile aux foulards et les empêche de se froisser.
- Paniers placés au sol – parfaits pour mettre les vêtements nécessitant un nettoyage à sec ou les vêtements de sport.
- Support rotatif – idéal pour accroître l'espace de rangement pour les vêtements suspendus dans une penderie ou un placard très profond (offerts dans les magasins de vêtements et les catalogues).
- Cintres de bois ou de plastique rigide – les cintres de métal s'emmêlent facilement, alors que ceux qui sont rigides sont de meilleures qualité et gardent mieux la forme des vêtements.

CONSEIL D'INITIÉ

Bien mesurer

Comme vous allez peut-être ajouter ou enlever des tringles ou encore ajouter ou déplacer des tablettes pour accroître l'espace dont vous disposez dans vos placards, il importe que vous connaissiez la place qu'occupent vos vêtements. Mesurez la hauteur de chaque pile de vêtements pliés (jeans, chandails, etc.) pour savoir de combien d'espace vous avez besoin entre les tablettes (limitez la hauteur de chaque pile à 30 centimètres). Mesurez également la longueur de toutes vos chaussures, car les supports conçus avant tout pour les grosses pointures seraient inadéquats si vos chaussures sont plus petites. Comptez le nombre de vêtements longs et courts à suspendre, et prévoyez entre un et trois centimètres d'espace par vêtement sur la tringle. Vous obtiendrez ainsi l'espace total nécessaire pour les vêtements suspendus.

Les placards d'entrée

- Tiroirs en plastique empilables – parfaits pour ranger les moufles, les gants et les chapeaux de chaque membre de la famille.
- Étagères étroites – idéales pour mettre des rangées de chapeaux, de gants et de foulards sur les portes, à portée de la main.
- Contenants de plastique – pratiques pour le rangement sur les tablettes supérieures.

- Liste de vérification laminée – l'outil par excellence pour aider les membres de votre famille à se rappeler des choses qu'ils doivent emporter (clés, portefeuille, sac à dos, porte-documents) avant de quitter la maison.
- Armoire d'entrée – pratique pour déposer le courrier à poster ainsi que les articles à réparer ou à retourner.
- Bacs placés au sol – pratiques pour l'équipement de sport.
- Bac à chaussures ou à bottes pour vestiaire – parfait pour garder les chaussures sales hors des placards propres.
- Cintres en bois – parfaits pour les manteaux lourds et ceux des invités parce qu'ils peuvent supporter un poids important et qu'ils ne s'emmêlent pas les uns aux autres.

Les lingeries et les placards utilitaires

- Plateaux pivotants – parfaits pour les tablettes ; vous permet de saisir un objet d'un tour de main.
- Bacs en plastique – parfaits pour ranger des objets dans des catégories distinctes (nécessaire de couture, produits capillaires, produits pour le bain, médicaments) et aisément accessibles.
- Structures en fil métallique permettant d'« ajouter une tablette » – posez-en une sur une tablette afin de doubler l'espace de rangement pour la lingerie, les serviettes et les articles de toilette.
- Pochettes – formidables pour ranger les articles de toilette et le papier hygiénique sur la porte, et libérer les tablettes pour la lingerie et les serviettes.
- Diviseurs en fil métallique ou en acrylique – essentiels pour empêcher les piles de serviettes et de draps de dégringoler.
- Tiroirs coulissants de plastique ou de fil métallique – parfaits pour garder le papier hygiénique et les produits nettoyants bien rangés séparément.
- Contenants pour papier d'emballage – parfaits pour ranger tous ces coûteux rouleaux de papier d'emballage de Noël ou d'anniversaire ainsi que les accessoires connexes et éviter de les endommager.
- Caisses et bacs de lait – l'accessoire idéal pour regrouper et ranger les accessoires de peinture et électriques, les outils, etc., par terre ou sur une tablette.

Les contenants à couvercle soulevé permettent un rangement ordonné sur les tablettes des placards (*gracieuseté de Rubbermaid*).

- Bacs en plastique – idéaux pour ranger séparément des piles, des bougies, des ampoules électriques, des produits de nettoyage, etc.
- Boîte à outils et tabouret – solide et très pratique ; collez sur le couvercle du coffre une liste d'outils à garder à portée de la main en tout temps (offert par Rubbermaid).

L'étiquetage

Il importe d'étiqueter les contenants ainsi que le rebord et la surface des tablettes dans les placards à lingerie et à articles utilitaires et même dans ceux de l'entrée pour que toutes les personnes qui font usage de ces placards puissent comprendre et suivre votre système. Dans votre propre placard, vous pourriez procéder de façon plus discrète pour ne pas en ruiner l'esthétique. Voici comment :

- Utilisez des cintres de plastique de différentes couleurs plutôt que des étiquettes pour distinguer les vêtements de travail des vêtements de loisirs, les chemises de soirée des tenues de ville, ou pour faire toute autre distinction que vous jugez nécessaire. Les codes de couleur vous permettent de vous vêtir le matin plus rapidement et aisément ; ils vous permettent également de voir s'il y a un déséquilibre dans votre garde-robe (trop d'une catégorie de vêtements, pas assez d'une autre), de façon à ce que vous puissiez faire vos achats en conséquence.
- Nouez un ruban de couleur sur les cintres où sont suspendus des vestons bleus pour les distinguer plus facilement des noirs.

- Collez sur le devant des boîtes à chaussures une photo Polaroid de la paire qu'elles contiennent pour éviter d'avoir à ouvrir plusieurs boîtes pour trouver une paire en particulier.

5. Ajustement

Oh là là! Regardez-moi ces placards. Finie l'époque où des choses vous dégringolaient sur la tête. Finie la frustration de ne pas être capable de trouver ce que vous voulez. Et finie la culpabilité au sujet de l'argent gaspillé sur des articles inutilisés. Vous sentez que vous avez davantage la maîtrise de votre vie, n'est-ce pas?

Pour faire durer ce sentiment, et pour garder vos placards en ordre, procédez comme suit :

- **Tous les jours.** Rangez les choses à mesure que vous les utilisez ; suspendez vos vêtements tous les soirs.
- **Continuellement.** Gardez un contenant consacré aux dons par terre dans l'entrée ou dans les placards à vêtements. Lorsque vous n'avez plus besoin ou ne voulez plus de certaines choses, mettez-les dans ce contenant ; tous les six mois ou environ, donnez ces choses inutilisées à des amis à qui elles feraient plaisir ou faites-en don à votre organisme de bienfaisance préféré.
- **Mises au point périodiques.** Tout système exige des ajustements occasionnels, car au fil des mois, de nouveaux articles viendront s'ajouter et encombrer vos placards. Prévoyez une demi-journée pour faire une mise au point dans vos placards. Inspectez vos placards à lingerie et à articles utilitaires ainsi que ceux de l'entrée une fois par an et débarrassez-vous des choses dont vous n'avez pas besoin pour faire de la place pour le neuf. Pour les placards à vêtements, je recommande deux mises au point par année. Faites-les coïncider avec les changements de saison, occasion idéale pour procéder à la rotation saisonnière de vos vêtements.

15

Les chambres d'enfants

L'ANALYSE

CONSEIL D'INITIÉ

Travailler ensemble

La meilleure façon d'organiser la chambre de votre enfant est de faire participer ce dernier à l'opération le plus possible. Même s'il est difficile de résister à la tentation de vous faufiler dans la chambre avec une grosse poubelle pour faire disparaître d'un coup tout ce bric-à-brac, vous n'obtiendrez de succès à long terme que si vous permettez à votre enfant de prendre part à la conception, à la transformation et à l'entretien de son propre environnement. Qui plus est, les enfants adorent résoudre des problèmes – l'essence même de l'organisation. Si vous réussissez à demeurer calme et à offrir votre soutien en évitant de porter des jugements, votre enfant appréciera l'attention que vous lui portez et prendra plaisir à passer du temps avec vous.

De plus, ce projet commun avec votre enfant constituera pour vous une occasion privilégiée de mieux connaître sa personnalité en pleine formation. En observant votre enfant et en l'aidant à prendre des décisions sur ce qu'il garde et ce qu'il jette, vous pourrez comprendre sa façon de penser et ses valeurs, en plus de connaître les nouvelles tendances chez les jeunes et ce qu'ils considèrent passé de mode. Ensemble, vous aurez la chance de créer une chambre qui reflète vraiment qui il est et ce qui lui importe.

---

1. Qu'est-ce qui fonctionne?

Exemples :

> « Nous gardons tous les blocs de construction dans un gros panier en osier. Il est donc facile pour Billy de les éparpiller par terre s'il veut jouer avec et de les ranger quand il a fini. »
> — *Diane W., mère d'un enfant de quatre ans*

> « Nous avons installé au mur une série de porte-chapeaux en accordéon où nous pouvons suspendre l'imposante collection d'animaux en peluche de Jennifer. Comme elle les utilise rarement, ce système nous permet d'éviter de les laisser traîner par terre ou sur le lit. »
> — *Loni S., mère d'une enfant de sept ans*

2. Qu'est-ce qui ne fonctionne pas?

Demandez à votre enfant quels sont les problèmes qu'il perçoit afin de dresser une liste à partir de ses frustrations à lui, et non des vôtres. Posez délicatement des questions qui tiennent compte des préoccupations et des besoins de votre enfant, pour qu'il ait ses propres raisons d'entreprendre ce projet de rangement. Comparons maintenant deux listes de choses qui ne fonctionnent pas.

Les frustrations des parents

- « Ta chambre est une vraie porcherie ! »
- « J'en ai assez de tout ramasser sur ton passage. »
- « Quelqu'un va finir par trébucher et se faire très mal dans cette chambre. »
- « Nous dépensons trop d'argent sur des jouets et des vêtements que tu finis toujours par perdre. »
- « J'ai honte lorsque les gens voient l'état de cette chambre. »

Les frustrations des enfants

- « Mes jouets favoris finissent toujours par se briser. »

- « Je ne peux pas jouer à mes jeux préférés parce que je perds des pièces. »
- « À l'école, je me fais toujours réprimander parce que je perds mes cahiers de devoirs. »
- « Je n'ai pas de place pour jouer avec mes amis. »
- « C'est trop difficile de faire le ménage, car je ne sais jamais où mettre mes choses. »

3. De quoi avez-vous le plus besoin ?

Exemples :

- **Lauren**, âgée de huit ans, avait besoin d'espace pour son nécessaire de bricolage, son chevalet, ses déguisements, ses maisons de poupée, ses animaux en peluche ainsi que ses poupées Barbie et leurs accessoires.
- **Sam**, cinq ans, avait besoin de place pour ranger sa collection de dinosaures, ses jeux électroniques Sega Genesis, ses modèles réduits, ses livres et sa collection de pierres.
- **Erin**, douze ans, avait besoin de place pour ses livres scolaires et son ordinateur, sa collection de bougies, son nécessaire de couture, ses jeux vidéo, son papier à lettres, son carnet d'adresses et ses lectures de chevet (livres et revues).

4. Pourquoi voulez-vous vous organiser ?

Exemples :

- « Pour cesser de me disputer avec maman. »
- « Pour pouvoir inviter des amis. »
- « Pour ne plus briser ou perdre mes jouets. »
- « Pour avoir une meilleure allocation. » (Il n'y a rien de mal à récompenser vos enfants.)
- « Je pourrai ranger ma chambre plus rapidement. »
- « J'aurai de meilleures notes à l'école. »

5. Quelles sont les sources du problème ?

Voici des causes courantes de désordre dans une chambre d'enfants :

- **L'organisation, c'est ennuyeux.** Vous vous souvenez du modèle d'organisation inspiré d'une classe de maternelle ? S'ils ne trouvent aucun plaisir à faire du rangement, les enfants sont encore moins susceptibles que les adultes de garder leur chambre en ordre. Or, les jeunes adorent placer des choses dans toutes sortes d'endroits amusants (vous n'avez qu'à les regarder jouer pour vous en rendre compte). Si les contenants de rangement sont attrayants et conviennent parfaitement à leur contenu, les enfants éprouveront plus souvent qu'autrement de la satisfaction à remettre de l'ordre dans leur espace.
- **Certains articles n'ont pas de place.** Les enfants semblent accumuler de nouvelles choses à une vitesse surprenante. Il leur est alors difficile de trouver un endroit pour tous ces objets qui, très souvent, finissent par traîner indéfiniment. Naturellement, s'il n'a pas de place pour ranger ses choses, vous ne pouvez pas vous attendre à ce qu'un enfant fasse le ménage.
- **L'espace de rangement est mal choisi.** Dans les chambres d'enfants, il arrive fréquemment que l'espace de rangement soit peu pratique et difficile d'accès, décourageant même les meilleurs intentions en matière d'organisation. Les tablettes sont trop hautes, les tiroirs trop étroits et les placards trop loin de l'endroit où leur contenu est utilisé.
- **Un système compliqué et confus.** Les chambres d'enfants sont souvent conçues selon les idées et la logique de rangement de quelqu'un d'autre (les parents par exemple), ce qui n'est pas toujours évident pour l'enfant. Utilisez les méthodes indiquées dans le présent livre pour aider votre enfant à créer un système de rangement à partir de sa propre logique. Il lui sera alors plus facile de maintenir ce système.

LA STRATÉGIE

Planifiez vos zones

Idéalement, la chambre de votre enfant devrait refléter sa personnalité, ses rêves et ses aspirations propres – un endroit pour se développer, réfléchir et pour se réaliser ainsi qu'un lieu paisible pour dormir et agréable pour travailler.

Voici certaines zones d'activité types d'une chambre d'enfant ainsi que les accessoires et lieux de rangement correspondants :

Activité	Accessoires	Rangement
Sommeil	Couverture, oreillers	Lit
	Animaux en peluche	
	Livres	Petite bibliothèque
Travaux scolaires	Sac à dos	Bureau
	Papier	
	Stylos, crayons	
	Ouvrages de référence	
Divertissement	Casse-tête	2 tablettes
et jeux au sol	Jeux de société	
	Poupées	
	Blocs de construction	
Bricolage	Papier	1 tablette
	Crayons, marqueurs	
	Aquarelle	
	Pinceaux	
	Colle, ruban	
Habillement et	Vêtements	Commode
toilette	Chaussures	
	Brosse, peigne	

Conseils pour réaménager le mobilier

Si votre enfant a l'habitude de lire avant de s'endormir, placez une biblio-thèque à proximité de son lit. Créez une zone pratique vouée à l'habille-ment et à la toilette en plaçant la commode près de la porte du placard. Mieux, si l'espace le permet, installez-la *à l'intérieur* du placard.

Au lieu d'aligner les meubles contre le mur, servez-vous-en pour diviser la pièce et délimiter les zones ; ainsi, vous pouvez placer la commode, la bibliothèque ou même le lit perpendiculairement au mur.

Idées pour accroître l'espace

- Utilisez l'espace vertical pour les articles utilisés peu fréquemment. Installez une tablette en hauteur près du plafond qui fait le tour de la pièce et placez-y des objets décoratifs ou ayant une valeur sentimentale que votre enfant utilise rarement mais dont il refuse de se défaire, comme des collections spéciales, les animaux en peluche ou des souvenirs.
- Installez des supports de rangement, des crochets, des tablettes ou des pochettes à l'arrière des portes et à l'intérieur des placards.
- Si votre enfant n'a pas beaucoup de vêtements qui doivent être suspendus, installez des tablettes dans le placard pour ranger ses jouets et ses jeux.
- Servez-vous de l'espace qu'il y a sous le lit pour ranger la literie, les jouets et les jeux ainsi que les vêtements hors saison.
- Si la pièce est petite, aménagez une soupente ou des lits superposés. Vous libérerez ainsi énormément d'espace au sol pour installer un bureau ou aménager une aire de jeu.

Estimation du temps

Voici la durée moyenne nécessaire pour organiser une chambre d'enfant :

COMBIEN DE TEMPS CELA PRENDRA-T-IL ?

Offensive

1.	Tri	12 heures
2.	Élimination	2 heures
3.	Assignation d'une place	1 heure
4.	Rangement dans des contenants	4 heures
5.	Ajustement	5 minutes par jour

L'OFFENSIVE

1. Tri

Regroupez les objets selon les associations faites par votre enfant, pour qu'il lui soit plus facile plus tard de retrouver ses choses et de les ranger. N'hésitez pas à lui faire des suggestions. Considérez les regroupements suivants :

Classement dans une chambre de bébé

- Jouets interactifs
- Jouets musicaux
- Animaux en peluche
- Nécessaire à langer

Classement dans la chambre d'un enfant de six ans

- Jeux et casse-tête
- Trousse d'activité (science, art)
- Jeux de fiction (jeux Playmobil, maisons de poupée, ensemble GI Joe)
- Déguisements, sacs, bijoux
- Jeux électroniques

Classement dans la chambre d'un enfant de douze ans

- Livres scolaires
- Dossiers pour les devoirs
- Fournitures
- Ouvrages de référence
- Lectures de chevet (livres et revues)
- Disques compacts et cassettes audio
- Vieux jouets d'enfant

COMMENT ÉVITER LES PIÈGES COURANTS

Les jugements. Souvenez-vous que votre objectif consiste à faire adhérer votre enfant au projet d'organisation, et non à forcer Mary ou Frank à faire le ménage de sa chambre parce que *vous* n'en pouvez plus du désordre. Il vous faut donc faire preuve d'un maximum de diplomatie et de tact. Lorsque vous travaillez avec votre enfant, vous devenez son consultant en organisation. Vous devez par conséquent poser toutes sortes de questions pour savoir ce qui convient à votre « client ». N'oubliez pas qu'il s'agit-là d'un projet intimidant ; il importe donc que vous respectiez votre enfant dans son cheminement. Votre travail consiste à le guider, à le motiver et à le soutenir, et non à le critiquer.

2. Élimination

Inévitablement, vous tomberez sur des jouets avec lesquels votre enfant a passé l'âge de jouer, des objets brisés ou usés, des présents jamais utilisés ou des articles qui n'ont tout simplement plus de place. Cependant, bien des enfants (et des parents!) tiennent à leur souvenirs et ont de la difficulté à se séparer de certaines choses.

Ne gardez que les souvenirs qui en valent vraiment la peine et économisez de l'espace en prenant les mesures suivantes :

- **Créez une boîte de souvenirs d'enfance.** Choisissez un nombre limité de vêtements de bébé que vous aimez particulièrement ainsi que de livres et de jouets favoris, que vous mettrez dans une boîte de rangement. Ajoutez-y des articles au fil des ans, sans excéder la capacité de la boîte. Vous créerez ainsi une merveilleuse capsule-mémorial remplie de trésors que votre enfant pourra un jour emporter avec lui dans son premier appartement.
- **Créez des archives scolaires et artistiques.** Les meilleurs travaux scolaires de votre enfant de même que ses plus belles œuvres de bricolage peuvent également être rangés dans une seule boîte (voir illustration en page 96), munie d'une chemise à pochette pour chaque année scolaire. Au cours de l'année, vous pouvez mettre tous les trésors potentiels de votre enfant dans une caisse de plastique placée par terre dans un placard. Puis, en juin, prenez une heure ou deux pour passer en revue le contenu de la caisse et choisir le meilleur, sans excéder la capacité de la chemise. À la fin de l'école secondaire, vous aurez constitué une merveilleuse chronique, à partir d'éléments de choix, de l'évolution de votre enfant.
- **Créez un album de souvenirs.** Pour ces quasi chefs-d'œuvre dont vous décidez en bout de ligne de vous débarrasser, apaisez les inquiétudes de votre enfant en prenant des photos que vous placerez dans un album. Cette méthode est particulièrement utile si vous avez un enfant industrieux et créatif qui produit plus d'objets tridimensionnels que vous n'avez d'espace de rangement. Laissez votre enfant composer un texte d'accompagnement et donnez à l'album un titre tel que «Les créations artistiques de Wendy» ou «Les plus beaux édifices de Philip».

- **Créez une boîte de roulement.** Pour économiser l'espace, simplifier le processus de rangement, éviter de trop stimuler votre enfant et lui permettre de tirer le maximum de ses possessions, ne gardez en tout temps qu'un minimum d'objets dans sa chambre. Mettez le reste dans une « boîte de roulement » placée dans un placard. Une fois par mois environ, lorsque l'intérêt de votre enfant pour ce qui lui est familier semble diminuer, vous pouvez sortir d'autres objets plus nouveaux et ranger les anciens.

3. Assignation d'une place

- Il ne suffit pas de dire « Voici tes vêtements » et de fourrer le tout dans un tiroir. Assignez un tiroir aux chaussettes, un autre aux sweat-shirts et ainsi de suite.
- Dans une bibliothèque, vous pouvez placer tous les livres de référence sur la tablette du dessus, les livres de poésie et d'histoires sur celle du milieu et les albums à colorier et les livres d'activités sur celle du bas.
- Si vous voulez que votre enfant soit responsable des choses qui lui appartiennent, il est essentiel de les ranger dans des endroits qui lui sont accessibles, et pas seulement à vous. Rien n'est plus frustrant pour un enfant que de prendre un jouet d'une étagère haute sans pouvoir l'y remettre.
- Pour d'autres conseils sur la façon d'organiser les vêtements et les placards, reportez-vous au chapitre 14.

CONSEIL D'INITIÉ

Les coffres à jouets

J'ai tendance à ne pas trop aimer les coffres à jouets. Ils ont beau simplifier le processus de rangement – il n'y a qu'à y jeter tout à l'intérieur –, mais il est très difficile d'y retrouver quoi que ce soit. Les jouets se perdent, se brisent ou sombrent dans l'oubli. Si vous voulez que votre enfant se serve d'un coffre à jouets, donnez audit coffre une fonction particulière pour éviter qu'il ne devienne un fourre-tout. Par exemple, ne l'utilisez que pour les articles particulièrement volumineux, comme les balles, les couvertures, les consoles de jeux ou les blocs de construction.

---

4. Rangement dans des contenants

On trouve un peu partout des contenants utiles pour les chambres d'enfants : dans les commerces d'articles ménagers et les quincailleries, les magasins d'articles de bureau et de matériel d'artiste, les catalogues ou encore dans votre propre grenier ou sous-sol. Les contenants que vous choisirez sont une affaire de goût ; optez pour des textures et des couleurs qui plaisent à votre enfant et qui s'accordent avec le décor de la pièce, qu'il s'agisse de bacs de plastique, de paniers tressés ou de boîtes à chaussures recouvertes de papier contact. Voici toutefois quelques points à garder en tête :

- Les contenants que vous choisissez doivent être suffisamment résistants, parce qu'ils seront solidement mis à l'épreuve par votre enfant. Ne cédez pas à la tentation d'économiser en utilisant des boîtes à œufs, qui se désintégreront en l'espace de quelques mois.
- Les contenants doivent être aisément manipulables par de petites mains, et munis de préférence d'une poignée ou d'une prise quelconque. Songez aussi à leur poids une fois remplis. En effet, votre enfant devrait avoir de la facilité à prendre le contenant sur une étagère, à en vider le contenu quand il a envie de jouer, à le remplir quand il a terminé et à le remettre à sa place.
- Le fait d'assigner une couleur à chaque contenant (par exemple rouge pour les jouets, bleu pour le nécessaire de bricolage) peut aider votre enfant à adopter durablement votre système. Évitez toutefois les contenants multicolores ou la pléthore de couleurs. Même bien organisées, les chambres d'enfants sont des lieux qui bourdonnent d'activité ; les contenants de couleurs uniformes peuvent aider à y instaurer un peu de calme.

Mes contenants de rangement favoris pour les chambres d'enfants

- Filet pour animaux en peluche – un moyen judicieux d'éviter que des animaux en peluche traînent par terre.
- Bacs de plastique transparents – parfaits pour ranger des jouets sur une tablette. Ils sont offerts en formats attrayants et faciles à transporter qui conviennent parfaitement aux petites mains. Le couvercle qui s'ouvre et se ferme aisément garde le contenu à l'abri de la poussière.

Les pochettes suspendues aux portes fournissent de l'espace de rangement supplémentaire pour les jouets (*gracieuseté de Lillian Vernon Catalogs*).

- Casiers pour petits objets – idéaux pour ranger les collections de petits objets tels que les billes, la monnaie, les accessoires de poupée Barbie ou les voitures miniatures.
- Sacs à chaussures de plastique transparent – suspendez-les à l'arrière des portes pour mettre les accessoires de bricolage, les albums à colorier, les crayons, les marqueurs, la pâte à modeler, la peinture et les pinceaux ; ces articles seront bien rangés tout en demeurant visibles.
- Panier de basket-ball installé au-dessus du panier à lessive – encourage les enfants à ramasser leurs linge sale en rendant le rangement agréable.
- Bassine à vaisselle ou bac en plastique – peuvent être utilisés sur les tablettes d'étagères pour regrouper et ranger les livres à tranche plate le dos vers le haut, de façon à ce que l'enfant puisse en lire aisément les titres.
- Porte-revues – placés sur une tablette de bibliothèque, ils permettent de séparer les revues des livres empruntés à la bibliothèque, pour que

l'enfant ait plus de facilité à retrouver ces derniers lorsque vient le temps de les rapporter.

- Palissade blanche – une façon pratique et agréable à l'œil de suspendre les chapeaux, les sacs à dos et même les animaux en peluche.
- Plateaux à lettres – sur un bureau ou une tablette de bibliothèque, permet de séparer et de ranger différents types de papiers pour le dessin ou les devoirs.
- Boîte d'entretien – bac de plastique à usage courant parfait pour transporter les marqueurs, les crayons et la colle.
- Tiroirs à casse-tête en bois – utilisez à la maison cet accessoire que l'enfant utilise déjà en classe. Rangez chacun des casse-tête dans un tiroir différent pour qu'il soit plus facile de les prendre et de les replacer.
- Corde à linge et pinces à linge – tendez la corde en hauteur pour y suspendre les travaux de bricolage et les meilleurs travaux scolaires.

L'étiquetage

Pour les jeunes enfants, en particulier ceux qui ne fréquentent pas encore l'école, chaque contenant, tiroir et tablette devrait être étiqueté. Servez-vous d'images. Ainsi, la combinaison des lettres et des images leur permettra de connaître facilement le contenu des boîtes, tout en leur apprenant à lire ! Vous pouvez découper diverses formes dans du papier contact rigide et aux couleurs vives puis vous en servir comme étiquettes pour indiquer le contenu des tiroirs et des bacs.

Les enfants un peu plus vieux ne voudront peut-être pas d'étiquettes sur la paroi extérieure de leur tiroirs ; faites-leur remarquer que celles-ci rendent le rangement agréable et encouragez-les à confectionner leurs propres étiquettes. Il préféreront probablement procéder ainsi, car des étiquettes venant de vous peuvent représenter pour eux un agaçant symbole d'autorité.

5. Ajustement

Vous et votre enfant pouvez maintenant admirer des résultats de votre travail. Mais est-il possible de rendre ce bonheur durable ? La réponse est « oui », parce que lorsqu'une chambre d'enfant a été organisée à partir de l'intérieur, l'entretien s'intègre de façon beaucoup plus naturelle aux activités quotidiennes.

Bien sûr, les nouvelles habitudes ne s'acquièrent pas du jour au lendemain. Ce qu'il faut, c'est créer un plan d'entretien facile et réaliste qui convient autant à vous qu'à votre enfant. De plus, les parents doivent comprendre qu'il leur faut maintenir une présence au-delà du processus d'organisation initial afin d'aider leurs enfants à acquérir ces nouvelles habitudes. En effet, les enfants ont besoin qu'on leur rappelle ce qu'ils ont à faire constamment et délicatement et qu'on les aide périodiquement à réajuster leur espace de façon à refléter leurs besoins changeants. Procédez comme suit :

- **Tous les jours.** Assurez-vous que votre enfant range complètement ses choses quotidiennement, soit avant le dîner, soit au coucher, sans jamais remettre cette tâche au lendemain. Quel que soit le désordre accumulé, le rangement d'une chambre d'enfant bien organisée ne devrait pas prendre plus de trois à cinq minutes. Donnez aux plus jeunes un coup de main au début en prévoyant un moment dans votre horaire pour faire le ménage avec eux. Rendez cette tâche agréable et simple en en faisant un jeu ou une course. Faites jouer de la musique et donnez-vous comme objectif de terminer ensemble avant la fin d'une chanson donnée – sans toutefois laisser la volonté de battre maman ou papa inciter votre enfant à prendre des raccourcis. Une fois que les enfants ont pris l'habitude de ranger leur chambre, votre travail consiste simplement à fixer un moment pour le ménage quotidien et à leur transmettre de petits rappels de façon délicate mais ferme. Souvent, les enfants n'ont pas la notion du temps lorsqu'ils jouent ou se concentrent sur leurs devoirs ; en leur donnant un petit encouragement environ dix minutes avant le moment du ménage, ils auront assez de temps pour finir ce qu'ils sont en train de faire avant de se mettre au travail.

CONSEIL D'INITIÉ

Offrez votre soutien

Gardez à l'esprit que votre enfant fera inévitablement des erreurs en cours de route, et que le chaos ressurgira de temps en temps. Il n'y a là rien de mal. Posez-lui calmement quelques questions afin de déterminer la cause de ce glissement et proposez des solutions possibles. L'enfant a-t-il un

>>>

nouvel intérêt ayant causé un amoncellement d'articles qui n'ont pas encore de place? Y a-t-il eu un changement dans la routine familiale qui aurait fait disparaître le rituel quotidien du ménage? Un aspect de votre système nécessite-t-il un ajustement parce que les choses ne fonctionnent pas comme prévu? (cela nous arrive à tous). Il se peut que votre enfant éprouve tout simplement un sentiment d'ennui face au rangement et ait besoin que cette tâche comporte une touche de plaisir supplémentaire. Quelle que soit la cause de ce glissement, ne le prenez pas comme un affront personnel. Gardez à l'esprit votre rôle de consultant en organisation, et aidez votre «client» à se remettre sur la bonne voie.

- **Mises au point périodiques.** Prévoyez une journée entière au moins une fois par année pour faire les ajustements nécessaires dans la chambre de votre enfant. Les enfants grandissent et changent constamment; grâce à cette mise au point annuelle, leur chambre continuera à refléter leur développement. De plus, les possessions ont la particularité de se multiplier comme de la mauvaise herbe, ce qui nécessite un élagage annuel. Vous pouvez prévoir cette mise au point juste après l'anniversaire de votre enfant ou les Fêtes, moments où une multitude de nouveaux jouets et cadeaux risque d'envahir la chambre. Débarrassez-vous des choses dont votre enfant ne veut plus, et assignez une place à chaque nouvelle acquisition. Au besoin, achetez et installez de nouveaux contenants – mais vous serez probablement en mesure de recycler ceux que vous avez déjà.

16

La cuisine

L'ANALYSE

1. Qu'est-ce qui fonctionne?

Exemples :

« Les verres que nous utilisons tous les jours sont rangés dans le placard près de l'évier. Il est alors plus facile de se servir un verre d'eau. »
— *Stella G.*

« Je garde deux poubelles sous l'évier, une pour les déchets ordinaires et l'autre pour les matières recyclables. »
— *Lilly K.*

2. Qu'est-ce qui ne fonctionne pas?

Exemples :

« Je dépense une fortune en nourriture. En effet, j'achète les mêmes choses à plusieurs reprises parce que je ne peux voir ce qu'il y a déjà dans mon réfrigérateur ou dans ma dépense. »
— *Jeanne C.*

« Mes placards sont si remplis qu'ils ne servent plus à rien. Mon mari et moi avons chacun déjà eu un conjoint. Par conséquent, nous possédons plusieurs ensembles d'un même article – ustensiles, mijoteuses, vaisselle, verrerie, batterie de cuisine, fours grille-pain et j'en passe. Nous en avons trop!»

— *Marian C.*

«Vaisselle, verres, batterie de cuisine, tout s'empile dans mes placards. J'ai donc de la difficulté à en sortir ce dont j'ai besoin, et je brise au moins un article par semaine.»

— *Fran B.*

«Ma cuisine est tellement en désordre que je me sens découragée à la simple idée de cuisiner quoi que ce soit. Nous finissons par prendre nos repas à l'extérieur ou par commander au restaurant cinq jours par semaine! Quel gaspillage d'argent!»

— *Rose K.*

«J'aimerais beaucoup avoir de l'aide pour nettoyer après les repas, mais personne d'autre que moi ne sait où ranger les choses. Les enfants doivent même me demander où se trouvent les friandises.»

— *Sue N.*

3. De quoi avez-vous le plus besoin?

Exemples :

- **Sara M.** avait besoin de place pour la batterie de cuisine, deux ensembles de vaisselle, une série de verres ordinaires, des verres à vin, des moules à cuisson et des friandises pour les enfants (à un endroit accessible).
- **Melissa E.**, qui disposait de très peu d'espace sur le comptoir, avait besoin de place pour ses herbes et ses épices, son robot culinaire, son four à micro-ondes, son grille-pain, sa cafetière, ses vitamines, son annuaire téléphonique, son bloc-messages, ses crayons et ses documents.
- **Ric M.** avait besoin d'espace pour son nécessaire pour cuire le pain, son cuiseur à vapeur, son presse-légumes, la nourriture de son animal familier, ses provisions et ses produits nettoyants.

4. Pourquoi voulez-vous vous organiser?

Exemples :

- « Pour réduire le temps consacré à la cuisine et au nettoyage. »
- « Pour obtenir plus d'aide de ma famille lors de la préparation des repas et du nettoyage. »
- « Pour prendre soin de ma santé en cuisinant plus souvent à la maison. »
- « Pour avoir plus de facilité à recevoir des amis. »
- « Pour cesser de gaspiller mon argent sur des achats en double. »
- « Pour casser moins de choses. »

5. Quelles sont les sources du problème ?

Voici les causes courantes de désordre dans les cuisines :

- **Un système compliqué et confus.** Très souvent, on range les choses à un endroit donné simplement parce qu'elles sont de la bonne grosseur, et non parce qu'elles sont utilisées à cet endroit. On se retrouve alors avec tous les « gros » articles dans une série de placards, les petits dans une autre et les moyens ailleurs. Le problème, c'est que comme les articles connexes sont éparpillés un peu partout dans la cuisine, il devient très difficile de se rappeler où se trouve chacun d'entre eux.
- **Il y a plus de choses que d'espace.** La cuisine fait partie de ces endroits où nous avons tendance à accumuler d'énormes quantités de choses que nous n'utilisons jamais. Nous collectionnons une multitude de tasses, d'assiettes, de verres souvenirs, d'aliments, de chaudrons, de plats de service, d'ustensiles curieux et de contenants de plastique dont le couvercle est manquant, et nous avons rarement tout l'espace qu'il faudrait pour garder tous ces articles.
- **Le besoin d'abondance.** L'une des raisons pour lesquelles nous accumulons un tel excès est que nous en tirons un réel sentiment de « plénitude » et d'« abondance ». Nous éprouvons un sentiment de réconfort et de sécurité car nous nous sentons prêts à toutes les éventualités grâce à nos réserves – comme par exemple si une famille de dix personnes arrive à l'improviste pour dîner, si nous sommes soudainement enfermés dans la maison pendant des mois sans avoir accès à une épicerie ou si notre verre, assiette ou poêle à frire favori venait à se briser.

LA STRATÉGIE

Planifiez vos zones

Aménagez vos zones en tenant compte du flot naturel d'activités qui se déroule dans votre cuisine, et utilisez les lieux de rangement existants. Voici quelques suggestions :

- **Zone de préparation des repas.** Pour cette zone, recherchez la portion du comptoir la plus longue entre soit l'évier et le réfrigérateur, soit l'évier et la cuisinière. Vous disposerez ainsi de toute la place dont vous aurez besoin pour nettoyer, couper, mélanger et assaisonner, bref tout ce qu'implique la préparation des repas, tout en ayant aisément accès à l'eau, à la nourriture et aux instruments de cuisson.
- **Zone de cuisine quotidienne.** Naturellement, cette zone devrait se trouver à proximité de votre four et de votre cuisinière. Dans les cuisines où le four et la surface de cuisson sont à des endroits différents, mettez la batterie de cuisine dans le placard près de la cuisinière et les moules à cuisson près du four. Utilisez le comptoir ou les tiroirs qui se trouvent à proximité pour ranger les ustensiles de cuisine et les poignées.
- **Zone de vaisselle utilisée quotidiennement.** Placez cette zone aussi près que possible du lave-vaisselle et de l'évier, pour pouvoir laver et ranger avec le minimum d'effort la vaisselle, la verrerie et les couverts que vous utilisez tous les jours.
- **Zone de service des repas.** Recherchez des placards se trouvant près de l'endroit où votre famille a l'habitude de manger (par exemple dans la cuisine ou dans la salle à manger) pour avoir à portée de la main les ronds de table, les nappes, les serviettes, les sous-plats, les paniers à pain, le sel et le poivre, les sucriers et les accessoires de service.
- **Zone de rangement des aliments.** Elle comprend le réfrigérateur et, si vous avez de la chance, un placard à provisions distinct. Si vous n'avez pas de garde-manger, il y a plusieurs possibilités pour ranger la nourriture, selon l'espace dont vous disposez et votre logique personnelle. Vous pouvez rassembler toute la nourriture dans les placards se trouvant à proximité du réfrigérateur ou utiliser les placards de la zone de préparation des repas pour plus de commodité.

Votre plan relatif aux zones d'activité ainsi qu'aux accessoires et aux lieux de rangement correspondants pourrait se présenter comme suit :

Activité	Accessoires	Rangement
Préparation des repas	Planches à découper, couteaux, bols à mélanger, épices, pellicule plastique, batteurs, mélangeurs, mesures et cuillers	Espace au-dessus et en dessous du long comptoir Chariot pour micro-ondes
Cuisine quotidienne	Batterie de cuisine, ustensiles de cuisine, poignées, moules Recettes, livres de recettes	Placard à proximité du four Bibliothèque
Lavage de la vaisselle	Vaisselle de tous les jours, bols, tasses, verres, couverts Détergent, torchons à vaisselle, brosse à récurage, tampons à récurer	Au dessus de l'évier 2 tiroirs Placard sous l'évier
Service des repas	Plats de service, ronds de table, serviettes, nappes, ustensiles de service, paniers à pain, sel et poivre, bougies	Buffet
Entreposage de la nourriture	Produits en conserve, bouteilles, nourriture en boîte et produits en papier	Armoire

Voici d'autres zones qui pourraient se trouver dans la cuisine :

- **Bricolage.** Dans les foyers où vivent de jeunes enfants, on utilise souvent une armoire ou deux près de la table de cuisine pour ranger les crayons, la peinture, les pinceaux et la pâte à modeler ; ainsi, les jeunes peuvent s'adonner à ces activités salissantes à l'endroit le plus facile à nettoyer.
- **Passe-temps.** Si vous aimez faire du pain ou des pâtes, activités qui nécessitent un grand nombre d'accessoires, vous pourriez créer une zone spécifique pour votre passe-temps. Vous aurez ainsi tous les instruments dont vous avez besoin à portée de la main.

Conseils pour réaménager le mobilier

Habituellement, dans les cuisines, peu de meubles peuvent être déplacés, voire même aucun. Vous pouvez cependant placer une table ou une armoire dans la zone à laquelle elle appartient et voir le casse-tête prendre forme.

Idées pour accroître l'espace

- Ajoutez des tablettes pour y mettre des livres de recettes ou y exposer de la vaisselle et des bols attrayants, des verres à pied, des vases ou des paniers.
- Rangez votre batterie de cuisine en suspendant les casseroles et les chaudrons à une grille murale ou à un support fixé au plafond au-dessus de la cuisinière. Cette solution fonctionne le mieux si vous gardez votre batterie propre et attrayante.
- Rangez sous le comptoir certains modèles d'appareils ménagers comme des cafetières, des fours grille-pain, des micro-ondes et des mélangeurs pour libérer de l'espace sur le comptoir.
- Fixez des aimants le long du dosseret pour y suspendre les couteaux et les ustensiles de cuisine – un design européen très populaire.
- Installez une armoire ou une étagère dans un coin ou sous une fenêtre pour ajouter de l'espace sans prendre trop de place.
- Achetez un chariot mobile dont le dessus est un étal de boucher et qui offre de l'espace de rangement en dessous ; vous pourrez vous en servir comme d'une zone de préparation des repas portative (vous pourrez y mettre des épices, des bols à mélanger, des mesures et des cuillers). Lorsque vous ne vous en servez pas, placez-le à un endroit où il n'obstrue pas le chemin.

- Installez des supports, des crochets et des tablettes à l'intérieur des portes d'armoires ou à l'arrière de la porte de la cuisine, ce qui accroîtra considérablement votre capacité de rangement.
- Dans les armoires, éliminez le gaspillage d'espace entre deux tablettes en en ajoutant une ou deux. Si les tablettes ne sont pas ajustables, reportez-vous à la section sur le rangement dans des contenants du présent chapitre ; on y traite des supports en fil métallique qui s'installent sur les tablettes et qui doublent la capacité de rangement.
- Utilisez une planche à découper qui s'installe au-dessus de l'évier pour avoir plus d'espace sur le comptoir durant la préparation des repas.
- Pour libérer de l'espace dans les placards de cuisine, rangez dans la salle à manger les verres à pied et la vaisselle de service que l'on sort seulement pour les invités ou à l'occasion des Fêtes. Transférez également dans le sous-sol ou le garage les articles de trop dans le garde-manger.

Estimation du temps

Voici le temps que prend en moyenne l'organisation d'une cuisine :

COMBIEN DE TEMPS CELA PRENDRA-T-IL ?

Offensive

1.	Tri	6 heures
2.	Élimination	2 heures
3.	Assignation d'une place	1 heure
4.	Rangement dans des contenants	2 heures
5.	Ajustement	15 minutes par jour

L'OFFENSIVE

1. Tri

Lorsque vous faites le tri de vos possessions, regroupez-les dans des catégories qui sont logiques pour vous. Voici certaines suggestions :

Vaisselle et couverts

- Assiettes à dîner
- Bols à salade
- Bols à céréales
- Bols à soupe
- Fourchettes
- Couteaux
- Cuillers à thé
- Cuillers à soupe

Batterie de cuisine
(morceaux emboîtés avec couverts rangés séparément)

- Casserole
- Poêles à frire
- Marmite
- Casseroles rectangulaires
- Casseroles carrées
- Plaque à pâtisserie

Ustensiles

- Ustensiles de cuisine
- Ustensiles à mélanger
- Ustensiles de service

Aliments

- Soupes
- Pâtes et riz
- Friandises
- Boissons
- Produits laitiers
- Fruits et légumes

Épices

- Fines herbes (basilic, origan, thym)
- Épices (cannelle, gingembre, vanille)

2. Élimination

Nous voici arrivés à la partie difficile. Bien sûr, ces douzaines de casseroles provenant de plusieurs ensembles différents, ces quatre-vingt-sept tasses à café, ces soixante-deux verres, ces deux ensembles et demi de vaisselle et cette multitude de contenants en plastique (avec et sans couvercles) vous donnent un sentiment d'abondance et de richesse. Mais songez à quel point cette «plénitude» vous prive d'espace, de temps, d'argent, de tranquillité et d'ordre. Ne visez qu'à garder ce que vous utilisez et aimez, et débarrassez-vous du reste. Pensez à un organisme de bienfaisance ou à un ami à qui vous pourriez faire don de votre excédent – remettez ces choses en circulation pour qu'elles servent de nouveau à quelque chose!

La liste de Julie de choses à jeter «simple comme bonjour»

- **La vaisselle, les verres, et les tasses ébréchés ou brisés.**
- **Les ensembles que vous possédez en double,** en particulier s'il manque des morceaux.
- **Les casseroles, les poêles, les ustensiles et les moules à cuisson** brûlés ou rouillés.
- **Les pièces de service de piètre apparence,** même si elles constituent des cadeaux de mariage; c'est l'intention qui compte.
- **Les verres à pied en trop** – combien de verres avez-vous réellement utilisés au cours des cinq dernières années? Dites au revoir aux autres.
- **Les contenants de plastique, des sacs et les récipients en trop.** Gardez-en cinq ou six de chaque et débarrassez-vous du reste.
- **Les verres et les tasses souvenirs de piètre apparence.**
- **Les gobelets en plastique,** si tous vos enfants sont grands. Gardez-en un ou deux en souvenir et pour les visites de vos petits-enfants.
- **Les appareils ménagers ou les gadgets brisés ou jamais utilisés.**
- **Les articles de placards à provisions que vous n'avez pas utilisés depuis un an ou plus.** Donnez-les à un abri pour personnes itinérantes ou à des personnes immobilisées à la maison.

COMMENT ÉVITER LES PIÈGES COURANTS

Lorsque vous vous demandez de quels articles vous voulez vous débarrasser, songez aux impulsions suivantes, qui pourraient nuire à vos prises de décisions.

Fantaisie. Nombre d'entre nous nous imaginons en train de mitonner de merveilleux repas gastronomiques pour notre famille soir après soir… ah ! si seulement nous avions le temps de devenir ce grand chef cuisinier que nous pourrions et devrions être. C'est la raison pour laquelle nous avons gardé tous ces moules à pain, ces marmites exotiques, ces presse-légumes, ces plats à soufflés, ces germoirs, ces étranges épices aux noms encore plus étranges et ces livres de cuisine bizarres achetés dans l'enthousiasme du moment. Rendez-vous à l'évidence, si vous n'avez pas encore trouvé le temps de vous en servir, c'est que vous préférez vous adonner à d'autres activités qui vous importent davantage. Acceptez cette réalité et donnez tous ces instruments d'apprenti sorcier à quelqu'un qui s'en servira.

Sentimentalisme. Nous héritons tous de vaisselle, d'argenterie et de verres à pied que nous gardons pour des raisons sentimentales, même si nous ne nous en servons jamais. Voilà qui est très bien. Mais vous ne déshonorerez personne si vous rangez ces choses dans une boîte que vous placez dans votre grenier, au lieu de les laisser dans les mêmes placards que les instruments que vous utilisez régulièrement.

3. Assignation d'une place

Lorsque vous assignez une place à vos possessions dans la zone où elles appartiennent, gardez les points suivants à l'esprit :

- Réservez les espaces en hauteur dans vos placards aux objets de grand format, comme les boîtes de céréales.
- Réservez les tiroirs peu profonds aux couverts, aux épices, à la pellicule plastique et aux sacs, aux bougies et aux torchons à vaisselle.
- Utilisez les tiroirs profonds pour les gros appareils ménagers, la batterie de cuisine ou les grands plats de service.

- Réduisez au minimum le risque de brisure en rangeant la vaisselle et les articles fragiles comme les verres dans les placards surélevés ; en effet, les placards du bas risquent davantage d'être heurtés ou fermés avec le pied.

- Pour ranger vos couteaux de façon plus sécuritaire, placez un ressort métallique dans le tiroir choisi, puis insérez chaque couteau dans l'espace entre les anneaux.

- Dans les foyers où vivent de jeunes enfants, assurez-vous d'utiliser un loquet de sécurité pour les armoires du bas contenant des objets fragiles, des produits nettoyants, du détergent, des sacs à ordures, des éponges, etc.

- Réservez les placards supérieurs aux choses légères, et les placards inférieurs aux choses lourdes comme les batteurs, les mélangeurs, les plats de service volumineux, les casseroles et les poêles.

- Si vous avez désigné un placard en particulier pour les moules à cuisson, et qu'il vous reste un peu de place, résistez à la tentation de remplir cet espace avec un article non connexe, comme des essuie-tout. Ce type de rangement va à l'encontre de la logique, et rend le rangement difficile.

- Regroupez les articles selon vos propres associations. Par exemple, le café, le thé et le sucre devraient se trouver près de la cafetière et de la théière, parce que c'est là que vous vous en servez, ou dans le garde-manger, parce que vous les considérez comme de la nourriture de première nécessité. Rangez-les à l'endroit où vous les chercheriez.

- Au cours d'un séminaire sur l'organisation d'une cuisine, j'ai divisé la classe en quatre groupes et j'ai demandé aux participants de détermi-ner où ils rangeraient certains articles dans leur cuisine. Les quatre grou-pes en sont arrivés à quatre réponses différentes et tout aussi logiques les que les autres en ce qui a trait à l'endroit où devrait se trouver la cafetière. Le groupe 1 a dit « Près de l'évier pour qu'il soit facile de la remplir d'eau », le groupe 2 « Près de l'entrée de la cuisine, car c'est un endroit plus pratique pour ne pas oublier de l'allumer et de l'éteindre », le groupe 3 « Près de la table où la famille prend son petit déjeuner, pour qu'il soit plus pratique de servir le café », et le groupe 4 « Dans la zone de préparation des repas, avec les autres petits appareils ménagers ».

- Au lieu de placer les verres hauts à l'arrière et les petits verres à l'avant, ce qui vous force à vous étendre le bras pour atteindre la rangée de derrière, essayez de placer les verres de différentes grandeurs en rangées frontales dans l'armoire. Ce système, employé dans les restaurants et les bars, vous permet d'accéder facilement à l'ensemble de vos verres, qui se trouvent alors tous en première rangée.

- Placez vos assiettes et vos bols de différents formats dans des piles distinctes sur les tablettes de vos placards, afin d'éviter d'avoir à soulever une pile pour en atteindre une autre.

- Pour économiser l'espace, essayez d'emboîter les morceaux de la batterie de cuisine par types (poêles à frire, casseroles, marmites). Regroupez tous les couvercles dans un contenant en plastique ou un porte-couvercles placé à proximité. Ce dernier est particulièrement utile lorsque plusieurs contenants possèdent un couvercle de même format.

- Utilisez les tablettes du haut du placard à provisions et des armoires pour les articles que vous utilisez rarement ou ceux que vous possédez en double et dont vous ne voulez pas vous débarrasser. Une de mes clientes avait en triple des sacs d'épices qu'elle tenait à garder. Nous en avons donc placé un à la portée de la main dans sa zone de préparation des repas, et rangé le reste dans un placard se trouvant au-dessus de cette zone, pour qu'elle ait de la facilité à se rappeler où chercher lorsqu'elle en aurait besoin.

4. Rangement dans des contenants

Mes contenants de rangement favoris pour la cuisine

- Supports en fil métallique – placez-les sur les tablettes d'armoire pour en doubler la capacité de rangement.
- Support à épices pour porte – permet de garder les épices à portée de la main lorsque vous cuisinez, sans occuper d'espace sur le comptoir.
- Paniers coulissants – parfaits pour ranger les produits nettoyants sous l'évier de façon à ce que les articles placés à l'arrière soient aisément accessibles.
- Boîte d'entretien – idéal pour ranger les produits nettoyants sous l'évier et pour les transporter d'une pièce à l'autre.
- Plateaux pivotants de plastique – parfaits pour ranger les épices, les conserves et les verres dans un placard ; permettent d'avoir aisément accès à tout ce qui se trouve au fond.
- Panier pour couvercles – une solution simple pour garder tous vos couvercles ensemble de façon à pouvoir empiler la batterie de cuisine

Support en bois d'érable pour ranger les plaques
à pâtisserie (*gracieuseté du Container Store*).

afin d'économiser de l'espace. Permet de trouver le couvercle dont
vous avez besoin en quelques secondes.

- Porte-couvercles en plastique – idéal pour garder ensemble tous les
couvercles de différents formats et économiser de l'espace en empilant des contenants de plastique correspondants.
- Recycleur de sacs d'épicerie – permet de ranger les sacs d'épicerie de
plastique et de les réutiliser plus tard. S'installe à l'intérieur d'une
porte d'armoire.
- Support en bois d'érable – très pratique pour ranger les plaques à
pâtisserie et les cabarets en position verticale dans les placards, ce qui
économise de l'espace.
- Diviseurs de tiroirs sur mesure – l'instrument idéal pour ranger les
ustensiles et les petits objets et de bien les séparer les uns des autres,
et pour économiser de l'espace.
- Support à sachets – idéal pour ranger les sachets d'assaisonnements
et les mélanges à cocktails pour éviter qu'ils prennent de la place dans
les placards.
- Tiroirs en osier – formidables pour ranger ensemble le courrier, les
factures, les doubles de clés, etc., dans un endroit accessible.
- Support étagé avec chemises – un moyen sans pareil de ranger par
catégorie les documents que vous consultez souvent dans la cuisine
(par exemple, les travaux scolaires, les listes de numéros de téléphone,
les invitations, les menus de restaurants offrant un service de livraison, les coupons).

L'étiquetage
De toute évidence, vous ne devriez pas mettre d'étiquettes à l'extérieur de
vos placards de cuisine ; placez-les plutôt sur les rebords et la surface des

tablettes et des tiroirs, et sur tous les contenants qui se trouvent à l'intérieur de façon à ce que votre famille comprenne votre système et soit en mesure de le respecter. Par exemple, en collant sur les rebords des tablettes de son placard à provisions des étiquettes indiquant quels aliments y placer (sucreries, nourriture salée, boissons, riz et pâtes, conserves), une de mes clientes a pu facilement déléguer à son mari et à ses enfants la tâche de ranger les provisions sans avoir à les guider.

5. Ajustement

Bravo! Délivrée de l'encombrement, votre cuisine est devenue un modèle d'efficacité. Voici comment faire pour qu'il en demeure ainsi :

- **Tous les jours.** Le moyen de garder votre cuisine en ordre est de toujours replacer les choses à l'endroit où vous les avez prises, de préférence à mesure que vous les utilisez. Prenez l'habitude de nettoyer la cuisine après chaque repas. Ne laissez pas de vaisselle empilée dans l'évier jusqu'au lendemain. Vous ne manquerez pas d'apprécier de pénétrer chaque matin dans une cuisine parfaitement en ordre. Bien sûr, laver la vaisselle est une tâche ennuyeuse. Pour vous assurer de l'accomplir, jumelez-la à une activité plus satisfaisante. Par exemple, vous pourriez « apprendre en nettoyant » – faites jouer de la musique ou étudiez une langue étrangère au moyen de cassettes audio. Ou vous pourriez « bavarder en nettoyant » – personnellement, je profite de la vaisselle pour téléphoner à mes amis. Ils sont habitués d'entendre le bruit de l'eau courante et des assiettes qui s'entrechoquent quand je leur téléphone. Cela me permet d'entretenir mes amitiés, m'aide à passer le temps et me donne une raison d'avoir hâte de faire la vaisselle.
- **Mises au point périodiques.** Prévoyez une journée par année avant les vacances ou au printemps pour faire l'inventaire de vos placards et vous débarrasser de l'inutile – vaisselle, pots, ustensiles, livres de recettes, sans oublier cette inévitable accumulation de sacs d'épicerie en plastique. Jetez-les, donnez-les, placez-les ailleurs ou recyclez-les. Au besoin, augmentez votre espace de rangement si la quantité de choses que vous tenez à garder a augmenté de façon importante.

17

La salle de séjour

LES TRUCS SECRETS DE L'ORGANISATEUR PROFESSIONNEL

Travailler ensemble

Les gens me demandent souvent comment convaincre le reste de leur famille de respecter et de suivre le système qu'ils ont établi. La solution consiste à faire participer tout le monde. Commencez par organiser une réunion de famille et faites tous ensemble un remue-méninges à partir des cinq questions de l'étape de l'analyse. Si tous les membres de votre famille ont leurs propres raisons de vouloir que la salle de séjour soit en ordre, ils auront davantage intérêt à la garder comme telle. Vous serez surpris de constater que même les personnes que le désordre ne dérange pas n'aiment pas la tension et la frustration qu'il entraîne et *détestent* gaspiller temps et argent sur des articles à racheter parce que perdus.

L'ANALYSE

1. Qu'est-ce qui fonctionne ?

Exemples :

> « Mes bibliothèques sont très utiles. Les livres y sont divisés par catégories – romans, autobiographies et classiques. Ce n'est pas parfait, mais ça marche pour moi. »
>
> — *John R.*

« Je garde l'horaire télé sur la table du canapé. Lorsque le nouveau arrive, je jette l'ancien. Je ne les accumule pas. »

— *Sharon P.*

2. Qu'est-ce qui ne fonctionne pas ?

Exemples :

« L'endroit est toujours tellement en désordre que j'ai honte d'inviter des gens. Je n'ai pratiquement plus de vie sociale. »

— *Jerry S.*

« Lorsque je rentre à la maison après le travail, j'ai besoin d'un environnement agréable et paisible où je peux me détendre et faire diminuer le stress. Mais quand je pénètre dans la salle de séjour, j'aperçois toutes ces piles et tous ces tas qui semblent me crier "Range-moi ! Range-moi !". Il m'est tout simplement impossible de me détendre. »

— *Sally M.*

« Cette pièce est tellement pleine de babioles et de bidules qu'elle est impossible à garder propre. Il me faut des heures pour épousseter, et je n'ai tout simplement pas le temps. »

— *Ramona B.*

3. De quoi avez-vous le plus besoin ?

Exemples :

- **La famille Clark**, qui s'adonne à la musique, avait besoin d'espace pour une importante collection de partitions, de disques compacts et de cassettes audio, une série d'instruments de musiques avec leurs boîtes ainsi que des albums photos et des livres.
- **Mary V.**, une mère célibataire qui adorait lire et tricoter dans ses temps libres, avait besoin de place pour ranger ses journaux, ses revues, ses livres, ses lunettes de lecture, son nécessaire de tricotage, ses épingles, ses tricots en cours de confection ainsi que les cahiers de devoirs et les manuels scolaires de son fils.

- **La famille Bell**, composée de cinq personnes, dont deux bébés, avait besoin d'espace de rangement pour des vidéocassettes, des disques compacts et des cassettes audio, trois télécommandes, des jouets d'enfants, des jeux de société et les journaux quotidiens.

4. Pourquoi voulez-vous vous organiser?

Exemples :

- « Pour avoir un endroit où passer du bon temps avec ma famille. »
- « Pour refaire ma vie sociale et inviter des gens plus souvent! »
- « Pour réduire le temps nécessaire au ménage de la pièce. » (Les professionnels du travail ménager affirment qu'en faisant disparaître le désordre accumulé, on réduit le temps consacré au ménage de 40 %.)
- « Pour être capable de recevoir des visiteurs inattendus sans paniquer et sans avoir à cacher tout ce qui traîne dans le placard. »
- « Pour lire et écouter de la musique plus souvent. »

5. Quelles sont les causes du problème?

Voici certaines causes courantes de désordre dans les salles de séjour :

- **Certains articles n'ont pas de place.** Les salles de séjour sont habituellement des pièces qui ont de multiples fonctions; c'est là qu'on se détend avec la famille et les amis, qu'on s'adonne à des passe-temps, qu'on regarde la télévision, qu'on écoute de la musique, qu'on exécute des tâches administratives, qu'on reçoit des invités et même qu'on repasse et plie des vêtements. Comme il y a une multitude de choses à ranger, et que nous voulons que l'endroit ait une apparence agréable, nous omettons souvent d'assigner une place spécifique à bien des objets, dans l'espoir que nous-mêmes ou un autre membre de la famille les emporte ailleurs. Il nous arrive également d'accumuler tant de choses que nous finissons par ne plus avoir de place. Le défi consiste à trouver des contenants qui non seulement se marient bien au décor de la pièce, mais qui nous permettent de ranger joliment tous les objets à l'endroit où ils sont utilisés.
- **L'attachement sentimental.** On trouve fréquemment dans les salles de séjour une grande quantité de livres, de vidéocassettes, de disques

compacts, de cassettes audio et de babioles en tous genres. Et même si la plupart des gens seraient en accord avec la règle du 80-20 (selon laquelle nous n'utilisons qu'environ 20 % de nos possessions), ils ont beaucoup de difficulté à se débarrasser de quoi que ce soit. Certaines personnes attachent beaucoup d'importance à certains objets et ont souvent l'impression qu'elles doivent tout garder parce que leurs possessions reflètent qui elles sont ou qui elles croient « devoir » être.

• **Le besoin d'abondance.** Pourquoi avons-nous le sentiment qu'il est presque criminel de se débarrasser de livres, de vidéocassettes ou de disques compacts, même si nous ne les lisons et ne les écoutons jamais ? Parce que certains d'entre nous croient que ces articles représentent des connaissances à notre disposition en tout temps. Nous voulons être certains que nous aurons toujours suffisamment à lire, à écouter ou à faire si nous sommes un jour obligés de demeurer à la maison.

LA STRATÉGIE

Planifiez vos zones

La salle de séjour présente des défis particuliers, car comme elle fait partie des pièces les plus visibles de la maison, elle donne le ton au reste du foyer et en dit long sur qui nous sommes. C'est là que nous jouons avec nos enfants, que nous nous réunissons en famille à l'occasion des Fêtes, que nous recevons des amis et également que nous prenons du bon temps et nous détendons. Comment ranger l'énorme quantité de choses liées à ces diverses activités et appartenant à différentes personnes sans gâcher le décor et sans causer des frictions familiales ou créer des malaises ?

Votre plan concernant les activités, les accessoires et les lieux de rangement correspondants pourrait se présenter comme suit :

Activité	Accessoires	Rangement
Lecture	Livres, revues, journaux, lunettes de lecture	Bibliothèque encastrée dans le mur
Jeux en famille, loisirs	Jeux de société, cartes, albums de photos et de découpures	Armoire

Télévision, musique	Vidéocassettes, disques compacts, cassettes audio, télécommandes, horaire télé, casque d'écoute, linge et produit pour nettoyer les disques	Chaîne audio-vidéo
Sieste	Couvertures et oreillers de rechange	Malle
Divertissement	Plats de service, serviettes cocktail, nappes, ronds de table, bougies et allumettes, boissons alcoolisées, verres de bar, mélangeur, friandises	Console

Soyez créatif et utilisez l'espace de rangement existant de façon non traditionnelle. Par exemple :

- Utilisez un vaisselier ou un buffet pour ranger des documents, des dossiers ou les accessoires dont vous avez besoin pour votre passe-temps.
- Pourquoi ne pas vous servir d'un rayon de bibliothèque pour exposer vos pièces de collection, en ajoutant un éclairage spécial pour les mettre en valeur ?

Conseils pour réaménager le mobilier

- Déplacez les sièges face à la fenêtre, la cheminée ou l'entrée de la pièce.
- Placez le divan ou le bureau perpendiculairement au mur, ou au centre de la pièce, pour diviser celle-ci.
- Placez deux bibliothèques dos à dos afin de séparer la salle de séjour de la salle à manger. Rangez des livres du côté de la salle de séjour, et

des vases, des bols de service ou des objets décoratifs du côté de la salle à manger.

- Mettez des tables basses près des chaises ou du divan pour que les gens puissent y déposer un verre, de la nourriture et des lunettes de lecture.
- Ne vous sentez pas limité par le manque de prises électriques. Vous pouvez toujours utiliser des rallonges.

Idées pour accroître l'espace

- Procurez-vous des meubles (table à café, table pour canapé, pouf, etc.) qui peuvent également servir pour le rangement.
- Utilisez l'espace, souvent négligé, se trouvant entre et sous les fenêtres, idéal pour placer des bibliothèques.
- Faites usage de l'espace se trouvant derrière le divan en y plaçant une armoire basse ou une petite bibliothèque ; ces meubles prennent très peu de place.
- Placez de chaque côté des portes et des fenêtres des meubles faciles à encastrer comme des bibliothèques, des armoires standards ou des armoires vitrées.
- Utilisez les classeurs vitrés pour ranger certaines choses ; vous pouvez en faire installer si vous n'en avez pas. Ils ajouteront une touche d'élégance dans la pièce.
- Installez au mur des tablettes ou des unités de rangement dans vos zones.
- Ajustez les tablettes de façon à ce qu'il n'y ait pas de perte d'espace entre elles ; vous aurez alors de la place pour installer une ou deux tablettes supplémentaires.
- Sacrifiez une fenêtre, une porte ou un calorifère si vous en avez beaucoup dans votre salle de séjour (comme c'est le cas dans la plupart des vieilles maisons).

Estimation du temps

Voici le temps que prend en moyenne l'organisation d'une salle de séjour :

COMBIEN DE TEMPS CELA PRENDRA-T-IL ?

Offensive

1.	Tri	5 heures
2.	Élimination	1 heure
3.	Assignation d'une place	30 minutes
4.	Rangement dans des contenants	3 heures
5.	Ajustement	5 minutes par jour

L'OFFENSIVE

1. Tri

Classement des livres

- Par format, sujet ou auteur
- Livres reliés versus livres de poche

Classement des disques compacts et des cassettes audio

- Par genre (classique, jazz, music-hall, musique de films, rock and roll, etc.)
- Par artiste (ordre alphabétique)
- Par ambiance (animée versus feutrée)

Classement des objets d'art et de collection

- Selon l'apparence, la texture et l'origine

2. Élimination

Plus vous gardez d'objets, plus vous augmentez le temps consacré au nettoyage et à l'époussetage, en plus de gaspiller de l'espace de rangement que vous pourriez consacrer à des choses dont vous vous servez davantage et auxquelles vous attachez plus de valeur. Si vous possédez des articles inutilisés, débarrassez-vous-en. Vous n'enfreindrez aucune loi. Voici comment :

- Créez votre propre club du livre du mois en envoyant des paquets de livres que vous avez déjà lus à des membres de votre famille qui habitent loin et à qui ils pourraient plaire, ou en les donnant à des amis qui s'y intéressent.

- Partagez le plaisir que vous a procuré la lecture d'un bon livre en en faisant don à des centres d'accueil pour personnes âgées, des écoles, des bibliothèques ou des hôpitaux (et obtenez une déduction d'impôt en prime!).

- Gardez un registre des livres, vidéocassettes et disques compacts dont vous vous débarrassez et des personnes à qui vous les donnez; de cette façon, si vous en avez un jour besoin, vous saurez où les trouver.

La liste de Julie de choses à jeter « simple comme bonjour »

- **Livres** – qui sont dépassés ou que vous avez déjà lus et ne prévoyez pas relire.
- **Enregistrements vidéo** – que vous n'avez pas regardés depuis deux ans ou plus.
- **Boîtiers orphelins pour vidéocassettes** – en particulier s'ils sont écrasés ou déchirés.
- **Disques compacts et cassettes audio** – que vous possédez depuis plus d'un an et n'avez jamais écoutés, ou seulement une fois ou deux.
- **Meubles de trop** – ne gardez que ceux que vous préférez, en particulier si la salle de séjour est petite.
- **Vaisselle de service** – qui est brisée, fêlée et impossible à recoller ou passée de mode (comme ce vieux service à fondue).
- **Verres à pied de trop** – qui n'ont pas été utilisés depuis cinq ans ou plus.
- **Photographies** – si elles sont floues, inintéressantes ou désavantageuses pour la personne qui y apparaît ou si vous les possédez en double.
- **Journaux périmés** – des nouvelles plutôt défraîchies.
- **Revues** – qui remontent à plus d'un an, à moins qu'elles fassent partie d'une collection que vous consultez régulièrement.
- **Vieux horaires télé** – il n'y a rien de plus inutile.
- **Jeux** – auxquels vous et votre famille n'avez pas joué depuis plusieurs années, ou dont certaines pièces sont manquantes.

3. Assignation d'une place

- Évitez de gaspiller de l'espace en rangeant des cassettes audio dans des tiroirs profonds. Servez-vous plutôt de ce type de tiroirs pour les articles plus volumineux comme les câbles et les casques d'écoute, et placez les cassettes audio dans un tiroir peu profond, ou si vous n'en avez pas, dans un porte-cassettes installé au mur ou sur une tablette.

- Si vous classez vos livres par catégories et que les ouvrages sur l'art occupent une tablette et demie, placez un attrayant serre-livres ou un objet décoratif dans l'espace reatant, et mettez la section sur les biographies sur la tablette suivante. De même, dans un buffet ou un vaisselier, rangez la vaisselle de tous les jours d'un côté et celle réservée aux invités de l'autre.

- Placez les objets connexes ensemble à partir de vos propres associations. Par exemple, je regroupe mes disques compacts selon l'ambiance qu'ils créent : je place la musique de détente (jazz doux et rock and roll doux, chanteurs) dans les trois étages supérieurs de mon porte-cédés et la musique rythmée (danse, music-hall et rythmes du monde) dans les trois étages inférieurs.

- Dans une bibliothèque, les tablettes du haut devraient être réservées aux classiques et aux livres rarement lus, et les tablettes plus basses aux ouvrages de référence consultés quotidiennement et aux romans. De même, placez les plats de service de vacances sur la tablette supérieure ou à l'arrière de vos armoires et la vaisselle de tous les jours à l'endroit le plus accessible.

- Fixez vos bibliothèques au mur si elles semblent instables. Ne rangez pas des vidéocassettes, des cassettes audio ou des disques compacts trop près d'une source de chaleur. Assurez-vous que la ventilation est suffisante dans les meubles fermés où vous avez placé votre télévision, votre magnétoscope ou votre chaîne stéréo.

COMMENT ÉVITER LES PIÈGES COURANTS

Aller à l'encontre de nos préférences personnelles. Pour éliminer le désordre, nous essayons souvent de changer nos mauvaises habitudes en nous forçant à tout faire différemment, même si cela va à l'encontre de notre style personnel et de nos préférences. Peine perdue. C'est comme essayer de placer un carré dans un trou rond. Si vous aimez lire dans la salle de séjour et qu'il vous faut plusieurs jours pour finir vos journaux ou un roman, n'essayez pas de vous forcer à lire plus vite ou à aller lire ailleurs. Rangez votre lecture sur place dans un panier en osier ou sur un pouf. Si vos enfants aiment jouer dans la salle de séjour pour pouvoir être près de vous, installez-y un panier ou un bac afin d'y ranger quelques jouets au lieu de reléguer tous les jouets dans les chambres.

4. Rangement dans des contenants

Mes contenants de rangement favoris pour les salles de séjour

- Range-vidéocassettes camouflé – un moyen judicieux de ranger des vidéocassettes sur une tablette de bibliothèque en leur donnant l'apparence de livres.
- Meuble en bois pour télécommandes – le meuble idéal pour déposer les horaires télé et les multiples télécommandes.
- Boîtes en acier galvanisé – une façon attrayante de dissimuler les disques compacts sur une tablette.
- Tours à cédés ou à cassettes audio – idéales pour ranger de nombreux disques ou cassettes audio dans un espace restreint.
- Boîtes de rangement multimédias empilables – permettent de ranger une multitude de supports média (disques compacts, vidéocassettes, cassettes audio) ; leurs diviseurs coulissants vous permettent de classer leur contenu par catégories sur une tablette.
- Chaise de rangement et pouf en osier – pour faire disparaître les couvertures, les journaux et les magazines lorsqu'ils ne sont pas utilisés.
- Armoire à disques compacts fantaisiste – parfaite pour les disques compacts ; offerte dans un motif fantaisiste peint à la main.
- Tour à photographies – un moyen sans pareil de ranger une grande quantité de photos et de diapositives.
- Paniers en osier – parfaits pour ranger des jouets, des couvertures et du matériel de lecture dans la salle de séjour.

CONSEIL D'INITIÉ

Rangement des livres

Si vous possédez une grande quantité de livres, tenez un journal où vous indiquerez ceux que vous placez sur les tablettes supérieures, moins accessibles, de votre bibliothèque ; vous aurez ainsi plus de facilité à faire l'inventaire de vos livres et à les retrouver.

Lorsque vous finissez un livre, placez au dos de celui-ci une étiquette ronde. Plus tard, quand vous chercherez quelque chose de nouveau à lire, vous serez en mesure de voir du premier coup d'œil où chercher sans avoir à vous demander : « Est-ce que j'ai lu ce livre ou non ? »

La présence d'un ou deux livres particulièrement volumineux peut vous empêcher de rapprocher des tablettes dans le but d'augmenter votre espace de rangement. Au lieu de gaspiller cet espace, essayez de placer ces ouvrages à plat sur leur propre étagère spéciale, de façon à pouvoir déplacer les tablettes à loisir.

L'étiquetage

Étiquetez les contenants qui vont à l'intérieur d'un tiroir ou d'une armoire, mais limitez le nombre d'étiquettes placées à l'extérieur sur le rebord ou la surface des tablettes des armoires et les rebords des tiroirs. Les plaques en cuivre sont un moyen classique d'identifier les catégories de livres sur les tablettes d'une bibliothèque.

5. Ajustement

Difficile à croire, n'est-ce pas ? Mais vous avez bien devant les yeux ce que vous avez toujours voulu, c'est-à-dire une oasis qui respire l'ordre au beau milieu du chaos du monde. Voici comment la garder ainsi :

- **Tous les jours.** Règle de base : faites le ménage avant le dîner ou avant d'aller au lit. Grâce à cet effort de quelques minutes à peine, vous pénétrerez chaque matin dans un lieu propice à la détente.
- **Continuellement.** Dans un placard de l'entrée non loin de la salle de séjour, placez une boîte où vous mettrez au fil des mois les livres, les cassettes audio et les disques que vous ne voulez plus. Une fois la boîte remplie, faites don du contenu et remettez-la à sa place jusqu'à

Les petits classeurs empilables vous permettent de ranger les photos de façon attrayante et accessible (*gracieuseté de Exposures Catalog*).

ce qu'elle se remplisse de nouveau. Prévoyez un moment chaque semaine avec toute la famille pour terminer la confection des albums de photos. Puis, à mesure que d'autres photos s'accumulent, prenez un dimanche soir une fois par mois pour demeurer à jour.

• **Mises au point périodiques.** Prévoyez-les juste avant les vacances ou à l'occasion du ménage du printemps. Passez en revue tous les livres, les cassettes audio, les photos et les vidéocassettes et éliminez le superflu; aménagez d'autres lieux de rangement si le nombre de choses que vous tenez à garder augmente de façon importante.

CONSEIL D'INITIÉ

Ma fille, qui fait ses devoirs dans la salle de séjour, avait jadis l'habitude d'y créer un grand désordre. Or, comme il m'importait que cette pièce demeure en ordre et constitue un lieu de détente paisible, j'ai commencé à exiger de ma fille 2 $ chaque fois qu'elle quittait la maison le matin sans avoir remis la pièce en ordre. J'appelais ce montant mon « tarif de femme de ménage », et elle une « escroquerie ». Mais le désordre a rapidement disparu.

Quatrième partie

Maîtrisez
le temps
et la technologie

18

Conquérir le temps

« À L'INSTAR D'UNE TROUPE DE CIRQUE,
LE TEMPS SE DÉPLACE CONTINUELLEMENT. »
— *BEN HECHT, 1957*

J'ai prévu du temps d'organisation à ce stade-ci pour deux raisons. Premièrement, je crois qu'il est essentiel d'organiser votre environnement et vos documents en premier, car ce faisant, vous libérez automatiquement du temps. Ce n'est qu'après avoir effectué ces étapes que vous saurez combien de temps vous avez à organiser.

Deuxièmement, dans mon propre cheminement menant du chaos à l'ordre, le temps est le dernier élément que j'ai appris à organiser, et je crois qu'il en va de même pour bien des gens désorganisés. En effet, le temps est beaucoup moins tangible que l'espace et le papier. On ne peut le voir ni le tenir entre ses mains. Il ne peut s'empiler ni être déplacé physiquement.

Mais le temps est-il si intangible ? Dans l'un de ses monologues, l'humoriste Jerry Seinfeld a dit : « À quoi rime cette idée de "gagner du temps" ? Si vous gagnez une heure par jour pendant cinq ans, est-ce que vous pouvez les ajouter à la fin de votre vie ? »

La réponse est non, bien sûr, parce qu'en fait le temps est beaucoup plus limité qu'il n'y paraît à première vue. Il est mesurable, et nous en avons tous et toutes une quantité égale : 24 heures par jour, sept jours par semaine, 365 jours par année. Par conséquent, ce n'est pas le temps qu'il faut organiser, mais les tâches avec lesquelles nous le remplissons.

Ma plus grande percée en matière d'organisation est survenue lorsque j'ai réalisé que l'organisation du temps était comme celle d'un placard, et que les mêmes principes et techniques pouvaient être appliqués dans les deux cas.

Comparons un placard désordonné avec un emploi du temps désorganisé. Ils ont tous deux les caractéristiques suivantes :

- Ils présentent des limites en matière d'espace ou de temps.
- Ils sont remplis à craquer de plus de choses qu'ils ne peuvent en contenir.
- Ils sont aménagés à l'aveuglette, avec des objets ou des tâches apparaissant toujours à des endroits différents.
- Ils sont inefficaces en tant qu'outils d'organisation.

La bonne nouvelle, c'est que mon modèle d'organisation infaillible inspiré d'une classe de maternelle est tout aussi efficace pour ce qui est du temps que pour les placards. En effet, dans un cas comme dans l'autre, la meilleure façon de se débarrasser du désordre est de définir clairement la fonction d'un espace ou d'une période de temps, puis d'en organiser le « contenu » de façon à refléter vos objectifs.

En appliquant les mêmes techniques que vous avez utilisées pour remettre en ordre votre foyer ou votre bureau, vous pouvez transformer un agenda chaotique et désordonné en un emploi du temps qui vous permet de demeurer au poste de commande, de savoir où vous allez et de vous sentir rempli de satisfaction à la fin de chaque journée.

L'ANALYSE

1. Qu'est-ce qui fonctionne ?

Exemples :

> « Tant que mon temps est structuré, tout va bien : heures de travail, rendez-vous, réunions. C'est le temps non structuré qui me donne du fil à retordre. »
>
> — *Une banquière*

> « Le dimanche est mon jour préféré. Je ne subis aucune pression, et je peux faire ce que je veux. J'aime réarranger des choses dans la maison, faire des réparations, travailler dans mon atelier. »
>
> — *Un vendeur*

2. Qu'est-ce qui ne fonctionne pas ?

Exemples :

«Mes journées ne sont qu'un tourbillon d'activités débridées, qui en définitive me semblent bien futiles : il s'agit de tâches routinières et inintéressantes qui ne me laissent pas une minute pour les gens et les projets qui me tiennent vraiment à cœur.»

— Une rédactrice travaillant à la pige

«Je dresse constamment des listes de choses à faire, dont je ne me sers même pas la plupart du temps. Je suis trop occupé à régler des crises et à résoudre des problèmes. Je sens que je n'ai aucune prise sur mon emploi du temps.»

— Un courtier en bourse

«J'ai énormément de difficulté à maintenir un équilibre dans ma vie. Entre mon emploi, mes enfants, ma conjointe, mes amis et le temps que je passe seul, je n'ai pas une seconde de répit; malgré tout, j'ai toujours l'impression de négliger quelque chose d'important.»

— Un designer d'intérieur

«Comme mon entreprise est en plein essor, j'ai engagé une assistante. Le problème, c'est que je n'ai pas le temps de lui donner une formation!»

— Un entrepreneur

«Je ne fais jamais d'exercice parce que je suis toujours occupé à mon bureau à rattraper quelque retard. Je perds ma forme physique, et cela commence à paraître. Je ne me sens pas en bonne santé, mais je n'ai même pas le temps d'aller chez le médecin.»

— Un courtier en immobilier

3. De quoi avez-vous le plus besoin?

Exemples :

- **Theodore H.**, un ingénieur qui désirait se perfectionner dans son domaine tout en maintenant son revenu, avait besoin de temps pour prendre des cours, assister à des conférences, faire des lectures, étudier et passer en revue son portefeuille.

- **Sheila K.**, une mère travaillant à l'extérieur qui attachait beaucoup d'importance à son foyer et à ses enfants, avait besoin de temps pour accomplir des tâches domestiques, aider ses enfants à faire leurs devoirs et les accompagner dans des sorties culturelles, faire de l'exercice, travailler et passer du temps seule avec son mari pour entretenir sa relation.
- **Albert G.**, un retraité souhaitant demeurer actif, avait besoin de temps pour aller nager, voir ses petits-enfants, suivre des cours de photographie, assister à des conférences dans des musées, lire des romans et s'occuper chaque semaine de sa paperasserie administrative et de ses finances.
- **Peggy S.**, directrice d'une agence de soins infirmiers en pleine croissance, avait besoin de temps pour exécuter des tâches administratives et faire des appels téléphoniques, rédiger des soumissions et des exposés, rencontrer son personnel, régler les problèmes éventuels et assister à des rencontres à l'extérieur avec des partenaires d'importance stratégique.

4. Pourquoi voulez-vous vous organiser ?

Exemples :

- « Pour passer plus de temps avec ma famille. »
- « Pour élargir ma clientèle et augmenter mon revenu. »
- « Pour exécuter plus de travail en moins de temps. »
- « Pour éprouver un sentiment d'accomplissement à la fin de chaque jour. »
- « Pour avoir l'impression de faire quelque chose qui en vaut la peine. »
- « Pour cesser de tout remettre à plus tard. »
- « Pour réduire mon degré de stress et sentir que je suis au poste de commande. »
- « Pour réaliser mon rêve : lancer ma propre entreprise. »
- « Pour tirer le maximum de la vie. »

5. Quelles sont les sources du problème ?

Voici certaines causes courantes de désorganisation dans les emplois du temps :

- **Il y a plus de tâches que de temps.** L'une des causes les plus fréquentes des problèmes de gestion du temps est que nous essayons tout simplement de faire entrer dans nos agendas trop de choses pour le temps dont nous disposons. Le présent chapitre est entièrement conçu pour vous aider à débarrasser votre emploi du temps des activités inutiles.

- **Le besoin de s'isoler.** Beaucoup de choses ont été écrites récemment sur la façon dont les gens se servent du travail pour éviter d'affronter leurs problèmes personnels – un mariage trouble, des relations difficiles, etc. Un horaire chargé peut vous permettre de vous couper tant physiquement que mentalement des difficultés auxquelles vous n'êtes pas prêt à faire face.

- **Le conquistador du chaos.** Bien des gens attendent à la dernière minute pour agir ou remplissent leur horaire de façon insensée parce qu'ils aspirent inconsciemment à «conquérir l'impossible». Lorsque ces personnes ont trop de temps libre, elles deviennent apathiques et se montrent incapables d'être productives, pouvant passer une journée entière à essayer d'accomplir une seule et unique tâche. Pour ce type de personnes, la solution consiste à remplacer l'amoncellement de tâches qui encombre leur emploi du temps par des activités intéressantes de leur choix, de façon à créer un horaire structuré tant pour les loisirs que pour le travail. Elles devraient également s'imposer des échéances pour se sentir stimulées et en vie.

- **Des priorités et des objectifs peu clairs.** Quand on parle d'emploi du temps, l'une des principales causes d'éparpillement est l'incertitude en matière de priorités et d'objectifs. Dans le monde trépidant d'aujourd'hui, peut-être avez-vous de la difficulté à choisir un nombre raisonnable d'objectifs sur lesquels vous concentrer. Ou, comme un de mes clients me l'avouait récemment, peut-être vous acharnez-vous à faire des choses dont la pertinence vous semble douteuse. Ce client avait de la difficulté à s'organiser pour faire des recherches d'emploi parce qu'il n'était pas certain du type de travail qu'il voulait vraiment. Or, pour établir un emploi du temps logique, vous devez savoir exactement quels sont vos priorités et objectifs.

LA STRATÉGIE

Planifiez vos zones

La beauté de mon modèle d'organisation inspiré d'une classe de maternelle (voir chapitre 4), c'est que vous pouvez également l'utiliser pour organiser votre temps. Ainsi, vous devez diviser votre emploi du temps en zones d'activité qui vous permettront de réaliser les objectifs que vous vous fixez dans les divers domaines de votre vie.

Dressez une liste des principales activités que vous devez prévoir à votre horaire afin d'atteindre vos objectifs. Prenons comme exemple l'emploi du temps d'une femme mariée, avec des enfants, qui travaille à l'extérieur. Voici certaines zones courantes :

- **Temps à soi** – exercice, soins de santé, lecture, bains de détente, coupes de cheveux et manucures, visites aux amis, passe-temps.
- **Temps en famille** – repas, sorties culturelles, aide aux devoirs des enfants, vacances, lecture, toilette, tâches domestiques.
- **Temps consacré au travail** – tâches administratives, réunions, lectures pour le travail, séminaires et congrès, visites sur le terrain, planification stratégique, rédaction, élaboration de rapports.
- **Temps consacré à la vie de couple** – sorties «romantiques» avec le conjoint, moments d'intimité chaque soir, sorties pendant les week-ends.
- **Temps consacré aux choses financières** – paiement des factures, évaluation des placements, déclaration de revenus, lecture du *Wall Street Journal*.
- **Temps consacré à la communauté** – bénévolat, services religieux.
- **Temps consacré à l'éducation** – lecture, informations télévisées, cours, apprentissage d'une autre langue ou d'un instrument de musique.

Comme il est question ici d'organisation du temps, vos lieux de rangement correspondent aux heures pendant lesquelles vous êtes éveillé. Sur une feuille de papier, inscrivez votre emploi du temps quotidien comme suit, en commençant par l'heure où vous vous levez et en terminant par l'heure où vous allez au lit, et en incluant des heures de repas régulières. Vous devez donc remplir tout ce qu'il y a entre ces moments.

7 h	Lever	Lever	Lever	Lever	Lever	Lever	Lever
Midi	Déjeuner	Déjeuner	Déjeuner	Déjeuner	Déjeuner	Déjeuner	Déjeuner
19 h	Dîner	Dîner	Dîner	Dîner	Dîner	Dîner	Dîner
23 h 30	Coucher	Coucher	Coucher	Coucher	Coucher	Coucher	Coucher

Voilà ce que j'appelle une « carte de temps ». Elle est composée d'espaces spécifiques correspondant aux principales activités de votre vie. Elle vous sert de point de départ et vous force à maintenir un équilibre dans votre existence, tout en vous procurant tout le temps dont vous avez besoin pour accomplir vos objectifs. Ce que vous faites dans chacun de ces espaces, ou zones, sera abordé plus en détail dans la partie sur l'offensive. Voici pour le moment un exemple de carte de temps, élaborée par l'un de mes clients.

Idées pour étirer le temps

- **Combinez plusieurs activités.** Essayez d'atteindre plusieurs objectifs à la fois en les combinant de façon logique. Par exemple, si l'un de vos objectifs consiste à maintenir un certain revenu – et que pour vous rendre au travail, vous devez voyager chaque jour pendant une heure en transports en commun –, et que votre autre objectif consiste à apprendre une autre langue, vous pouvez profiter de votre temps de déplacement pour suivre des cours de langue sur cassette. Si vous voulez à la fois perfectionner vos compétences en matière de présentations et jouir d'une plus grande reconnaissance au bureau, offrez d'animer une fois par mois une des rencontres hebdomadaires du personnel. Si cultiver vos amitiés et garder votre maison propre sont des objectifs qui vous tiennent à cœur, téléphonez à un ami chaque soir pendant que vous faites la vaisselle. Si vous tenez à passer du temps avec vos enfants, à leur apprendre à se débrouiller dans la vie et à bien manger, préparez chaque soir le repas avec eux.
- **Augmentez vos tarifs.** Ce conseil s'adresse davantage aux entrepreneurs et aux propriétaires d'entreprise, qui décident des tarifs exigés en échange de leurs services, mais peut également s'appliquer aux employés qui sont en bonne position pour exiger un meilleur salaire.

L'une de mes clientes était une excellente rédactrice qui travaillait entre 12 et 14 heures par jour, six ou sept jours par semaine. Exténuée, elle rageait de n'avoir jamais de temps à consacrer à son mari, à sa santé ou à des projets personnels auxquels elle rêvait depuis des années. De toute évidence, ses compétences étaient très en demande, comme en témoignait son horaire chargé. Mais ses tarifs n'étaient pas aussi élevés que ceux du marché dans son domaine. En doublant ses tarifs, elle a pu obtenir le même revenu en deux fois moins de temps, et libérer 36 précieuses heures par semaine (six heures par jour), qu'elle n'a eu aucune difficulté à remplir avec ses propres projets.

- **Ajoutez une touche de plaisir pour stimuler votre enthousiasme.** Même si vous êtes très occupé, si vous prévoyez à votre horaire quelque chose d'agréable, votre productivité augmentera, ce qui, en retour, vous donnera plus de temps pour d'autres activités. J'ai personnellement fait cette découverte il y a plusieurs années lorsque j'ai inscrit des cours de swing à mon horaire très chargé. Le simple fait de penser à cette activité faite de pur plaisir qui m'attendait chaque dimanche stimulait mon énergie pendant toute la semaine, et je me suis mise à accomplir davantage tant sur le plan professionnel qu'avec ma fille ; c'était époustouflant.

- **Remettez certains objectifs à plus tard.** Vous n'êtes pas obligé d'accomplir tous vos objectifs à la fois. Essayez de les espacer dans le temps. Concentrez-vous sur un d'entre eux ce mois-ci, puis sur un autre le mois prochain. Mon ami Gordon, pour qui il importe par-dessus tout d'acquérir des connaissances, choisit un sujet d'étude différent chaque année, qu'il explore en profondeur. Une année, c'était l'histoire du jazz, une autre le programme spatial, et l'année suivante la poésie américaine. Soyez réaliste sur le nombre de choses que vous pouvez accomplir en même temps, et souvenez-vous que pour libérer du temps aujourd'hui, vous pouvez remettre certains projets et tâches à plus tard.

- **Trouvez des raccourcis.** Si vous parlez plus vite que vous écrivez, dictez vos notes de service ou vos lettres au lieu de les rédiger sur papier. Organisez votre espace (si vous ne l'avez pas déjà fait) pour rendre l'exécution de vos tâches plus simple, plus pratique et plus rapide. Par exemple, gardez vos classeurs à proximité de votre bureau au lieu de le laisser dans une autre pièce. (Pour plus de détails à ce sujet, reportez-vous aux divers chapitres du présent livre sur l'organisation de la maison et du bureau.)

- **Variez vos activités.** Pour faire échec à l'ennui et à la tentation du perfectionnisme – les deux plus grands gaspilleurs de temps –, changez d'activité toutes les trente minutes ou toutes les deux heures. Voilà un bon moyen de demeurer frais et dispos et d'accomplir davantage.

Estimation du temps

L'horaire qu'il faut établir pour organiser un emploi du temps est légèrement différent que pour l'espace, parce que le temps est un élément moins concret. Si, quand on s'attaque à l'espace, il vaut souvent mieux travailler le plus vite possible, je suggère toujours d'y aller plus lentement quand il s'agit du temps. En procédant graduellement sur une période d'un mois, vous serez en meilleure position pour remplacer les vieilles habitudes par de nouvelles façons de penser et d'agir. Voici le temps moyen nécessaire pour y arriver.

COMBIEN DE TEMPS CELA PRENDRA-T-IL ?

Offensive

1.	Tri	1 semaine
2.	Élimination	1 semaine
3.	Assignation d'une place	2 heures
4.	Rangement dans des contenants	2 semaines
5.	Ajustement	15 minutes par jour

L'OFFENSIVE

Bon, maintenant que vous avez couché sur papier votre emploi du temps idéal, testez votre carte de temps dans le monde réel et servez-vous-en pour trier, classer, éliminer et aménager les activités et les tâches dont vous êtes inondé quotidiennement. Elle vous guidera lorsque viendra le temps de prendre des décisions sur quoi faire, quand le faire et à quoi dire « non ».

Étant donné qu'il vous faudra un certain temps pour raffiner votre carte de temps et vous habituer aux outils de gestion du temps que vous apprendrez à connaître dans le présent chapitre, je vous suggère d'étaler le travail

Heure	Lundi	Mardi	Mercredi	Jeudi	Vendredi	Samedi	Dimanche
4 h 30	Lever					TEMPS EN FAMILLE	TEMPS EN FAMILLE
4 h 30 – 6 h	TEMPS À SOI – lecture, jogging					Ménage de la maison et courses	Sorties, loisirs
6 h – 7 h 30	TEMPS EN FAMILLE – habillement, petit déjeuner, ménage, divertissement						
7 h 30 – 8 h 30	DÉPLACEMENT – 30 minutes pour conduire les enfants, 30 minutes pour se rendre au travail						
8 h 30 – 17 h	TRAVAIL ET ÉTUDES					DIVERTISSEMENT EN FAMILLE	
17 h – 18 h	DÉPLACEMENT – 30 minutes pour revenir du travail, 30 minutes pour prendre les enfants						
18 h – 21 h	TEMPS EN FAMILLE – préparation du dîner, dîner, détente					TEMPS EN COUPLE – sortie à deux	PROJETS EN FAMILLE Réparations, raccommodage, organisation
21 h – 22 h	TEMPS EN COUPLE – soirée tranquille à deux						
22 h – 23 h	TEMPS À SOI – lecture, détente, préparation des vêtements du lendemain						
23 h	Coucher						

Modèle d'emploi du temps • Carte de temps d'une mère de famille sur le marché du travail

sur une période d'un mois ou deux, en prenant une heure par semaine pour évaluer vos progrès, pour vous familiariser avec vos nouveaux outils et pour être à l'aise avec vos nouvelles habitudes. Le passage d'un emploi du temps chaotique à une vie bien organisée peut constituer un énorme changement, qui doit être intégré graduellement et qui exige une période d'ajustement.

1. Tri

Affichez une copie de votre carte de temps au mur de votre bureau ou sur une fiche que vous placerez dans votre portefeuille ou votre sac à main. Consultez-la lorsque vous planifiez les choses que vous avez à faire ou lorsqu'on vous demande d'exécuter un travail.

Essayez de placer chaque tâche à la bonne place dans votre horaire. Si vous décidez d'aller acheter des chaussures avec vos enfants, planifiez cette tâche un samedi pendant la période réservée aux tâches domestiques. Si quelqu'un vous remet un rapport spécial que vous souhaitez lire, mettez-le dans le panier réservé à cet effet pour pouvoir y revenir plus tard dans l'après-midi à l'occasion de la période réservée à la lecture. Si vous apprenez que vous devez rédiger une soumission, effectuez cette tâche pendant la période réservée à la rédaction plus tard dans l'après-midi ou dans la semaine. Si vous travaillez à la maison et que vous recevez un appel d'affaires pendant la période consacrée à votre famille, laissez la boîte vocale enregistrer le message et retournez l'appel durant la période réservée au travail. Si une urgence se présente et ne peut attendre, vous pouvez intervertir temporairement deux zones de votre horaire ; de cette façon, en sachant ce que vous avez manqué, vous serez mieux en mesure de rattraper le temps perdu ailleurs dans votre horaire. La carte de temps vous permet d'être au poste de commande et de prendre des décisions éclairées et sensées sur ce que vous devez faire et à quel moment vous devez le faire, tout en conservant une vision globale des choses.

Si des « crises » surviennent quotidiennement et nuisent constamment à l'accomplissement de vos activités quotidiennes, vous pourriez créer une carte de temps spéciale pour la gestion de crises comportant beaucoup de « cases vides » vous permettant de régler ces crises rapidement lorsqu'elles surviennent, tout en vaquant à vos autres occupations.

La carte de temps qui suit a été établie pour le directeur du service du marketing international d'une banque, qui gérait un personnel de

Heure	Lundi	Mardi	Mercredi	Jeudi	Vendredi	Samedi	Dimanche
8 h 30	Réunion		Réunion		Réunion		
9 h	Appels télé-phoniques		Appels télé-phoniques		Appels télé-phoniques		
9 h 30	Porte ouverte	Visites	Porte ouverte	Visites	Porte ouverte		
10 h							
10 h 30	Réunion		Réunion		Réunion		
11 h	Appels télé-phoniques	sur	Appels télé-phoniques	sur	Appels télé-phoniques		
11 h 30	Porte ouverte	le	Porte ouverte	le	Porte ouverte		
12 h							
12 h 30	Lunch/réunion	terrain	Lunch/réunion	terrain	Lunch/réunion		
13 h							
13 h 30	Appels télé-phoniques	et	Appels télé-phoniques	et	Appels télé-phoniques		
14 h	Porte ouverte	réalisation	Porte ouverte	réalisation	Porte ouverte		
14 h 30							
15 h	Réunion	de	Réunion	de	Réunion		
15 h 30	Appels télé-phoniques	projets	Appels télé-phoniques	projets	Appels télé-phoniques		
16 h	Porte ouverte		Porte ouverte		Porte ouverte		
16 h 30							
17 h	Période sacrée		Période sacrée		Période sacrée		
17 h 30							

Budget temporel pour les gestionnaires de crises • Carte de temps d'un gestionnaire de crise

vingt personnes et qui devait constamment répondre au téléphone, assister à des réunions et régler les problèmes urgents que lui soumettait son personnel. Cette carte lui a permis d'accomplir l'ensemble de ses objectifs : il y avait de la place dans son horaire pour toutes les activités de sa journée, et les membres de son personnel n'avaient jamais à attendre plus de trente minutes pour obtenir son assistance.

2. Élimination

Votre carte de temps vous permet d'évaluer chacune des tâches qui exige de votre temps, en examinant celles-ci à la lumière de vos objectifs. Ainsi, avant d'accomplir automatiquement quelle que tâche que ce soit, vous pouvez dorénavant vous demander si le jeu en vaut la chandelle. Cette tâche mérite-t-elle même une place dans votre horaire ? Si la réponse est non, oubliez-la. Vous serez surpris de voir le nombre de choses que vous accomplissez par habitude et qui n'ont rien à voir avec vos objectifs. Elles sont probablement liées à un objectif antérieur qui n'a plus d'importance pour vous.

Une de mes clientes, directrice du service national du marketing d'une grande banque, s'est rendu compte, après avoir établi sa carte de temps, qu'un projet spécial sur lequel elle travaillait depuis plus de quatre ans ne servait plus les objectifs de son entreprise. Elle a donc immédiatement abandonné ledit projet, libérant ainsi trois bons mois par année. Si on tient compte de son taux salarial, cette découverte a permis à son entreprise d'économiser plus de 50 000 $ par année.

La carte de temps vous permet de voir à quel point le temps dont vous disposez pour chaque domaine de votre vie et de votre travail est limité. Cette découverte vous rendra beaucoup plus sélectif dans le choix des tâches que vous souhaitez réaliser. Toutefois, éliminer ne veut pas nécessairement dire jeter. En effet, vous pouvez «faire don» de certaines tâches, c'est-à-dire déléguer. Vous découvrirez que même si certaines des tâches que vous accomplissez contribuent véritablement à l'atteinte de vos objectifs, elles peuvent être réalisées tout aussi bien, plus rapidement et plus facilement par votre personnel ou par un autre membre de votre famille.

Les tâches que vous pouvez habituellement déléguer sont la préparation des repas, le ménage ou le paiement des factures. Vous aurez alors plus de temps à consacrer aux tâches que *vous seul* pouvez accomplir, comme lire des histoires à vos enfants, passer du temps avec votre douce moitié ou prendre soin de vous en allant au gymnase. Soyez honnête avec vous-même en déterminant quelles sont ces tâches. Vous serez surpris de voir le nombre de choses que vous prenez en charge inutilement seulement pour prouver que vous êtes « indispensable ».

3. Assignation d'une place

À ce stade, vous travaillez avec votre carte de temps depuis une semaine ou deux, et il est temps de réévaluer la position de certaines zones et activités dans votre horaire. Par exemple, vous pourriez découvrir que la période que vous souhaitez consacrer aux appels téléphonique ne joue pas vraiment son rôle, ou que vous n'avez pas prévu suffisamment de temps pour l'écriture créative. Voici venu le moment d'ajuster et de préciser l'endroit où vous avez placé vos activités dans votre emploi du temps de façon à mieux refléter les réalités de votre vie. Gardez à l'esprit les conseils suivants lorsque vous assignez à vos activités une place définitive :

- **Regroupez les tâches similaires.** Tout comme vous regroupez des objets semblables dans un placard (tous les vestons ensemble, tous les jeans ensemble), vous pouvez regrouper des tâches dans votre horaire afin de gagner du temps et d'être moins susceptible de les « perdre » ou de les oublier. Courses, appels téléphoniques et réunions sont des tâches qui peuvent être regroupées et accomplies dans un même bloc.
- **Déterminez le temps d'exécution de chaque tâche.** L'erreur que les gens commettent fréquemment en établissant leur horaire consiste à manquer de réalisme en ce qui a trait au temps que prennent certaines activités. Or, les bons gestionnaires de temps excellent à ce type d'estimation ; ils sont alors en mesure de prévoir suffisamment de temps pour chaque activité. Pour améliorer vos compétences à ce chapitre, tenez un journal pendant une semaine ou deux, où vous noterez le temps que vous mettez à mener à bien chacune de vos tâches. Les renseignements ainsi recueillis vous aideront à mieux planifier vos journées et à rechercher des raccourcis ; ils vous seront également utiles lorsque viendra le temps de déléguer certaines tâches.
- **Tenez compte de vos cycles énergétiques.** Par exemple, si l'exercice est une activité qui vous importe et que vous vous réveillez chaque matin rempli de vitalité et de vigueur et revenez le soir épuisé et vidé,

prévoyez votre séance d'exercice tôt le matin, au moment où vous êtes motivé et mieux disposé. Vous serez alors plus susceptible de persévérer dans votre programme d'exercice.

- **L'emploi du temps des autres.** Dans votre horaire, vous serez peut-être obligé de prévoir certaines activités à des moments qui conviennent à l'emploi du temps et aux disponibilités d'autres personnes. Par exemple, si vous aimez vivre la nuit et que les membres de votre famille préfèrent le jour, prévoyez la période de temps en famille tôt en soirée, puis retournez au travail après que tout le monde est allé au lit. Quand je cherchais à déterminer quel serait le meilleur moment pour écrire le présent livre sans nuire à l'exploitation de mon entreprise, j'ai prévu une période d'écriture quotidienne de sept heures à dix heures, ce qui me laissait pratiquement toute une journée pour faire mes appels téléphoniques et rencontrer mes clients.

4. Rangement dans des contenants

Cette étape consiste à évaluer et à choisir vos outils de gestion du temps, à en apprendre le fonctionnement et à les adapter à votre style personnel. Vous devriez donc étaler cette étape dans le temps.

Le contenant de rangement de base qui est essentiel à tout système de gestion du temps est l'agenda. C'est à cet endroit sûr que vous inscrivez tous vos rendez-vous, choses à faire et appels téléphoniques ainsi que toute l'information importante relative à votre entreprise et à votre vie.

Il en existe tellement de styles, de marques et de formats sur le marché que le choix peut s'avérer difficile. Appliquez ma règle du «choix unique». Évitez de parier pour et contre en vous procurant deux ou trois agendas de peur de ne pas avoir acheté le meilleur modèle. Choisissez un agenda, utilisez-le en toutes circonstances et gardez-le pendant au moins trois mois pour voir s'il vous convient vraiment. Si vous utilisez plusieurs agendas en même temps ou que vous retournez continuellement au magasin pour dénicher l'agenda «parfait», vous pouvez être certain que vous perdrez des renseignements et oublierez des rendez-vous et des tâches à accomplir, ce qui mène tout droit à la frustration. Il n'existe pas de «meilleur» agenda. L'important est d'en choisir un que vous aimerez utiliser parce qu'il reflète votre façon de penser et vous aide à demeurer aux commandes de votre vie personnelle et professionnelle.

Alors, comment choisit-on un bon agenda ? Vous devez avant tout décider si vous voulez qu'il soit en papier, électronique ou informatique. Harold Taylor, expert canadien en gestion du temps, a écrit un excellent article dans lequel il compare les différents types d'agendas. Voici certaines de ses idées.

- **Agendas en papier (At-a-Glance, DayRunner, DayTimer, Franklin-Covey Planner, FiloFax).** Ces agendas sont parmi les plus faciles à utiliser et les moins chers sur le marché. Vous pouvez les consulter pratiquement partout, y noter vos rendez-vous pendant que vous faites la queue dans un magasin ou y ajouter des tâches à votre liste de choses à faire à mesure qu'elles vous viennent à l'esprit. Ils sont offerts en de nombreux formats, allant des petits formats de poche très légers et facilement transportables aux plus gros formats de bureau qui procurent beaucoup de place pour écrire et sont simples et rapides d'emploi. En un tour de main, vous obtenez la page voulue. Vous n'avez pas besoin d'allumer quoi que ce soit, et par conséquent ils ne tombent jamais en panne. Ils permettent une excellente vue d'ensemble de votre emploi du temps, tant des semaines écoulées que de celles à venir, et vous permettent d'aller et venir rapidement et aisément d'une page à l'autre. Ils sont également parfaits pour les personnes qui sont plus à l'aise avec la bonne vieille méthode du papier et du crayon. De plus, ils peuvent être classés comme des livres à la fin de chaque année, gardant votre histoire passée accessible pour toute référence future.
- **Agendas électroniques (Newton, Palm Pilot, Wizard).** Extrêmement pratiques, ces agendas au boîtier mince et léger peuvent emmagasiner une énorme quantité d'information. Ils sont parfaits pour les personnes qui se déplacent fréquemment et ont besoin de transporter une grande quantité d'information de façon compacte. Contrairement aux agendas en papier, ils permettent de déplacer les tâches non terminées d'une semaine à l'autre. Il est possible d'y inscrire aux endroits appropriés, au moyen d'une seule entrée, une réunion qui doit avoir lieu plusieurs fois au cours de l'année et de transférer des rappels pour les anniversaires et autres événements spéciaux d'une année à l'autre. Vous pouvez également régler un avertisseur qui vous rappellera qu'il est temps de vous rendre à un rendez-vous, de faire un appel

téléphonique ou de prendre un médicament. Ces agendas électroniques permettent aussi de chercher des noms et des adresses par ordre alphabétique, par ville, ou par catégorie – client, client potentiel, ami, fournisseur. La plupart d'entre eux peuvent transférer de l'information vers la base de données ou le gestionnaire de relations d'affaires de votre ordinateur ou en puiser à partir de ceux-ci, ce qui vous fait gagner beaucoup de temps car vous n'avez rien à transcrire. Ils sont idéaux pour les personnes qui aiment travailler avec une interface électronique. Les assistants numériques personnels (ANP), qu'on utilise au moyen d'un stylet et non d'un clavier, plairont également aux personnes qui aiment écrire à la main. Bien des agendas électroniques servent en même temps d'outils de communication et permettent de recevoir des messages par courrier électronique ainsi que de télécharger des dossiers informatiques grâce à un modem intégré. Cependant, ils comportent certains désavantages : il n'est possible de visualiser qu'une page à la fois, ce qui vous empêche d'avoir une bonne vue d'ensemble de votre emploi du temps passé et à venir ; de plus, vous ne pouvez les ranger dans une bibliothèque pour référence ; enfin, ils leur arrive de tomber en panne de temps à autre. Mais vous pouvez réduire les pertes au minimum en cas de panne en sauvegardant quotidiennement toutes les données qu'il contient sur votre ordinateur, ou en vous procurant un deuxième agenda de secours pleinement chargé vers lequel vous pouvez vous tourner au besoin.

- **Agendas informatiques (ACT !, DayRunner, DayTimer, Lotus Organizer).** Ces agendas sont habituellement intégrés à un logiciel, sous la forme soit d'un gestionnaire d'information personnelle, soit d'un programme de gestion des relations d'affaires. La principale différence entre les deux est que le premier organise vos tâches selon ce qu'elles sont et le moment où vous devez les accomplir, et le deuxième est davantage un outil de vente qui organise vos tâches à partir des personnes avec qui vous faites affaire. Les agendas informatiques possèdent la plupart des avantages des agendas électroniques, mais sont plus puissants. Par exemple, si vous cliquez sur l'entrée prioritaire « téléphoner à Mary Simpson », toute une page de renseignements sur vos relations d'affaires avec Mary Simpson apparaîtra à l'écran ainsi qu'un répertoire téléphonique, comprenant numéro de téléphone et données pertinentes. Le logiciel peut même composer

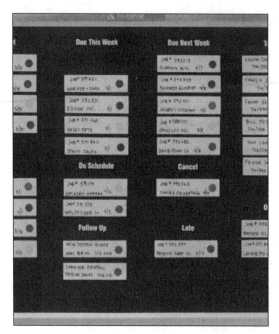

Le tableau de planification avec étiquettes vous permet d'organiser aisément votre emploi du temps (*gracieuseté de Time Wise*).

pour vous un numéro de téléphone ou une adresse de courrier électronique, et voir à ce que toute mesure à prendre résultant de l'appel soit portée à votre liste de choses à faire. L'appel est ensuite automatiquement enregistré dans votre page résumant vos relations d'affaires.

Bref, l'agenda informatique accomplit pour vous une grande partie du travail d'entrée. Toutefois, il n'est vraiment pratique que si vous occupez un emploi stationnaire et travaillez constamment à l'ordinateur, parce que le programme doit être activé et accessible en tout temps. Autrement, vous serez obligé de rédiger des notes et des dates de rendez-vous sur des bouts de papier à droite et à gauche avec la ferme intention de les saisir à l'ordinateur dès que vous pourrez, mais vous risquez d'en perdre quelques-uns en cours de route. Les agendas informatiques font souvent bon ménage avec les agendas électroniques pour les personnes qui voyagent beaucoup ; il faut toutefois établir un rituel quotidien de transfert des données de l'un à l'autre.

Voici d'autres considérations à garder à l'esprit lorsque vous choisissez un agenda :

- **Votre vision du temps.** Lorsque vous choisissez le format de votre agenda, demandez-vous si vous désirez voir votre emploi du temps selon une disposition linéaire, verticale ou horizontale, ou sous la forme d'une grille. Quelle partie de votre emploi du temps voulez-vous être en mesure de voir d'un seul coup : une année, un trimestre, un mois, une semaine ou un jour ? Peut-être aurez-vous besoin de deux formats, l'un mensuel pour avoir une vue d'ensemble de vos activités, et l'autre quotidien ou hebdomadaire pour voir les choses de plus près.
- **La quantité d'information.** Plus vous voulez enregistrer d'information ou d'activités par jour ou par semaine, plus vous aurez besoin d'espace. Par exemple, un entrepreneur à l'horaire bien rempli ayant trois ou quatre rendez-vous à honorer, une douzaine ou plus d'appels téléphoniques à faire et six mesures à prendre par jour aura probablement besoin d'un format de deux pages par jour, alors qu'une personne ayant le même nombre de rendez-vous, d'appels téléphoniques et de tâches par semaine pourrait se contenter du format hebdomadaire.
- **L'esthétique.** Comme pour tout autre outil d'organisation, assurez-vous de choisir un agenda dont l'apparence vous plaît, qu'il soit en papier, électronique ou informatique. Votre agenda aura beau posséder toutes sortes de caractéristiques, celles-ci n'auront aucune importance si son apparence ne vous plaît pas suffisamment pour vous donner envie de l'utiliser. Demandez-vous si votre agenda reflète votre image : élégant, chic, sportif, vivant, professionnel, subtil ? Aimez-vous la mise en page, la couleur, les caractères ? Aimez-vous le boîtier, la forme et le matériau dont il est fait ? Vous devez être fier de sortir votre agenda et prendre plaisir à l'utiliser chaque jour.

5. Ajustement

Félicitations ! Vous avez réussi à maîtriser cette chose intangible qu'est le temps en le transformant en quelque chose de concret : un emploi du temps qui vous réussit.

Mais vous devez faire preuve d'une vigilance constante pour que votre horaire demeure fonctionnel. Procédez comme suit :

- **Tous les jours.** Prenez seulement quinze minutes chaque soir pour passer en revue les activités du lendemain en gardant vos priorités à l'esprit lorsque vous réfléchissez à certains conflits d'horaire (accompagner les enfants au musée, ou travailler sur une importante soumission?). Même cette modeste préparation vous permettra d'être mieux armé pour faire face aux différentes exigences de votre journée.

- **Continuellement.** Gardez vos objectifs bien en vue, en les affichant sur votre réfrigérateur ou votre bureau de travail. Passez par ce filtre toute interruption, distraction, demande, exigence et activité attirante, en vous posant la question suivante : « Est-ce que cela va m'aider à atteindre mes objectifs ? » Dans la négative, trouvez un moyen d'éviter les interruptions et les distractions, déclinez poliment des demandes et les exigences et résistez aux tentations. Suivez la règle de l'« ajout-élimination ». Reconnaissez que la seule façon d'ajouter une activité à votre horaire déjà chargé est d'en éliminer une autre. Vous devrez par conséquent réfléchir longuement et profondément aux nouvelles activités auxquelles vous voulez vous adonner. Valent-elles vraiment la peine que vous y consacriez du temps ?

CONSEIL D'INITIÉ

Tirer le maximum d'un agenda

- Attribuez un code de couleur à vos entrées (par exemple rouge pour le travail, bleu pour la famille), afin de pouvoir évaluer en un coup d'œil si votre vie est bien équilibrée.

- Traitez les mesures à prendre et les appels téléphoniques à faire comme des rendez-vous, pour être certain de les accomplir, et évitez d'avoir des attentes irréalistes face à vous-même. Pour chaque chose à faire et chaque appel téléphonique, posez-vous trois questions : « À quelle zone cela appartient-il ? », « Quel jour dois-je le faire ? », et « Combien de temps cela prendra-t-il ? ». Puis réservez le temps nécessaire dans votre agenda.

- Apprenez combien de temps vous êtes capable de vous concentrer sur une même tâche, puis divisez les plus gros projets en parties plus faciles à réaliser. Établissez vos séances de travail à rebours à partir de la date d'échéance tout en laissant un coussin au cas où les choses pendraient plus de temps que prévu.

- Lorsque vous inscrivez des rendez-vous dans votre agenda, notez au même endroit les adresses et les numéros de téléphone qui s'y rapportent pour pouvoir vous y référer rapidement. Assurez-vous également de prévoir le temps de déplacement pour vous rendre à votre rendez-vous et en revenir, détail que bien des gens oublient.

- Inscrivez un petit « D » dans un cercle à côté de tous les rendez-vous, activités ou rencontres pour lesquels vous devez emporter de la documentation (un dossier, une invitation ou des indications). Grâce à ce petit rappel, vous serez assuré d'arriver avec tout ce dont vous avez besoin.

- Prévoyez une page de votre agenda pour chacune des personnes les plus importantes dans votre travail ou dans votre vie personnelle. Utilisez cette page pour noter à mesure toutes les choses dont vous voulez leur parler. Lors de votre prochain appel téléphonique ou rencontre, vous aurez déjà votre ordre du jour au complet.

- Soyez prêt à tirer profit d'une période de temps libre inattendue – en gardant dans votre agenda une liste de tâches rapides (de cinq à quinze minutes) mais importantes que vous avez à faire ; vous pourrez ainsi utiliser ce temps de façon productive.

- **Mises au point périodiques.** Révisez vos objectifs et activités au moins deux fois par année, mais de préférence plus souvent (peut-être une fois tous les deux mois), pour apporter tout changement nécessaire au chapitre des priorités, des responsabilités et des intérêts. Puis révisez votre carte de temps pour vous assurer qu'elle reflète bien ce qui vous importe le plus.

Voilà tout ce qu'il faut pour faire du temps un ami plutôt qu'un ennemi – un allié qui vous aidera à atteindre votre objectif premier : vivre votre vie comme *vous* l'entendez, selon vos propres priorités et non celles des autres.

19

Apprivoiser la technologie

La technologie a créé une toute nouvelle dimension en matière d'organisation, présentant des défis sans précédent historique. Aussi puissante et potentiellement libératrice qu'elle puisse être, elle s'avère également parfois incroyablement envahissante. En effet, on a souvent l'impression de se noyer dans une mer d'information, d'être entourés de piles de télécopies, de messages par courrier électronique et vocal et de dossiers informatiques qu'on ne sait absolument pas comment organiser – qui viennent s'ajouter au chaos des dossiers imprimés. Étant donné que les générations précédentes ne peuvent nous donner aucun conseil à partir de leur expérience, nombre d'entre nous ne possédons pas de cadre de référence qui nous aiderait à bien nous servir de la technologie, ni de système qui nous permettrait de l'intégrer harmonieusement dans notre vie. Par conséquent, nous pataugeons.

Ainsi, au lieu de me borner à inclure quelques conseils sur l'utilisation de la technologie dans chacun des chapitres à caractère pratique du présent livre, j'ai décidé d'y consacrer un chapitre entier en dernière partie, afin de vous fournir ce cadre de référence : une façon nouvelle mais simple et directe de penser en ce qui a trait à la technologie qui vous permettra de l'apprivoiser au même titre que n'importe quel espace de votre bureau ou de votre foyer.

Pour ce faire, j'ai fait appel à Terry Brock, expert de renommée internationale en matière de technologie et président de Achievement Systems à Orlando, en Floride. Depuis plus de quinze ans, Terry enseigne aux gens d'affaires partout aux États-Unis, au Canada, en Europe et en Asie les

usages pratiques de la technologie dans le but d'augmenter leur productivité. (Si vous désirez communiquer directement avec Terry pour obtenir encore plus de renseignements à ce sujet, visitez son site Web à
www.terrybrock.com ou téléphonez au (407) 363-0505). Ensemble, Terry
et moi vous offrons les conseils qui suivent pour vous aider à maîtriser la
technologie.

LA TECHNOLOGIE EST UN OUTIL

L'une des plus grosses erreurs que les gens commettent est de considérer
la technologie avant tout comme un moyen de gagner du temps. Or, il
serait plus juste de la voir comme un ensemble d'outils puissants qui vous
aident à travailler plus vite ainsi que de façon plus efficace et efficiente.
Ces outils vous procureront plus de puissance que vous auriez jamais pu
imaginer pour accomplir votre travail, mais il vous faudra beaucoup de
temps pour comprendre, maîtriser et entretenir chacun d'entre eux. Par
conséquent, vous devriez réfléchir longuement et profondément avant
d'investir dans tout nouvel outil technologique, et être prêt à y consacrer
de façon soutenue beaucoup de temps et d'argent.

Les outils technologiques ne sont que des choix possibles : c'est à vous
de décider de vous en servir ou non. Vous n'êtes pas obligé de vous en procurer simplement parce qu'ils existent. Laissez le besoin susciter l'achat,
et non le contraire. Évitez d'acheter des gadgets, des bidules ou des logiciels sophistiqués aux multiples fonctions sans savoir s'ils vous seront
vraiment utiles. Si vous avez un système manuel qui fonctionne bien, il
n'est absolument pas nécessaire d'en changer. Servez-vous de la technologie
seulement si certains projets et tâches vous font perdre du temps ou sont
trop difficiles à accomplir à la main (comme par exemple faire 2 000 envois
postaux par mois). Il y a peut-être une solution d'ordre technologique qui
vous convient, et plus vous préciserez vos besoins, plus il vous sera facile
de trouver l'outil qu'il vous faut.

COMMENT UTLISER MA FORMULE

N'allez surtout pas croire que la technologie va organiser votre vie. En fait,
il vous sera presque impossible de bien vous en servir si vous n'êtes pas
déjà organisé. Pour tirer profit au maximum des outils existants, vous devez
commencer avec un bureau, un foyer, des dossiers et un emploi du temps

en ordre. Vous pourrez ensuite ajouter des outils technologiques pour améliorer votre système, en interaction avec lui. Après tout, pour ce qui est du désordre potentiel, l'information générée par la technologie ne diffère pas vraiment de celle qui envahit votre bureau ou votre maison sous forme de papier. Comme vous avez déjà appliqué les étapes d'analyse et de stratégie de ma méthode aux problèmes d'organisation de votre bureau et de votre foyer, vous possédez l'information essentielle – ce dont vous avez le plus besoin ainsi que vos aspirations et objectifs et votre plan d'action – pour vous adapter à votre problème de technologie. Vous êtes prêt à vous lancer dans l'étape de l'offensive et de décider de la façon dont vous souhaitez utiliser la technologie et quels nouveaux outils vous devez acheter pour résoudre vos problèmes, à partir de votre situation personnelle et de votre façon de penser.

PRINCIPES GÉNÉRAUX D'ORGANISATION DE LA TECHNOLOGIE

Aujourd'hui, l'information nous parvient de nombreuses sources et directions à la fois : courrier électronique, e-mail, télécopieur, boîtes vocales, courrier ordinaire, courrier express, Internet, notes de service, bulletins, notes de réunions, séminaires et conférences. Selon la société Gallup, l'employé moyen d'une société Fortune 1 000 envoie ou reçoit 178 messages ou documents par jour.

La meilleure façon de ne pas s'y perdre est de créer un endroit logique où chercher les renseignements dont vous avez besoin, quelle que soit la façon dont ils vous sont parvenus. Traitez et classez l'information électronique de la même façon que vos dossiers imprimés, c'est-à-dire par sujet et non par méthode de transmission. En d'autres mots, au lieu de créer des dossiers intitulés « Courriel », « Télécopieur », « Téléchargement » et « Boîte vocale », classez l'information que vous voulez gardez par sujet – par exemple « Conseils en matière de placement », « Service à la clientèle », ou « Voyages » –, de façon à ce que dans un dossier donné, vous trouviez tous les courriels, télécopies, documents téléchargés et messages téléphoniques portant sur le même sujet, indépendamment de leur mode de transmission.

L'OFFENSIVE

Pensez à votre ordinateur comme s'il s'agissait d'un classeur où le désordre s'installe encore plus vite que dans un classeur contenant des documents en papier. Par conséquent, vous devez faire le ménage de vos dossiers informatiques fréquemment – entre une fois par jour et une fois par semaine, selon le volume de travail que vous effectuez.

Si vous songez à acheter un plus gros ordinateur parce qu'il n'y a plus de place sur votre disque dur, je vous suggère d'attendre, parce que cela équivaudrait à investir dans un bel ensemble de classeurs avant d'avoir eu l'occasion de trier et d'épurer le contenu de ceux que vous possédez déjà et d'évaluer si vous manquez vraiment d'espace de rangement. Après avoir bien trié et éliminé, vous découvrirez probablement que vous avez déjà tout l'espace dont vous avez besoin sur votre disque dur. De plus, avec un disque dur épuré, vous pourrez trouver vos documents plus rapidement, et votre ordinateur sera plus rapide.

Appliquez les mêmes critères en matière de tri et d'élimination à tous les types d'information, indépendamment de la façon dont elle vous est parvenue. Posez-vous les questions suivantes : « Est-ce que ce document a un rapport avec les principales activités de ma vie ou de mon travail ? Est-ce qu'il me sera utile pour mener à bien le projet sur lequel je travaille présentement ? Est-ce qu'il représente une occasion d'affaires viable ? Ai-je le temps d'y donner suite concrètement ? Dans quelles circonstances aurais-je à consulter ce document de nouveau ? Dois-je le conserver pour des raisons d'ordre juridique ou pour fins d'impôt ? Ma vie changerait-elle du tout au tout si je m'en débarrassais ? » Puis, agissez, rangez ou jetez conformément à vos réponses.

Note : Terry Brock fait remarquer que vous pouvez accroître l'espace de rangement sur votre disque dur en utilisant un système de classement TAF 32 au lieu de TAF 16. TAF est un acronyme pour table d'allocation de fichiers, ce qui signifie la partie du système d'exploitation qui détermine la quantité d'espace que chaque dossier occupera sur le disque dur. Le système TAF 16 prévoit beaucoup plus d'espace par dossier que le système TAF 32, plus compact et hautement efficace.

1. Tri

Modes de classement

- Si vous avez une énorme quantité de documents à trier, approchez votre tâche comme vous l'avez fait pour vos copies papier, c'est-à-dire en vous attaquant d'abord aux documents les plus récents et encore actifs. À partir de votre répertoire de fichiers, où les documents sont classés par date, commencez votre tri par les plus récents. Vous pouvez aussi libérer de l'espace sur votre disque dur en transférant temporairement ailleurs, c'est-à-dire sur disquettes, les données qui remontent à plus d'un an. Prévoyez ensuite vous en occuper dans un mois ou deux, après avoir terminé l'organisation de vos dossiers courants.

- Même si bien des gens rangent leurs documents selon le programme employé pour les créer, essayez plutôt de les classer par sujet. De cette façon, tous les tableurs, les factures et les lettres créés pour le Projet 2000 seront classés ensemble dans un seul et même dossier intitulé «Projet 2000».

- Pour décider quels sont les documents qui devraient être sauvegardés dans l'ordinateur et quels sont ceux qui devraient être classés sous forme de copie papier, déterminez avant tout si votre ordinateur sera le lieu principal où vos documents seront consignés. Si vous possédez un scanneur, un disque dur ayant une très grande capacité et un excellent système de secours, ou si vous travaillez au sein d'une entreprise dont les politiques exigent de ne garder aucun document imprimé, c'est votre ordinateur qui sera votre principal lieu de classement. Terry affirme que les scanneurs sont des intermédiaires entre les bureaux centrés sur l'imprimé et ceux centrés sur l'ordinateur, parce qu'ils peuvent servir à transférer des articles, des notes écrites à la main, des notes de service, des cartes professionnelles, des photos, des dessins et des tableaux directement dans un ordinateur, où ils peuvent ensuite être classés par sujet. Une fois entrés dans l'ordinateur, ces documents ont plus d'impact que sur papier, parce que vous pouvez en un rien de temps les envoyer par courrier électronique ou les télécopier à des collègues ou à des amis et même les intégrer à des rapports et à des présentations. À l'aide des mots clés et des fonction atteindre et rechercher, il est également plus rapide et plus facile de localiser un document dans votre ordinateur qu'un dossier en papier. Mais Terry recommande de ne pas jeter automatiquement les versions imprimées des documents passés au scanneur parce qu'ils ont eux aussi une valeur – pour des raisons d'ordre juridique ou pour des fins d'impôt, et au cas où la technologie changerait et que les logiciels d'aujourd'hui deviendraient impossibles à lire par les ordinateurs de demain.

- Si votre ordinateur constitue votre classeur principal, ne gardez sur support papier que les documents originaux tels que les contrats et les factures payées. De plus, vous devriez peut-être imprimer les ébauches de documents que vous êtes en train d'élaborer, car il est souvent plus pratique de travailler sur du papier.
- Si vos documents de référence sont principalement en papier, sauve-gardez dans votre ordinateur seulement les documents et les formu-laires que vous comptez réviser ou réutiliser. Les lettres personnalisées et les autres documents ne servant qu'une seule fois peuvent être imprimés et classés dans vos dossiers en papier, puis effacés de votre disque dur.

2. Élimination

Comme nous l'avons mentionné précédemment, vous pouvez dégager votre disque dur sans avoir à jeter des documents en sauvegardant ceux-ci sur disquettes, classés par catégorie. Terry recommande également d'uti-liser des mécanismes de sauvegarde externes comme les disques Zip et Jaz, offerts par la société Iomega. Il s'agit de boîtiers qui, une fois connectés à votre ordinateur, peuvent contenir une grande quantité de dossiers en les «comprimant». Les données sont alors sauvegardées sur des cartouches dont la capacité est de dix à cinquante fois plus grande que celle d'une dis-quette. Ces cartouches occupent très peu d'espace, et peuvent être classées et étiquetées de manière à ce que l'extraction de données soit aussi facile qu'avec une disquette.

La liste de Julie de choses à jeter « simple comme bonjour »

- **Brouillons de travail** – de documents dont la version finale est termi-née depuis longtemps.
- **Dossiers vides** que vous avez créés mais jamais remplis.
- **Documents identiques** portant des noms différents.
- **Dossiers trop vieux pour être réutilisés.** (NOTE : n'effacez PAS les fichiers .BAK)

3. Assignation d'une place

- Avec le système d'exploitation Windows 95 (et les versions précé-dentes), il est facile de trouver ce que vous cherchez rapidement, sans avoir à fouiller dans des documents et des formulaires éparpillés et mélangés : utilisez le gestionnaire de fichiers ou l'explorateur Windows pour organiser le répertoire de votre disque dur en trois principaux sous-répertoires : « Logiciels » (pour toutes vos applications), « Utilitaires » (pour les services offerts par votre ordinateur) et « Dossiers » ou « Données » (pour tous vos documents, indépendamment du programme qui a servi à les créer). Terry mentionne que les nouveaux systèmes comme Office 97 effectuent cette dernière opération automatiquement au moyen d'un espace intégré dans le disque dur appelé « Mes documents ».

- Dans votre répertoire appelé « Dossiers » ou « Mes documents », créez des sous-répertoires (qui sont en quelque sorte les chemises de l'ordinateur) pour refléter les catégories (zones) de votre système de classement, comme par exemple « Publicité », « Clients », « Personnel », « Marketing », « Soumissions », « Finances ». Ces sous-répertoires devraient correspondre le plus possible aux catégories employées pour vos documents papier. Ensuite, chaque document que vous décidez de garder peut être glissé vers le sous-répertoire auquel il appartient et classé dans celui-ci.

- Si votre ordinateur contient plus d'un disque dur, vous devrez également décider sur lequel de ces disques le document doit être classé. Si votre ordinateur est en réseau, votre entreprise a peut-être une politique en ce qui a trait à ce qui appartient à chacun des disques. Autrement, évitez de compliquer les choses. Par exemple, classez les documents relatifs au travail sur un disque et les projets personnels sur l'autre.

- Sauvegardez deux copies de vos archives et de vos dossiers de travail, soit un fichier principal et un fichier de sauvegarde. Gardez les disquettes ou les cartouches de sauvegarde dans un endroit différent que celui où se trouve vos fichiers principaux, afin de réduire le risque de perte ou de dommages si le pire venait à se produire.

4. Rangement dans des contenants

Voici certains outils informatiques préférés pour classer des données, recommandés par Terry et moi-même :

Nos outils informatiques favoris

- Explorateur – gestionnaire de fichiers compris dans Office 97 servant à créer des sous-répertoires, rendant ainsi le classement et la recherche documentaire simple comme bonjour.
- Scanneurs – permettent de transférer de l'information directement dans votre ordinateur, ce qui vous permet de la retrouver, de la classer et de l'imprimer facilement. Cependant, il n'est pas toujours possible d'introduire des changements dans les documents scannés. Vous pouvez modifier le texte tapé, mais pas les images ni les notes manuscrites. Les logiciels pouvant convertir le texte écrit à la main en caractères d'imprimerie sur votre ordinateur seront un jour réalité, mais il ne s'agit pas d'une fonction que vous devriez rechercher pour le moment. PaperPort est un excellent scanneur, peu coûteux et compact, qui pourra répondre à vos besoins de base.
- Scanneur à cartes professionnelles – scanne et transmet l'information directement sur le gestionnaire de relations d'affaires de votre ordinateur (voir nos logiciels préférés). Idéal pour indexer et classer ces piles de cartes professionnelles qui traînent dans le tiroir supérieur de votre bureau. CardScan est le plus connu.
- Indexeur – comme il est souvent plus facile pour un ordinateur de localiser un document à partir d'un mot clé que pour vous de fouiller dans plusieurs tiroirs remplis de chemises afin de trouver ce que vous cherchez, il existe plusieurs logiciels qui vous permettent d'entrer dans l'ordinateur le nom d'un document ou d'un dossier pour créer un index perfectionné mais facile à utiliser, une sorte de classeur virtuel pour vos documents. Paper Tiger de Barbara Hemphill et PaperMaster de Documagix sont deux exemples de ce type de programme.

Nos outils logiciels favoris

- Programmes de gestion financière – ces programmes peuvent vous aider à faire une multitude d'opérations, comme la balance de votre carnet de chèques pour le paiement de vos factures et même l'exploitation d'une petite entreprise. Les plus populaires et faciles à utiliser sont probablement Quicken et Quickbooks Pro. Utilisés conjointement avec des programmes de préparation des déclarations comme

Turbo Tax, ces logiciels vous permettent de faire votre déclaration de revenus directement à partir de votre ordinateur. Le logiciel vous indique tous les documents et les formulaires que vous devez joindre à votre déclaration.

- Gestionnaires de relations d'affaires et gestionnaires d'information personnelle – ces logiciels sont souvent confondus l'un avec l'autre, parce que leurs fonctions se chevauchent quelque peu ; tous deux vous aident à organiser votre répertoire d'adresses et de relations d'affaires ainsi que vos choses à faire et vos rendez-vous. Toutefois, le premier organise l'information par relation d'affaires alors que le deuxième l'organise à partir de votre horaire. Le gestionnaire de relations d'affaires est avant tout un outil commercial qui vous permet de personnaliser des lettres, des courriers électroniques et des télécopies selon la personne à qui ils s'adressent, de garder un historique complet de tous les contacts et les rencontres que vous avez eus avec cette personne, et de régler des avertisseurs pour mieux faire le suivi. Les plus populaires sont ACT !, Maximizer et Ascend (voir nos outils favoris pour le courrier électronique). Le gestionnaire d'information personnelle se concentre principalement sur vous, vos choses à faire, vos appels téléphoniques et les rappels. Il possède une fonction carnet d'adresse et peut produire des étiquettes et des lettres ; cependant, l'information y est davantage agencée comme dans un carnet de rendez-vous ou un agenda. En fait, les gestionnaires d'information personnelle les plus populaires sont offerts par Lotus Organizer, DayTimer et DayRunner, de véritables carnets de rendez-vous virtuels.

- Assistant numérique personnel (ANP) – il s'agit d'intermédiaires électroniques entre un carnet de rendez-vous et d'adresses en papier, pratiques, et un ordinateur, plus puissant. Vous prenez vos notes avec un stylet sur un petit écran électronique, et la machine les convertit en texte. Toute l'information que vous y entrez peut être téléchargée dans votre ordinateur à la fin de la journée. Vous pouvez également télécharger de l'information de votre ordinateur à l'ANP. Ces machines légères et pratiques jettent un pont entre les notes manuscrites et la puissance de l'informatique. Le Palm Pilot est l'ANP le plus populaire sur le marché, en raison de son format compact et sa facilité d'utilisation. De nombreux autres logiciels sont conçus pour lui. Parmi les autres marques populaires, on trouve le Psion de Casio et le Newton.

- Programmes de gestion de projets – parfaits pour vous guider dans la réalisation des diverses étapes de projets d'envergure en vous aidant à diviser chaque tâche en des tâches plus petites et à établir une échéance pour chacune d'entre elles. Excellents pour les ordinateurs en réseau où de nombreuses personnes travaillent sur les mêmes projets.
- Livre de recettes, arbre généalogique et inventaire domestique – tous ces programmes peuvent être très utiles pour indexer l'information difficile à catégoriser. Souvenez-vous qu'un ordinateur peut faire des recoupements plus facilement que vous manuellement. Un grand nombre de ces programmes vous guident à travers toutes les étapes nécessaires pour mener à bien un projet, mais tous exigent de la discipline car il faut saisir les données. Si vous n'aimez pas la saisie de données, ils pourraient ne pas vous convenir.

D'autres conseils pour apprivoiser la technologie

Voici quelques suggestions pour organiser certains outils technologiques clés qui jouent un rôle de plus en plus important dans la plupart des bureaux et des foyers d'aujourd'hui. Ces suggestions sont suivies d'une liste de certains outils que Terry et moi-même recommandons pour apprivoiser la technologie et demeurer au poste de commande.

Courrier électronique

- Il n'y a pas vraiment de raison de garder les messages que vous avez reçus par courrier électronique. Vous devez plutôt les traiter comme du papier ordinaire et soit les jeter, soit passer à l'action. Si vous voulez les garder dans le dossier relatif au projet auxquels ils se rapportent ou pour des raisons sentimentales, imprimez-les et classez-les. Si votre ordinateur est votre lieu de classement principal, classez-les par sujet. Si vos dossiers imprimés sont votre source première de référence, imprimez-les et classez-les à l'endroit approprié. Vérifiez si votre serveur classe automatiquement vos courriers électroniques une fois lus ; par exemple, America Online (AOL) offre un service de classeur en ligne. Cependant, si vous recevez beaucoup de courrier électronique, il importe d'épurer fréquemment parce que ces classeurs se remplissent rapidement et encombrent votre disque dur.

Un ANP tel que le Palm Pilot établit un rapprochement entre les notes prises à la main et la puissance électronique (*gracieuseté de 3Com*).

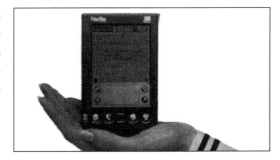

- Prévoyez divers moments pendant la journée pour vérifier et traiter votre courrier électronique – par exemple à 8 heures, à 11 heures, à 14 heures et à 16 heures.
- Inscrivez l'essence de votre message dans la case objet pour que le destinataire comprenne tout de suite de quoi il s'agit – par exemple «Réunion du 4-11 à 10h?» ou «Envoi paquet par la poste aujourd'hui».
- Commencez les longs documents par une description de l'«INTERVENTION SOLLICITÉE». Cela permet de gagner du temps et aide le lecteur à se concentrer sur l'essentiel.
- Inscrivez les rappels relatifs au suivi du courrier électronique dans votre agenda et non en ligne.
- Envoyez-vous une copie des messages électroniques importants pour vous assurer qu'ils sont parvenus à destination, ou gardez-en une copie jusqu'à ce que tous les destinataires aient répondu.
- À la réception : 1) Classez les messages reçus par sujet, par mot clé ou par personne, de façon à traiter les messages connexes ensemble. Vous éviterez ainsi d'avoir à sauter constamment d'un sujet à l'autre ; 2) Utilisez les systèmes de filtrage (comme l'outil Finder de Microsoft Exchange) pour établir un ordre de priorité dans les messages reçus ; ces systèmes diviseront les messages dont vous avez envoyé une «copie conforme» à quelqu'un d'autre, les messages importuns, les avis de réunions et l'information générale envoyée à tous et les classeront en ordre d'importance ; 3) Triez et traitez les messages adressés à votre patron de la façon suivante : effacer, répondre, classer, imprimer et classer, imprimer pour lecture.
- Gardez votre carnet d'adresses électroniques à jour en y inscrivant les adresses par personne et par groupe. Classez celles-ci également

par personne dans votre dossier des principales adresses, avec les adresses civiques et les numéros de téléphone.

- Ne sauvegardez pas des messages dans un dossier appelé « Courrier reçu ». Effacez-les ou classez-les par catégorie dans votre « Classeur personnel » ; comme cette opération s'effectue habituellement automatiquement, vous n'avez qu'à créer des fichiers puis à glisser-déposer.

Nos outils favoris pour le courrier électronique

- Les gestionnaires de relations d'affaires comme ACT ! et Maximizer peuvent être programmés pour envoyer des messages par courrier électronique directement. Par exemple, pour « John Smith », cliquez sur « Écrire » puis sur « Courrier électronique » et le programme vous met automatiquement en communication et envoie le message.
- Les fournisseurs d'accès Internet comme AT&T, peuvent également accomplir cette opération.
- Les ANP (voir nos logiciels favoris). Certains d'entre eux, comme PalmPilot Professional, vous permettent de vous connecter pour envoyer et recevoir des courriers électroniques n'importe où sur la planète.

Boîtes vocales

- Première décision : où allez-vous inscrire vos messages à part sur des bouts de papier épars ? Je recommande un bloc pour messages téléphoniques en deux parties, ou un calendrier. J'utilise une section spéciale de mon calendrier pour y inscrire les appels que je reçois quand je suis à l'extérieur du bureau.
- Notez vos messages immédiatement, puis effacez-les. Gardez un nombre minimal de messages – par exemple ceux que le destinataire doit absolument écouter lui-même en raison d'une nuance ou d'une touche d'émotion dans la voix. Sachez qu'il faut plus de temps pour écouter un message vocal que pour le lire.
- Faites suivre les messages adressés à d'autres personnes si votre système vous le permet.
- Si vous voulez gardez un message pour le mettre en dossier, transcrivez-le et rangez-le dans le dossier approprié.

- Prévoyez des moments spécifiques dans la journée pour vérifier et traiter vos messages vocaux – par exemple 8 h 30, 11 h 30, 14 h 30 et 16 h 30.

- Mettez les demandes fréquentes, par exemple votre numéro de télécopieur, sur votre message de réponse. Demandez d'indiquer quel serait le meilleur moment pour retourner l'appel.

- Utilisez un bloc-messages téléphoniques en deux parties pour y inscrire les messages, puis effacez-les de la boîte vocale. Servez-vous du bordereau blanc pour savoir si chaque destinataire a pris connaissance des messages qui lui étaient adressés, en vous assurant qu'il vous le retourne lorsqu'il en a terminé.

- Commencez votre message d'accueil en donnant votre nom et en indiquant ce que vous attendez de l'appelant, puis élaborez. Indiquez quels sont les meilleurs moments pour vous rappeler.

- Gagnez du temps en procédant comme suit : 1) donnez le plus de détails possible dans votre message de façon à ce que tout puisse se régler par l'entremise de la boîte vocale ; 2) laissez des messages à l'heure du lunch, après les heures d'ouverture et tôt le matin pour éviter les conversations qui vous font perdre du temps ; 3) créez un agenda pour les conversations téléphoniques. Réservez une page pour chaque personne, où vous inscrirez tout ce dont vous souhaitez discuter avec elle, de façon à être prêt lorsque vous l'aurez au bout du fil. Rappelez-vous qu'une conversation téléphonique préparée prend moins de temps qu'une conversation non préparée.

- Ne vous étendez pas trop ; n'oubliez pas que l'autre personne a des limites en ce qui a trait à l'information qu'elle peut absorber.

- Terminez toujours votre message en indiquant votre numéro de téléphone suffisamment clairement et lentement pour que la personne puisse l'entendre et le prendre en note.

- Si votre entreprise reçoit tous ses appels au moyen d'une boîte vocale, assurez-vous que le message encourage l'appelant à ne pas raccrocher en lui donnant la possibilité de parler à un préposé au besoin, et en fournissant un répertoire lui permettant d'obtenir les renseignements dont il a besoin, même après les heures d'ouverture.

Nos outils favoris pour les boîtes vocales

- Services de boîte vocale offerts par les compagnies de téléphone locales. Phénomène relativement récent, cet outil a remplacé les répondeurs et les services en attente pour de nombreux heureux convertis. Ses avantages sont multiples : il n'y a pas de limite au nombre de messages que vous pouvez recevoir, plusieurs personnes peuvent laisser un message en même temps, la ligne n'est jamais occupée, votre conversation n'est jamais interrompue par le service d'appel en attente, et vous pouvez récupérer vos messages, les écouter autant de fois que vous voulez et les sauvegarder à partir de n'importe quel endroit dans le monde.

- Répondeurs téléphoniques. Toujours le système idéal pour les personnes qui aiment filtrer leurs appels avant de décrocher le combiné.

- Téléavertisseurs alphanumériques. Les appelants parlent à un téléphoniste, qui transmet ensuite leur message à votre téléavertisseur. Leur avantage sur les téléavertisseur numériques est que vous pouvez connaître la nature de la demande avant de retourner l'appel, et décider du moment et de la façon dont vous comptez répondre. Il permet donc de gagner beaucoup de temps.

- Téléphones cellulaires et téléavertisseurs. Les deux sont maintenant offerts avec un service de boîte vocale ; les appelants peuvent donc laisser un message plus détaillé qu'un numéro à sept chiffres. Moins chers que les téléavertisseurs alphanumériques.

Courrier sur support papier et télécopies

- Triez le courrier de votre patron dans des chemises aux couleurs vives constituant des repères visuels – par exemple rouge (mesures urgentes à prendre), bleu (mesures non urgentes), vert (documents à signer) et blanc (documents à lire) ; lisez d'abord les documents et surlignez l'information importante si vous le pouvez.

- Classez le courrier et les télécopies par sujet dans les chemises appropriées, et non dans « Télécopies ».

- Si vous devez vous rapporter à plus d'une personne, simplifiez la communication en gardant une corbeille d'arrivée pour chacune d'entre elles. Utilisez des casiers verticaux avec des étiquettes pour classer les travaux terminés et les messages.

- Prévoyez des corbeilles départ distinctes étiquetées « À classer », « Télécopies », « À copier » et « Courrier » pour simplifier le traitement des documents.
- Qu'elles soient pleines ou vides, les reliures occupent le même espace. Servez-vous-en dans les circonstances suivantes : 1) si vous devez fréquemment sauter d'un domaine à l'autre, comme c'est le cas avec les projets ; 2) si plusieurs utilisateurs consultent fréquemment la même information. Bindertek et le catalogue de Levenger offrent des reliures particulièrement attrayantes et de très bonne qualité.

Nos outils favoris pour le courrier sur support papier et la télécopie

- Corbeilles d'arrivée et de départ – pour classer le courrier reçu et à envoyer par personne.
- Télécopieurs externes – parfaits pour les bureaux qui reçoivent un volume élevé de télécopies et les gens qui veulent envoyer par télécopieur des magazines et des documents non générés par ordinateur. Le télécopieur peut également servir de photocopieur à alimentation feuille à feuille.
- Logiciel de télécopie – pour envoyer des télécopies directement de votre ordinateur. Si vous avez un scanneur, vous pouvez scanner et envoyer des articles et des notes manuscrites au moyen de l'ordinateur, éliminant ainsi la nécessité d'un télécopieur externe.
- Meuble télécopieur – offre de l'espace de rangement sous le télécopieur pour les bordereaux de transmission et le papier.
- Surligneurs – lisez le courrier un surligneur à la main. Faites ressortir les passages qui requièrent de prendre certaines mesures et les dates d'échéance des factures. Il sera ainsi beaucoup plus facile de déterminer la pertinence de chaque document à la deuxième lecture.
- Ciseaux à découper – pour découper des articles de revues et de journaux que vous voulez garder. Jetez ensuite la publication.

Internet

- « Naviguer dans Internet », expression qui signifie simplement se promener d'un site Web à l'autre dans une perspective d'exploration, est l'un des grands passe-temps de l'ère de l'information. Assurez-vous d'être capable de retourner aux sites que vous avez découverts et qui ont piqué votre intérêt en ajoutant leur adresse à votre liste de signets ou en la sauvegardant dans un dossier intitulé « Sites favoris ». Vous pouvez ensuite créer des fichiers dans « Sites favoris » afin de regrouper les sites que vous aimez fréquenter par catégories, comme par exemple « Culture personnelle », « Recherche et nouveaux sites », « Affaires », etc.

- Comme il y a une énorme quantité d'information offerte dans Internet, il est très tentant d'exagérer et de télécharger toutes sortes de choses, simplement parce que c'est gratuit. Apprenez à faire preuve de discernement en ce qui a trait à ce que vous téléchargez afin d'éviter d'accumuler sur votre disque dur un fouillis de dossiers, de logiciels et autres dont vous ne vous servirez jamais.
- Internet est également devenu une incroyable source de services. Par exemple, vous pouvez maintenant faire toutes vos opérations bancaires en ligne par l'entremise de la Security First Network Bank et probablement d'autres banques – paiement de factures, mises à jour, transferts (www.sfnb.com).
- Pour environ 15 $ par mois, vous pouvez également vous inscrire à un service Internet qui sauvegardera automatiquement et quotidiennement la totalité de votre disque dur à plusieurs endroits au pays, comme mesure de sécurité supplémentaire. (Entrez « sauvegarde Internet » dans l'un de vos moteurs de recherche [voir ci-dessous] pour obtenir un choix de services de sauvegarde.)

Nos outils favoris pour Internet

- Moteurs de recherche – l'une des plus grandes inventions du vingtième siècle, ils vous aident à trouver les renseignements que vous cherchez en puisant dans les vastes possibilités d'Internet. Entrez des mots clés ou des phrases, et le moteur de recherche effectue une recherche accélérée sur tout le réseau et revient avec une liste d'endroits où vous pouvez obtenir l'information désirée. Étudiez les instructions fournies par chaque moteur de recherche pour apprendre comment préciser votre recherche pour ne pas vous retrouver avec 3 672 entrées. Yahoo, Hotbot, Excite et AltaVista figurent parmi les moteurs de recherche les plus populaires.
- Technologie de diffusion personnalisée – diffère des moteurs de recherche en ce que vous pouvez programmer le système pour qu'il

ratisse constamment Internet à la recherche d'information sur des sujets qui vous intéressent. Lorsqu'il trouve des renseignements pertinents, il les fait parvenir à votre « boîte aux lettres », où vous pouvez en prendre connaissance au moment de votre choix. Par exemple, vous pouvez entrer les sujets « échecs ». « dominos » et « beagles », et votre système de diffusion personnalisée vous livrera des listes et des renseignements sur ces sujets puisés dans Internet chaque fois que vous ouvrirez votre ordinateur. Cet outil peut être utile, et parfois même trop, parce qu'il peut contribuer à surcharger votre disque dur.

- Fureteurs Internet – ce sont les petits vaisseaux du cyberespace qui vous permettent de vous promener dans Internet et vous emmènent d'un site à l'autre, selon vos désirs. Internet Explorer de Microsoft et Netscape Navigator sont des exemples de fureteurs très populaires.

L'étiquetage

Il est tout aussi important d'étiqueter les dossiers informatiques que les dossiers imprimés, bien que beaucoup plus difficile. Si votre programme admet un nombre de caractères limité pour le nom des documents, vous pouvez utiliser des lettres d'extension afin d'ajouter des identificateurs. Terry Brock mentionne toutefois qu'il s'agit-là d'un problème de plus en plus archaïque, qui survient seulement avec les ordinateurs plus anciens. Pour environ 100 $, les propriétaires de ces ordinateurs peuvent obtenir une mise à niveau qui leur permettra d'utiliser plus de huit lettres pour nommer leurs documents. Mais si vous ne voulez pas dépenser 100 $, voici comment un de mes clients a nommé son fichier « soumission pour Smith » et sa « lettre de remerciements » à Smith, respectivement, à l'aide d'extensions : « Soum.smi » et « Merci.smi ».

Pour récupérer vos documents plus rapidement, assurez-vous d'inclure leur nom et leur emplacement (ainsi que ceux de la disquette ou de la cartouche, le cas échéant) dans l'en-tête pour pouvoir vous rappeler le nom que vous leur avez attribué. Cette opération peut être effectuée automatiquement avec le logiciel Office 97 en cliquant sur « Affichage », puis sur « En-tête et pied de page », puis sur « Insertion automatique » et enfin sur « Nom de fichier et emplacement ».

5. Ajustement

N'oubliez pas que votre ordinateur n'est, à bien des égards, qu'un classeur parmi tant d'autres (même s'il s'agit d'un classeur très intelligent). Cependant, parmi tous les classeurs qui se trouvent dans votre bureau, il est probablement celui qui est le plus susceptible de devenir surchargé et désordonné. En effet, les multiples ébauches et sauvegardes automatiques s'accumulent rapidement, créant de la confusion et accaparant inutilement de l'espace de rangement.

Il est essentiel que vous procédiez à un entretien régulier de votre classeur électronique pour le garder propre et ordonné, de façon à ce qu'il puisse travailler pour vous vite et bien. L'entretien doit s'effectuer encore plus fréquemment que pour les classeurs contenant vos dossiers en papier.

- **Tous les jours.** Le plus souvent possible, sauvegardez vos documents directement, dès que vous les créez, dans le sous-registre auquel ils appartiennent. De cette façon, vous ne perdrez pas de temps ultérieurement à les classer. Vous pouvez aussi, à la fin de chaque journée, classer dans les dossiers appropriés tous les nouveaux documents que vous avez créés.
- **Tous les mois.** Je vous suggère de faire venir tous les mois ou deux un « médecin » informatique pour vérifier la présence de virus et de bits éparpillés ainsi que pour faire un nettoyage de votre système. Laissez à cette personne le temps de vous connaître, de même que vos besoins et votre système.
- **« Mises au point » périodiques.** Le choix des logiciels pouvant répondre à vos besoins constitue un réel défi parce que même quand vous mettez la main sur le programme « idéal », celui-ci peut comporter certaines lacunes. Réévaluez vos logiciels tous les six mois pour voir s'ils font bien leur travail et s'ils vous rendent la vie plus facile. Sinon, ils comportent peut-être des fonctions que vous n'avez pas encore explorées et dont vous devriez prendre connaissance. Ou peut-être est-il temps pour vous de procéder à cette mise à niveau offerte par le fabricant. Toutefois, assurez-vous de lui demander si cette mise à niveau contribuera à régler les problèmes auxquels vous faites face. Si ce n'est pas le cas, vous devriez peut-être vous procurer un autre logiciel. Mais n'oubliez pas que chaque nouveau programme que vous achetez, en plus de coûter de l'argent, exige du temps d'apprentissage

et d'entretien. Alors, avant de faire un changement, assurez-vous de bien faire vos devoirs. Si vous décidez d'améliorer votre matériel, comme votre ordinateur ou votre imprimante, Terry vous conseille de ne pas jeter ceux que vous avez. En effet, le fait d'avoir du matériel de secours peut vous sauver la vie, surtout si vous êtes en affaires. C'est pourquoi il conseille aux personnes qui en ont les moyens d'acheter en double tous les appareils jugés essentiels à leur entreprise.

Éviter la surcharge d'information

À l'ère de l'« autoroute de l'information », le volume d'information qui nous envahit est de loin supérieur à celui des générations précédentes, et ne fera qu'augmenter. Voici comment éviter d'être submergé :

- Soyez réaliste. Vous ne pouvez pas lire toute l'information que vous recevez. Limitez vos abonnements aux publications, tant sur support papier qu'électronique, que vous lisez à fond et régulièrement.
- Classez vos articles dans le dossier correspondant – par exemple, les articles tirés de *Business Week* devraient aller dans la chemise « Planification financière » et non dans un dossier « *Business Week* ».
- Regroupez tout le matériel de lecture en un seul endroit – dans un panier sous votre bureau, peut-être, ou encore dans un tiroir, sur une tablette ou dans un plateau. Vous pourrez ainsi emporter de la lecture pour vos trajets en transports en commun, par exemple. Faites le ménage chaque semaine pour éviter tout débordement.
- Garder la source, jetez le papier. L'information est constamment remise à jour. Par conséquent, il ne sert à rien de garder des documents qui seront rapidement périmés. Ayez recours à Internet pour obtenir de l'information à jour sur une multitude de sujets.

Annexe A

Ressources en matière d'organisation

CATALOGUES :

Bureau/bureau à domicile

Bindertek	(800) 456-3453
Reliable	(800) 735-4000
Quill	(800) 789-1331
Office Depot	(800) 685-8800
Staples	(800) 333-3330
IKEA	(888) 225-IKEA
Levenger	(800) 544-0880
Mobile Office Outfitter	(800) 426-3453
Reliable Home Office	(800) 869-6000
TimeWise	(800) 523-8060
20th Century Plastics	(800) 767-0777

Maison

Container Store	(800) 733-3532
Get Organized	(800) 803-9400
Exposures	(800) 572-5750
Frontgate	(800) 626-6488
Hold Everything	(800) 421-2264
IKEA	(888) 225-IKEA
Levenger	(800) 544-0880
Lillian Vernon	(800) 285-5555

Neat Way	(800) 418-9239
Pottery Barn	(800) 922-5507
Trifles Spaces	(800) 456-7019

Gestion du temps

At-A-Glance	(888) 302-4155
DayRunner	(800) 232-9786
DayTimer	(800) 225-5005
Franklin Covey	(800) 842-2439

MAGASINS :

Bureau

Staples	(800) 333-3330
Office Depot	(800) 685-8800
Office Max	(800) 788-8080
Local Office & Art Supplier	Appelez pour numéro local

Maison

Bed, Bath and Beyond	Appelez pour numéro local
Container Store	(800) 733-3532
Home Depot	Appelez pour numéro local
Lechters Housewares	(800) 605-4824

AUTRES RESSOURCES :

Public Storage Self-Storage (ramassage et livraison)	800-44-STORE
The To-Do Book & Paper Tiger Software	(800) 427-0237
Ginny's Ear Nest (range-tout pour bijoux)	(800) 324-EARS
Flex Sort (rangement supplémentaire sur le bureau)	(800) 499-5043
Client Valuation Services (un guide sur la façon de gagner de l'argent au moyen de vêtements usagés)	(800) 875-5927
The National Association of Professional Organizers – Information et référence par téléphone (pour obtenir le nom des organisateurs de votre région)	(512) 206-0151

Annexe B

BUREAU/BUREAU À DOMICILE

Home Offices and Workspaces, Sunset Books, Lane Publishing Company, 1986.
The Organized Executive, Stephanie Winston, Warner Books, 1983.
Organizing your Home Office, Lisa Kanarak.
Organized to be the Best, Susan Silver, Adams Hall, 1991.
Organizing your Workspace, Odette Pollar, Crisp Publications, 1992.
Making the Most of Workspaces, Lorrie Mack, Rizzoli International, 1995.
Taming the Office Tiger, Barbara Hemphill, Random House, 1996.
Taming the Paper Tiger, Barbara Hemphill, Random House, 1997.
Working from Home, Paul et Sarah Edwards, Jeremy P. Tarcher, Inc., 1990.
Working Solo, Terri Lonier, Portico Press, 1996.

MAISON

Children's Rooms, Jane Lott, Prentice-Hall, 1989.
The Complete Home Organizer, Maxine Ordesky, Grove Press, 1993.
Get your Act Together, Pam Young et Peggy Jones, HarperPerennial, 1993.
Getting Organized, Stephanie Winston, Warner Books, 1978.
The Family Manager's Guide for Working Moms, Kathy Peel, Ballantine Books, 1997.
Making the Most of Storage, Debora Robertson, Rizzoli International, 1996.
Organized Closets and Storage, Stephanie Culp, Writer's Digest Books, 1990.
Simply Organized, Connie Cox et Chris Evatt, Putnam Publishing Group, 1986.
Storage, Dinah Hall et Barbara Weiss, DK Publishing, 1997.

GESTION DU TEMPS

How to Take Control of your Time and your Life, Alan Lakein, Signet, 1973.

Time Management of Unmanageable People, Ann McGee Cooper, Bowen et Rogers, 1994.

The Seven Habits of Highly Effective People, Steven R. Covey, Fireside, 1989.

Making Time Work for You, Harold L. Taylor, Harold Taylor Time Consultants, 1998.

Breathing Space, Jeff Davidson, MasterMedia, Ltd., 1991.

It's About Time! The Six Styles of Procrastination and How to Overcome Them, Linda Sapadin et Jack Maguire, Viking, 1996.

Remerciements

L'écriture du présent livre a constitué pour moi une incroyable aventure. La tâche semblait au départ si énorme, tel un rêve impossible et inaccessible. Je serai éternellement reconnaissante à toutes les personnes, et elles sont nombreuses, qui m'ont encouragée, soutenue, inspirée et guidée en cours de route.

Je tire mon énergie d'un extraordinaire cercle d'amis et de parents, auprès de qui je peux en tout temps faire le plein d'amour, de soutien communautaire et de sentiment d'appartenance, quel que soit l'isolement dans lequel je me réfugie pour accomplir mon travail. Toute mon affection et mon appréciation à ma famille : David et Sonia Morgenstern, Steve et Sue Morgenstern, Rhonda Morgenstern, Myra, Alberto, Amanda, Jasmin et Adam Rios, la famille Bayuk ainsi que Gerry et Lillian Colon. Pour leur amitié sans failles, je remercie Judy Wineman, Zoe Anderheggen, Camille, Peter, Hanna et Zoe Ehrenberg, Cati Sorra, Richard Soll, Liz et Bill Derman, Ellen et Drew Driesen, Susan et Richie Sporer, Marilyn et Joel Duckoff, Debra Barchat et Martin Bernstein, Sonia et Gustavo Blankenberg, Robin Goldfin ainsi que Eneida, Yvette et Cynthia Rada.

Toute ma gratitude à l'ensemble des personnes ayant fait partie de Task Masters, pépinière qui m'a permis d'élaborer la matière de ce livre. Par-dessus tout, je remercie mes clients, dont le courage et la détermination à conquérir leur chaos m'inspire et m'édifie, et tous les étudiants qui participent à mes séminaires et m'aident à élaborer clairement mon message.

Mille mercis à tous les organisateurs de Task Masters, qui comprennent l'importance de l'organisation à partir de l'intérieur et qui m'ont aidée à tester et à concevoir les techniques dont il a été question dans le livre : Deborah Kinney, Ron Young, Loretta Maresco, Judith Green, Lisa Sack, Judy Stern, Carol Crespo, Frank Acevedo, Kathy Soffer, Valerie Soll, Lori Marks et Christine Brooks. Un merci très spécial à l'une de mes toutes premières organisatrices, Valerie Soll, qui m'a expertement montré comment me servir de mes propres techniques d'organisation pour venir à bout du chaos engendré par la rédaction de ce livre.

J'ai la chance inestimable d'être entourée de conseillers qui ont guidé Task Masters à travers les mésaventures inhérentes au lancement d'une entreprise en m'apportant de généreuses doses de sagesse, d'encouragement et de conseils pratiques. Mes plus chaleureux remerciements à Urban Mulvehill, Harry Lowenstein et Irwin Coplin de SCORE, ainsi qu'à Anthony Graffeo, Walt Taylor, Gerry Scattaglia, Lisa LaVecchia et Rae Retek. Je suis également profondément reconnaissante à mes collègues de NAPO, en particulier Barbara Hemphill, Paulette Ensign, Harold Taylor et Gloria Ritter, à ceux de la NSA, en particulier Terri Lonier, Nancy Rosanoff, Mark LeBlanc, Bob Frare, Darren LaCroix, Ed Brodow et le Dr John DeMartini, et enfin à ceux de Toastmasters, en particulier Mary Bryant, Marilyn Lundy, John Shrawder, Amelia Abad, Mark LaVergne et Ray Frier, pour leurs précieux conseils et mots d'encouragement toujours prodigués au bon moment.

Mes plus sincères remerciements à Terry Brock, qui a cru en la réussite de ce livre et qui a partagé si généreusement avec moi sa grande sagesse pour m'aider à élaborer le chapitre intitulé « Apprivoiser la technologie ».

J'ai le grand bonheur d'avoir dans ma vie un certain nombre de personnes très spéciales qui ont été si satisfaites de mon travail qu'elles n'ont ménagé aucun effort pour aider à faire connaître mon entreprise. Du fond du cœur, je souhaite dire toute ma gratitude pour leur merveilleux enthousiasme et leur généreux soutien à Spencer Christian, Mandy Patinkin, Jacques D'Amboise, Lesli Kappel, Paul Argenti, Gordon Rothman, Kim McCabe, Gordon Mehler, Charlie Monheim, David Hochberg, Mike McCormack, Susan Scheuing, Marianne Wascak, Harriet Wohlgemuth, Larry Winokur, Robin Weitz, Emily Tufeld et Tony Grillo.

Bryan Oettel m'a permis de vivre une expérience unique le jour où il m'a téléphoné de la maison d'édition Henry Holt and Company pour me demander d'écrire un livre. La patience et l'encouragement dont Bryan a fait preuve dès le départ n'était qu'un avant-goût du traitement royal et attentionné dont j'ai bénéficié de la part de l'incroyable équipe de Henry

Holt and Company. Je désire exprimer mes plus sincères remerciements à l'éditrice Wendy Sherman, qui a cru avec enthousiasme à ce projet dès l'instant où elle en a entendu parler pour la première fois et pour avoir guidé mon travail d'une main si experte, même à distance. Je souhaite par-dessus tout remercier mon Éditeur David Sobel, homme de grand talent, et son assistante Amy Rosenthal qui, avec délicatesse et sagesse, m'ont aidée à préciser ma pensée et à l'exprimer avec éclat.

Ironiquement, l'aspect le plus difficile de l'écriture de ce livre a été l'organisation de la matière. Je ne remercierai jamais assez les écrivains Laura Salas, Cynthia L. Cooper, Barbara Warton, Barbara Spiridon, Carol Milano, Matthew Sartwell et Katherine Cavanaugh pour leur assistance et leurs conseils.

Je dois énormément à John McCarty, qui a travaillé patiemment à mes côtés en me tenant pratiquement la main, pour m'aider à structurer le manuscrit, tout en instillant en moi un sentiment de confiance en mon propre talent en matière d'écriture.

Je me sens privilégiée d'avoir pu bénéficier des services de mon agente Faith Hamlin, qui savait toujours exactement quand j'avais besoin d'encouragement et quand il fallait me pousser, et qui a veillé à ce que je finisse le livre à temps. Elle m'a permis de tirer le maximum des ressources que j'avais à ma disposition.

Merci de tout cœur à mes lecteurs, Kathryn Grody, Ron Young, John Gillespie, Ellen Driesen et David Morgenstern pour avoir donné si généreusement de leur temps et pour m'avoir fait part de leurs points de vue uniques et de leurs commentaires précieux sur le manuscrit.

Dans les coulisses, toute ma reconnaissance au technicien informatique Chris Behnam, qui est venu à mon secours à maintes reprises, à Arthur Cohen pour ses talents de photographe et à Jean-François Pilon, qui atténue avec grand art le chaos de ma chevelure frisée.

Du plus profond de moi-même, je désire remercier trois personnes très spéciales qui ont fréquemment joué le rôle de médecin, de sage-femme et d'accompagnateur au cours de la période de gestation souvent ardue qui a précédé la naissance de ce livre. À Faye Cone, dont les conseils infaillibles et le soutien de tous les instants ont constitué un catalyseur de premier ordre dans la transformation de ce livre du stade de l'idée à celle du manuscrit. À Linda Jacobs qui, à sa façon pleine d'élégance et de tact, m'a aidée à me centrer et à exprimer la vérité qui était au fond de moi.

Et merci à Ric Murphy, dont la perspective sur la vie, la poésie de l'âme et le sens de l'humour ont toujours réussi à me faire hurler de rire même dans les moments les plus sombres.

Enfin, je souhaite remercier mon extraordinaire fille Jessi, qui est le plus grand bonheur de ma vie, ma constante source d'inspiration et une âme pleine de sagesse qui a été ma plus proche conseillère d'affaires et ma compagne dans le cheminement ayant mené à l'essor de Task Masters et à la publication de ce livre.

— Julie Morgenstern
Février 1998

Index